北京大学通识教育经典名著阅读计划

人文社会科学素养文库·人文社会科学元典丛书

主　编　任定成
策　划　周雁翎

人文社会科学元典是人类对于自身及其社会的深刻反思和研究，不仅有对人类价值和精神的独特性、意外性、复杂性和创造性的情感性描述和目的性表达，也有对人类文化和社会的类型、模式、变迁、机制及其多样性的事实揭示、因果说明和理想设计。从某种意义上说，它们塑就了我们的心灵、行为和生活，具有永恒的意义和不朽的价值。

The Republic of Plato

《理想国》又译作《国家篇》、《共和国》等，与柏拉图大多数著作一样，以苏格拉底为主角，用对话体写成，共分10卷，其篇幅之长仅次于《法律篇》，一般认为属于柏拉图中期的作品。这部"哲学大全"不仅是柏拉图对自己前此哲学思想的概括和总结，而且是当时各门学科的综合。它探讨了哲学、政治、伦理道德、教育、文艺等各领域的问题。

《理想国》是关于西方政治思想传统的最具代表性的作品，通过苏格拉底与他人的对话，给后人展现了一个完美优越的城邦。柏拉图在其中讨论了国家的起源、性质和结构等根本问题，还区分了不同的政体，比较它们的优劣得失，寻找它们的历史发展规律。更重要的是，柏拉图设计了一套政治蓝图，既带有乌托邦的理想色彩，又有阶级国家的痕迹，构成了以后各种作为社会政治理想而提出的乌托邦方案的开端，对于西方政治思想具有难以估量的影响。

本书依据英国学者康福德的译本译出。康福德把原著分为6部40章，并在每章前添加了导言。整理后的作品主题突出，层次分明，大大方便了读者阅读。

图书在版编目(CIP)数据

理想国/(古希腊)柏拉图著；张造勋译. —北京：北京大学出版社，2010.5
(人文社会科学素养文库·人文社会科学元典丛书)
ISBN 978-7-301-16720-5

Ⅰ. 理… Ⅱ. ①柏…②张… Ⅲ. 古希腊罗马哲学 Ⅳ. B502.232

中国版本图书馆 CIP 数据核字(2010)第 005117 号

书　　　名：理想国
著作责任者：〔古希腊〕柏拉图　著　张造勋　译
责　任　编　辑：周　婧　周丽锦
标　准　书　号：ISBN 978-7-301-16720-5
出　版　发　行：北京大学出版社
地　　　址：北京市海淀区成府路 205 号　100871
网　　　址：http://www.pup.cn
电　子　信　箱：ss@pup.pku.edu.cn
电　　　话：邮购部 62752015　发行部 62750672　编辑部 62765016　出版部 62754962
印　刷　者：北京中科印刷有限公司
经　销　者：新华书店
　　　　　　787 毫米×1092 毫米　16 开本　18 印张　4 插页　416 千字
　　　　　　2010 年 5 月第 1 版　2023 年 1 月第 9 次印刷
定　　　价：68.00 元

未经许可，不得以任何方式复制或抄袭本书之部分或全部内容。
版权所有，侵权必究
举报电话：(010)62752024　电子信箱：fd@pup.pku.edu.cn

人文社会科学素养文库·人文社会科学元典丛书

理想国

〔古希腊〕柏拉图 著　张造勋 译

北京大学出版社
PEKING UNIVERSITY PRESS

柏拉图简介

柏拉图(Plato,Πλάτων,约公元前427—公元前347年),古希腊伟大的哲学家,全部西方哲学乃至整个西方文化最伟大的哲学家和思想家之一。他和老师苏格拉底、学生亚里士多德被并称为古希腊三大哲学家。

柏拉图出生于一个较为富裕的贵族家庭,他的父亲是阿里斯通(Ariston),母亲是佩瑞克蒂恩(Perictione)。

柏拉图生活在雅典民主制度由盛而衰的时代,他从青年时代起就决心献身于政治,认为只有在正确的哲学思想指导下,才能公正地治理城邦。

公元前399年,苏格拉底受审并被判死刑,柏拉图对现存的政体完全失望,于是开始周游意大利、西西里岛、埃及等地,企图实现他的贵族政治理想。在40岁时(约公元前387年),他结束旅行返回雅典,并在雅典城外西北郊的圣城阿卡德米创立了自己的学校——阿卡德米学园(Academy)。此后,他在此执教40年,直至逝世。

柏拉图一生著述颇丰,其思想主要集中在《理想国》和《法律篇》中。他是西方客观唯心主义的创始人,其哲学体系博大精深。柏拉图所著的近三十种作品,大多用对话体写成,其文体之优美亦堪称文学史上的典范。《理想国》是他的代表作,西方哲学家几乎都认为这篇对话是一部"哲学大全"。

中译者简介

张造勋,男,1922年生,河北省雄县人。1944年毕业于北京师范大学西文系。1946年毕业于北京私立中国大学研究院。曾任军事调处执行部译员。1949年后,在出版总署编译局、商务印书馆、中国对外翻译出版公司工作,其间被多次派驻联合国机构从事译稿和审校工作。享受国家级政府津贴。

主要译著有《苏联出版史》、《苏联出版事业的经营与管理》、《伊索寓言》、《超级大国》、《欧洲联合起来》、《培根论文集》、《爱的教育》、《续爱的教育》等。

英译者简介

弗朗西斯·麦克唐纳·康福德(Francis Macdonald Cornford,1874—1943),英国著名古典学家和诗人。他在剑桥大学的圣保罗学校和三一学院接受教育,1899年成为研究员,1902年获得教职。1931年,他成为古典哲学劳伦斯教授;1937年,他被选为英国社会科学院(British Academy)院士。他一生著述颇丰,包括《修昔底德:神话与历史之间》(*Thucydides Mythistoricus*,1907)、《从宗教到哲学》(*From Religion to Philosophy*,1912)、《希腊哲学思想起源》(*The Origins of Greek Philosophical Thought*,1952)等。他的妻子是诗人弗朗西丝·康福德(Frances Cornford),查尔斯·达尔文(Charles Darwin)的孙女。

↑ 柏拉图（Plato，约公元前427—公元前347年）

↑ 《柏拉图学园》，引自 David Sedley ed, *Greek and Roman Philosophy*, Cambridge University Press, 2003，© Candace H. Smith。

→ 三一学院

图为剑桥大学三一学院（Trinity College）。本书英译者弗朗西斯·麦克唐纳·康福德曾任教于此。三一学院由英国国王亨利八世于1546年创建，因拥有众多著名的毕业生而声名显赫，其中包括牛顿、培根、拜伦、怀特海、罗素、维根斯坦等人。

→ 本书所依照的英文译本由牛津大学出版社于1941年出版。

← 苏格拉底

苏格拉底（Socrates, Σωκράτης，公元前469—公元前399年），著名的古希腊哲学家，柏拉图的老师，"希腊三贤"之一。苏格拉底被称为"西方的孔子"。

→ 亚里士多德

亚里士多德（Aristotle, Ἀριστοτέλης，公元前384—公元前322年），师承柏拉图。他一生勤奋治学，研究领域涉及逻辑学、修辞学、物理学、生物学、教育学、心理学、政治学、经济学、美学等，写下了大量的著作。他的思想对人类产生了深远的影响。

← 梭伦

梭伦（Solon，约公元前638—公元前559年），"古希腊七贤"之一。梭伦在公元前594年出任雅典城邦的第一任执政官，制定法律，进行改革，史称"梭伦改革"。《理想国》中多处提及他。

→ **柏拉图学园旧址**

约公元前387年，柏拉图在雅典城外西北郊的圣城阿卡德米创立了自己的学校——阿卡德米学园（Academy）。这所学园成为西方文明中最早的有完整组织的高等学府之一，后世的高等学术机构也因此而得名。学园存在了900多年，直到公元529年被查士丁尼大帝关闭为止。学园培养出了许多知识分子，其中最杰出的是亚里士多德。

← **哈佛大学校徽**

英国人约翰·哈佛（John Harvard）于1636年前往美洲（英国的殖民地），两年后创立了世界闻名的哈佛大学，并规定了别具一格的以柏拉图为榜样的校训："与柏拉图为友，与亚里士多德为友，更与真理为友。"

→ **托马斯·莫尔**

《理想国》促进了各种社会改革思潮的诞生。英国空想社会主义者托马斯·莫尔（St. Thomas More，1478—1535年）出版了《乌托邦》（*Utopia*, 1515）一书。

← **罗伯特·欧文**

罗伯特·欧文（Robert Owen，1771—1858年），英国空想社会主义者，也是一位企业家、慈善家。1824年，他在美国创办了"和谐新村"，实行生产资料公有、权利平等、民主管理等原则。在资本主义制度下，欧文的这些想法只能是幻想，他的行动必然以失败告终。

← 荷马

荷马（Homer，Ὅμηρος，约公元前9世纪—公元前8世纪），相传为古希腊的游吟诗人，生于小亚细亚，失明，创作了《荷马史诗》。

→《荷马史诗》

《荷马史诗》是相传由古希腊盲诗人荷马创作的两部长篇史诗《伊利亚特》和《奥德赛》的统称。它不仅具有文学艺术上的重要价值，在历史、地理、考古学和民俗学等方面也提供给后世很多值得研究的内容。

图中所示为Wilder Publications于2007年出版的版本。

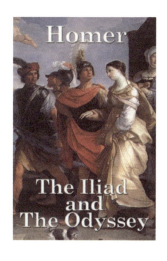

←《神圣的荷马》

法国新古典主义画家让-奥古斯特·多米尼克·安格尔（Jean Auguste Dominique Ingres，1780—1867年）作于1827年。

→《奥德修斯和海妖》

这是《奥德赛》中描述的场景。英国新古典主义画家约翰·威廉姆·沃特豪斯（John William Waterhouse，1849—1917年）作于1891年。

← 毕达哥拉斯

毕达哥拉斯（Pythagoras，约公元前572—公元前497年），古希腊数学家、哲学家。

毕达哥拉斯学派很重视数学，企图用数来解释一切。毕达哥拉斯本人以发现勾股定理著称。

毕达哥拉斯主义者包括柏拉图，正是在数的原则的指引下，他形成了关于"公正"的理念。

→ 品达

品达（或译品达罗斯，Pindar），有"抒情诗人之魁"之称，是希腊作家中第一位有史可查的人物。《理想国》中多处引用他的诗句。

← 赫西奥德

赫西奥德（Hesiodos），古希腊诗人，可能生活在公元前8世纪。他的作品《工作与时日》（*Works and Days*）鼓励人们勤勉地工作和生活，反对休闲和不公正。《理想国》中多处引用他的诗句。

→ 塔兰托

古希腊数学家阿契塔（Archytas）于公元前约420年生于意大利城市塔伦通（Tarentum，现塔兰托）。他是毕达哥拉斯学派的成员，柏拉图的同代人。他把几何学、算术、天文学和音乐列为姊妹科。柏拉图接受这四科，又增加了立体几何学。

↑ 古希腊妇女在做编织活。《理想国》中对妇女的描述很多。

↑ 古希腊妇女在喷泉旁打水。

↑ 储酒罐上描绘的古希腊男子在出征前与家人告别的情景。

→ 古希腊工匠在给雕塑上蜡。

↑ 古希腊武士战斗的情景。

↑ 《命运女神》

西班牙浪漫主义画派画家弗朗西斯科·德·哥雅（Francisco de Goya，1746—1828年）作于1819—1823年。《理想国》结尾处有关于命运女神的描写。

↑ 古希腊年轻贵族出征的情景。

↑ 建造于公元前447至公元前432年的帕特农神庙。

↑ 雅典娜

雅典娜女神是希腊神话中的聪明与智慧之神，也是雅典的守护神。

目 录

译者前言 / 1

第一部　当前对公正的一些看法 / 1

第 1 章　刻法洛斯：公正即言行诚实 / 4

第 2 章　波勒马霍斯：公正就是帮助朋友和加害敌人 / 9

第 3 章　色拉西马霍斯：公正即强者的利益 / 15

第 4 章　色拉西马霍斯：非公正比公正更有利吗？ / 25

第二部　国家的公正与个人的公正 / 33

第 5 章　谈论的问题 / 35

第 6 章　社会结构的基础 / 43

第 7 章　豪华舒适的国家 / 47

第 8 章　卫士的性格 / 50

第 9 章　卫士的初等教育 / 53

第 10 章　选拔统治者：卫士的生活方式 / 77

第 11 章　卫士的责任 / 83

第 12 章　国家的美德 / 88
第 13 章　灵魂的三部分 / 95
第 14 章　个人的美德 / 102

第二部附录　妇女的地位和战争的用途 / 105

第 15 章　妇女的平等 / 108
第 16 章　废除卫士家庭 / 116
第 17 章　战争的用途 / 125

第三部　哲学家国王 / 131

第 18 章　反论：哲学家必须当国王 / 134
第 19 章　哲学家的定义　两个世界 / 137
第 20 章　哲学家适合统治国家 / 144
第 21 章　为什么哲学家性格在现存社会中
　　　　　是无用的或腐败的 / 147
第 22 章　哲学家当统治者并不是不能实现的 / 155
第 23 章　善是知识的最高目标 / 159
第 24 章　知识的四阶段　界限 / 166
第 25 章　洞穴的寓言 / 170
第 26 章　高等教育　数学 / 176
第 27 章　辩证法 / 186
第 28 章　学习规划 / 189

第四部　社会和灵魂的衰败
　　　　　公正与非公正生活的比较 / 195

第 29 章　理想国的消亡　荣誉政治和荣誉政治者 / 198
第 30 章　寡头政治（富豪政治）和寡头政治家 / 203
第 31 章　民主政治与民主政治者 / 207
第 32 章　专制政治和专制者 / 212
第 33 章　从幸福的角度比较公正的人生与非公正的人生 / 221

第34章　公正是有利的,不公正是不利的 / 230

第五部　哲学与诗歌的争吵 / 233
第35章　艺术的表现与真理的关系 / 236
第36章　戏剧诗诉诸感情,不诉诸理性 / 243
第37章　戏剧诗对品德的影响 / 246

第六部　灵魂不朽与对公正的回报 / 249
第38章　灵魂不朽的证明 / 252
第39章　今世对公正的回报 / 255
第40章　死后对公正的回报　爱神厄洛斯的神话 / 257

译者前言

一

　　柏拉图是古希腊伟大的哲学家（公元前427—公元前347年），出生于贵族家庭，父亲阿里斯顿（Ariston），母亲佩瑞克蒂恩（Perictione）。他兄弟三人；两个哥哥格劳孔（Glaucon）和阿德曼图斯（Adeimantus），都是《理想国》中的对话参与者。公元前407年，他开始受教于苏格拉底，并与之成为好友。苏格拉底是本对话集的第一人称讲解者。

　　他年轻时，发生了伯罗奔尼撒战争。这是他的故乡雅典与斯巴达两城邦之间的战争。结果，雅典失败，一时陷于动荡。他苦闷彷徨，不知所措，经过再三思量，决心出国游历，先后到意大利西西里的锡拉丘兹等地进行考察。柏拉图于40岁时回国。

二

　　柏拉图回国后，于公元前387年创办了举世闻名和影响深远的阿卡德米（Academy），即学园，从事教育事业，培养人才，哲学家亚里士多德就是他的得意门生。与此同时，他潜心学术研究，著书立说，写出了大量哲学对话集，先后共达36种之多，丰富了文化遗产，影响极为深远。

三

　　《理想国》是柏拉图的代表作，更是数千年前唯一系统论述治国之道的巨篇，时至今日仍有参考价值。他主张人要崇尚理性，国家应由哲学家治理，因为哲学家最能体现理性、科学、知识的作用。这是一种科学的论断。此书一经问世，就受到社会的重视，人们纷纷阅读。这本书不仅满足了读者的求知欲，更促进了欧洲文化的繁荣。比如，英国人约翰·哈佛(John Harvard)于1636年前往美洲(英国的殖民地),两年后创立了世界闻名的哈佛学院(大学),并规定了别具一格的以柏拉图为榜样的校训:"与柏拉图为友,与亚里士多德为友,更与真理为友。"《理想国》不仅激发了人们对作者的个人崇拜,还促进了各种社会改革思潮的诞生。如英国人托马斯·莫尔(Thomas More)提出了以理性为基础的理想社会,他出版了《乌托邦》,并因此献出了生命。又如另一位社会改革家罗伯特·欧文(Robert Owen),1824年前往美国,在印第安纳州开始试验他的"和谐新村",苦苦经营4年,最后失败回国,时年已60有余。

然而,失败并不意味着理想永远不可能实现。人类的进步,势不可当。当前世界上已出现发达国家、福利国家,而且还有正在锐意改革的国家。它们以理性为先导,进行科学规划,全力发展经济,内外政策以和为贵,互助合作,共谋富裕。

几千年来,各国不断出版《理想国》译本。英文译本就达10余种,都是按希腊文原书译成,即自然性的10卷本,不分章节,读起来有一定局限。英国学者康福德(F. M. Cornford)创造性地把原文加以梳理,分成6部40章,主题突出,层次分明,大大方便了阅读。康福德还在章前撰写了导言,进一步强化了对内容的阐释和阅读效果。

此中译本根据康福德英译本译出。初稿成于20世纪60年代初;十年"文化大革命"中,损失了部分译稿;动乱过后,春回大地,国家实行了改革开放政策,造福人民,使神州"雪消门外千山绿,花发江边二月晴"。在此大好形势鼓舞下,我补译并整理了残稿。由于本人才疏学浅,译文可能存在诸多缺点,诚望各方学长给予指正,以利质量。

在成书过程中,得到友好多方帮助,特此致谢!

第一部　当前对公正的一些看法[①]

·Part I·

> 在进行拳击或任何一种争斗的时候，有了打人的技术也就有了不被打的技术；同一个能使我们消除疾病的医生，也会暗中使人染上疾病；或者再举一个例子，一个将军，如果能欺骗敌人并用智谋打乱敌人的作战计划和部署，也将善于保全他的部下。所以说，一个擅长保管东西的人也能成为一个狡猾的惯犯。

[①] 《理想国》原文希腊文是自然性10卷本，不分章节。历代众多英文译本也都是以10卷本形式出版。本中译本所依据的康福德英译本在保留原书卷次基础上，对原书结构做了调整，分成6部40章，主题突出，层次分明，并在各部、章节前加了分析导言，有利于阅读。——中译者

英译者导言

《理想国》要回答的主要问题是：公正的意思是什么？在人类社会中如何实现公正？希腊文中"just"（公平的、公平正义的）的含义和英文中"right"（公正的、正当的）的意思一样，有多种。它可以指：遵守习俗或履行责任；正义的；正直的；诚实的；法律上公正的；合法的；人应当得到的赏罚或应当享受的权利；人应当从事的。由此看来，它涵盖个人对别人的行为的全部范畴——别人有"权"期待他的或者他有权期待别人的一切，不管是正确的还是错误的。有一则谚语如是说，公正是一切美德的总和。

要求对公正加以界定似乎意味着，要有一种观念，在这种观念中对这个词的所有应用都像集中到一个共同中心的线，或者用更具体的词来说，要有某种原则，据此可以把人类社会生活组织起来，产生一个由公正的人组成的公正的社会。社会的公正将保证社会的每个成员行使他的责任并享受他的权利。作为每个人的品行，公正将意味着，他的个人生活或者像希腊人说的灵魂在他的品性的每一部分的权利和责任方面都要相应地协调有序。

这样的社会就是理想的。其含义是，它将提供一种完美无缺的标准，根据这一标准，所有现存的社会都可根据它们没有达到的程度被衡量和评估。此外，任何拟议的改革都可以根据意向来判断，以求接近或超过这一目标。《理想国》是至今第一个系统尝试描述这种理想的著作。它不是一种无根据的梦想，而是一种可能的架构；在此架构内，人的不同性格连同不变的要求可能发现福祉和幸福。眼前没有这种目标的治国之道必然是盲目的和无目的的，或者会（像常见的那样）导向错误的和无价值的结局。

如果有一个多疑和爱追根究底的人在任何有才智的混合体中提出要求，对公正（right）或公平正义（just）加以界定，那么答案很可能是肤浅的并且只涵盖这一领域的某一部分。答案还可能反映出苏格拉底（Socrates）①所谓的最重要的问题，即关于我们应当如何生活的基本信念的差异。在《理想国》第一部，苏格拉底提出了关于公正的性质的典型见解，并批评它们是不恰当的或错误的，从而全面展现了探求的范畴。批评很自然地揭示出某些原则的概貌，进而引导即将展开的建构。

◀柏拉图和他的学生在学园。

---

① 苏格拉底是柏拉图的老师。柏拉图所有对话集中的发言人，除《法律篇》外，以第一人称发言的都是苏格拉底。——中译者

第1章 刻法洛斯：公正即言行诚实

英译者导言

整个这场假想的谈话是苏格拉底针对一些未特别加以说明的听众进行的。这次谈话发生在刻法洛斯(Cephalus)家里，刻法洛斯是一个退休的制造业从业者。他住在离雅典约5英里的海港城镇比雷埃夫斯(Piraeus)。在座的人除了柏拉图的两兄弟格劳孔(Glaucon)和阿德曼图斯(Adeimantus)以外，还有刻法洛斯的三个儿子：波勒马霍斯(Polemarchus)、著名的演说词作家吕西阿斯(Lysias)和欧西德莫斯(Euthydemus)；还有卡尔西登(Chalcedon)的色拉西马霍斯(Thrasymachus)，他是著名的修辞学家，他可能把公正定义为"强者的利益"，但在《理想国》以外没有关于他的见解的证据；此外，还有苏格拉底的几个年轻朋友。当时正值本狄斯(Bendis)节日，本狄斯是从色雷斯(Thrace)引入的一位受崇拜的女神。刻法洛斯代表长期成功经商所积累的智慧。他很富有，但他把钱财视为实现心安理得的手段，心安理得则来自诚信以及使诸神与人得到应有的回报的能力。这就是他对公正行为或公正的理解。

正　文

我[①]说：昨天，我与阿里斯顿(Ariston)的儿子格劳孔一块儿步行去比雷埃夫斯，向女神做祈祷。由于这是第一次庆祝女神节，所以除了祈祷外，我还想看看庆祝仪式是怎样进行的。色雷斯的参拜行列看起来很壮观，可是我认为，他们的参拜行列和我们的差不多。做完祈祷、看完热闹以后，我们正要进城，刻法洛斯的儿子波勒马霍斯从远处看到我们要回家，就派他的奴仆跑来要我们等等他。仆人从身后抓住我的长衫，告诉了我这件事。

我转过身来，问他的主人在哪里。

他回答说：在后边，马上就来，请您等等。

格劳孔说：好吧，我们等他。

过了一会儿，波勒马霍斯就来到我们面前，跟他一同来的还有格劳孔的兄弟阿德曼

[①] 指苏格拉底，全书同。——中译者

图斯、尼西亚斯(Nicias)①的儿子尼希拉图斯(Niceratus)以及一些显然刚从参拜行列下来的人。

波勒马霍斯说：苏格拉底，我认为你们是要进城，离开我们。

我回答说：你猜对了。

他说：我们可是有这么一大群人呢，你看到了吗？

我说：我看到了。

他说：如果你们的人数比我们少，你们就得留在这里了。

我说：没有其他办法了吗？我们可以说服你们，使你们非放我们回去不可。

他说：如果我们不听，你们怎样说服我们呢？

格劳孔说：那我们就说服不了啦！

波勒马霍斯说：是呀！我们不听，你们死了心吧！

阿德曼图斯这时插话进来说：你们还不知道吗，晚上还有庆祝女神节的骑马火炬赛呢！

我大声说：骑马火炬赛！这是件新鲜事儿，怎么个赛法呢？是不是骑士手持火炬进行接力赛呢？

波勒马霍斯说：正是这样。此外，还有一个通宵的联欢会呢，值得看一看。我们要吃过晚饭去看。在那里会碰到好多年轻人，大家可以一块儿聊聊。所以请你们留下来，别叫我们失望。

格劳孔说：看来我们最好是留下。

我说：好吧，如果你这样说，我们就留下啦。

就这样，我们跟着波勒马霍斯一块儿回他家了。在他家，我们碰到了他的两个兄弟吕西阿斯和欧西德莫斯以及来自卡耳西登的色拉西马霍斯、来自佩尼亚(Paeania)的查尔曼泰迪斯(Charmantides)，还有阿里斯托尼姆斯(Aristonymus)的儿子克莱托丰(Cleitophon)。波勒马霍斯的父亲刻法洛斯也在家。我已好久没见到他了，没想到他老多了。他坐在一把有垫子的椅子上，头戴花环，因为他刚刚在院子里主持了祭祀。他周围摆着一圈椅子，我们坐在了他的两旁。

刻法洛斯一看到我，马上和我打招呼。他说：苏格拉底，你不常到比雷埃夫斯来看我们。可是，你应当常来呀！如果我腿脚还灵活，能从容进城的话，你就不必到这儿来啦，我们会到你那儿去。可是，照现在的情况来看，你实在应当常到这儿来。我告诉你，我发现，随着我对肉体乐趣要求的淡泊，追求精神乐趣的欲望越来越强了，因而我比过去更喜欢讨论这一类的事了。所以你千万不要让我失望。你应该把我们当老朋友看待，常到这儿来，同这里的年轻人聊聊。

我回答说：说实在的，刻法洛斯，我很喜欢同老年人说话，老年人已经在我们前边走过了一段路，这段路我们可能也得走。我认为，我们应当好好向他们请教，了解一下这段路上的风风雨雨，是好走还是难走，是崎岖还是平坦。如今，既然你已经到了诗人们所说的"老年之门"的年纪，我很想听听你的看法：你是不是觉得这段日子是人生的一段痛苦

---

① 尼西亚斯，公元前5世纪希腊将军，曾参加过伯罗奔尼撒战争，屡建奇功，后战死。——中译者

时期呢？

刻法洛斯说：我愿尽量把我对生活的看法跟你说说，苏格拉底。我们老年人常常聚在一起，应验了这句老话：同龄人愿和同龄人在一起。我们这些人回想起青年时代寻欢作乐，也就是想起与谈情说爱、吃喝玩乐有关的种种乐趣，大多都会感慨万千、悔恨不已。老年人苦于失去他们认为非常重要的东西；他们认为，那个时候日子过得美好，如今，他们的生活简直一点儿乐趣也说不上了。有些人埋怨他们的家属不尊重他们的年龄，而且拿这一点作理由，没完没了地叨唠老年带来的种种痛苦和不幸。可是，依我看，苏格拉底，他们错把年老当成苦的源泉。如果错在年老，那么，就情况而论，我和所有达到我这把年纪的人都会有同样的体验；可是事实上，我碰到了许多人，他们的想法完全不同。例如，我记得有人问诗人索福克勒斯(Sophocles)，他还能不能与女人作乐？他回答说：别那么说，我摆脱了那些事，高兴极了，就好像摆脱了一个狂怒的疯子的奴役。那时候，我觉得这个答复很好，现在我仍这样认为；因为当年龄使我们摆脱了那类情欲的时候，心里肯定能感到莫大的平静。一旦这些情欲淡泊衰退，放松对人的控制，那肯定就会像索福克勒斯所说的，摆脱了各种各样的疯狂的奴役。苏格拉底，产生所有这些苦恼，包括埋怨别人不尊重自己，只有一个原因，这个原因不是年老，而是人的性格。如果心满意足，心平气和，那么年老就不是难以忍受的负担了；没有这样的心态，苏格拉底，年老和年轻就都是痛苦的。

我被这番话迷住了，希望他讲下去，所以我便设法使他尽情地讲下去。我说道：刻法洛斯，我想大多数人不会同意这种说法。他们认为，使你减轻老年负担的并不是性格，而是你的财富。他们会说，财主有许多可慰藉的事。

他回答说：你说得对，他们不相信我，他们的想法有几分道理，可是并不是像他们所想象的有那么多理由。有一个塞里发斯(Seriphus)①人，他讥笑地米斯托克利(Themistocles)②，并且对他说，他的声望不是靠个人得来的，而是靠国家得来的；这时，地米斯托克利巧妙地反驳那个人说："当然，假如我生来是一个塞里发斯人，我就不会出名；可是如果你出生在雅典，你也出不了什么名。"这样看来，我们就可以对那些因没有钱而感到年老有些烦恼的人说：如果说，一个好人发现年老而又贫困不易忍受是对的，那么一个坏人有了财富也不会感到心满意足、心情舒畅。

我说：刻法洛斯，你的财产主要是继承来的还是自己挣来的呢？

他说：苏格拉底，是关于我自己积累财富的事吗？作为一个生意人，我介于我祖父与我父亲之间。我祖父与我同名。他继承的差不多与我现在持有的一样多，后来又增加了一倍多；至于我父亲利萨尼阿斯(Lysanias)，他把财产耗费到现有的数量以下了。如果我能够给孩子们留下不少于我继承的或者更多一些，我就心满意足了。

我说：我所以提这个问题是因为你使我感到，你不太看重金钱。一般来说，自己不发财的人都是这样；而自己发财的人则比别人加倍地喜爱财物。他们喜爱自己挣的钱，就

---

① 塞里发斯，一个希腊小岛，位于爱琴海。——英译者
② 地米斯托克利（公元前527—公元前460年），古希腊将军，波斯希腊战争时雅典重要首领之一。他认为雅典的前途在爱琴海上，如果没有海军，是不能战胜波斯的。——中译者

如同诗人喜爱自己的诗,或者如同父亲喜爱自己的儿子一样;他们不仅像我们大家一样认为金钱有用,而且认为由于金钱是自己挣来的从而显得非常宝贵。这就使得他们成了不易交往的人,他们认为除了金钱是好东西以外,别的什么都不重要。

他说:说得很对。

我说:确实如此,但是还有一个问题:你认为有了金钱,最大的好处是什么?

他说:关于这个问题,可能有许多人不相信我的话,因为,苏格拉底,我可以告诉你,当一个人觉察到死期来临的时候,他会对以前从不关心的事感到某种恐惧。过去,听到关于地狱以及今生犯错来世受惩的故事,他可能一笑了之,可是现在,灵魂却被一种这些故事是否真实的疑问所折磨,忐忑不安。可能由于年老体衰或者因为正在接近来世的境界,他开始亲自看到它了,不管怎么说,他的心中充满了恐惧和忧虑;他开始回忆往事,回忆是不是做过对不起别人的事。如果他发现一生中充满了错误行为,他会像孩童一样从梦中惊起,总感到生活中有不祥之兆。但是如果他问心无愧,良心纯洁,那么他就会永远怀着一种品达(Pindar)①所说的"甜蜜的希望",来度过他的晚年。苏格拉底,诗人这几行描写一生行为公正的人的诗句,确实富有极大的魅力:

"希望"是他的亲密伴侣,
她引导人的动摇不定的意志,
温暖他的心灵,
并温柔地照料他的晚年。

刻法洛斯说:这几行诗写得非常优美,非常动人。我认为,财富的主要价值就在这里,也许并不是对每个人都这样,而是对思想纯正的人说的。有了钱,我们到另一个世界时可以不惧怕曾经欺骗过任何人,哪怕是无意中欺骗过别人,也不惧怕欠过某神祭礼或某人钱财。当然,财富有许多其他用途,但是,如果加以比较,我认为,这里说的用途对一个有理性的人来说是所有用途中最大的。

我说:刻法洛斯,你说得非常对,但是让我们考虑考虑行为正当这件事:我们能说它真的不折不扣地只包括说实话和把别人给我们的东西送还回去吗?难道这种做法不是有时对有时错吗?比如,有一个朋友借给我们一件武器,后来他疯了,接着想把这件武器要回去,可以肯定,谁都会说,我们不应当还给他。还给他是不对的、不正当的;毫无保留地把实情告诉一个疯子也是不对的、不正当的。

他说:是呀,那样做是不正当的。

我说:由此看来,不能用说实话和把我们受委托的任何东西归还原主来定义正当行为。

---

① 品达(一译品达罗斯)(公元前518—公元前438年),古希腊抒情诗人。现存唯一的作品是《胜利颂》4卷,歌颂希腊四大竞技会的胜利。——中译者

波勒马霍斯插话说：可以那样界定，至少如果我们相信西摩尼得斯(Simonides)①，就可以这样做。

刻法洛斯说：好啦，好啦！我要把这次辩论交给你来进行。我该照料祭礼去了。

波勒马霍斯说：看来您的角色要由我来接替了。

刻法洛斯微笑着说：当然。说完，他离开我们去料理祭礼了。

---

① 西摩尼得斯(公元前556—467年)，古希腊抒情诗人和警句诗人，与品达同时代，曾写过论述道德品行的诗，企图把心地无愧作为检验善良的标准而不拿全面的善良条件来检验。此外，提到相信他，是因为当时希腊社会重视诗人胜过其他一切人，认为诗人是权威，是先知，是衡量宗教、道德上一切问题的标准。《圣经》出现后，人们就以《圣经》为生活的标准了。——中译者

第2章　波勒马霍斯：公正就是帮助朋友和加害敌人

英译者导言

现在开始进行批判了。毫无疑问，一般来说，说实话和还债都是正当的或公正的，但是这类外部行动中，没有一种能告诉我们，公正，即它们所共有的品格的名称，是什么意思。此外，表面上的同一种行动，例如还债，当我们考虑它形成时的更宽广的背景时，它的性质可能会完全改变。

波勒马霍斯只能引证一位著名诗人的箴言来对付反对意见。在希腊没有比《圣经》更神圣的书，《圣经》把诗人都看成是论述宗教和道德的灵感权威，但是苏格拉底却加以质疑，他发现他们并不能对他们的教义做理性叙述（$Apology$, 22B）。波勒马霍斯也从未提出过，公正的定义是"给每个人应得的"。"给应得的"是指什么？是给谁的？

苏格拉底的首要目的是揭露波勒马霍斯的观念模糊不清，从而使他陷入可笑的结论。在探讨一个很重大的模糊问题时，首先应使一个自认为能用简明公式回答问题的人相信，他所知道的大大少于他所想象的，甚至他不懂得他自己的准则。

柏拉图常常，在这里也同样，把道德的实践与实用的（不是美术）艺术或技艺进行比较，如医术、航海术、制鞋术。他甚至谈到一种公正的艺术。他承袭苏格拉底的信念，认为人间应当有一种生活艺术，类似工匠的相关知识和相应的能力，以求达到预期的目的。一个建筑工人，建造一所房子，他知道他要动手干什么和如何动手；他能说明有利于达到目的的全部行动。这种知识和能力构成了体现在建筑者身上的技艺和他作为建筑者的特殊专长或"美德"（areté）。同样，人只能在清楚了解以下几点以后才能生活得美满：什么是生活的目的、什么东西具有真正的价值，以及如何得到这些知识。这种知识就是人作为人的道德美，由此形成生活的艺术。如果一个人认为生活的目的是发财致富或掌握权力，那么他的行动将被误导，因为钱权本身是没有价值的。这一信念是《理想国》的基本原理，它引向的中心论点是：社会必须由受过长期和严格训练的有知识的人治理，他不仅了解人生的真正目的，而且了解各种形式的善良的意义。

正　文

我说：那么，如果你继续这次讨论，请告诉我，你所称赞的西摩尼得斯关于正当行为的说法是什么?

波勒马霍斯说:使每个人得到他应得的,就是公正的。我认为他这个说法是公正的。

我说:当然,怀疑西摩尼得斯这样一位诗人的灵感智慧是困难的;但是,他这话是什么意思,波勒马霍斯,你可能了解,我可不了解。显然,他的话不是我们刚才说的那种意思,就是说,把我们受托的某种东西还给物主,甚至当他的精神不正常的时候。然而,如果他想要回去,那是正当的,对吗?

他说:是的。

我说:但是当他发疯的时候,就不归还他,对吗?

他说:对的。

我说:那么,西摩尼得斯的意思一定跟他说的"公正就是使每个人得到他应得的"有所不同了。

他说:确实,他指的是两回事。他的意思是,如同朋友之间,人们应当给对方带来好处,而不是带来害处。

我说道:我明白了。如果双方是朋友,而且归还以后对他有害处,那么把替他保管的钱还给他就不算使他得到他应得的了。这就是你所说的西摩尼得斯的原意吗?

他说:是的,的确是这样。

我说:那么对敌人又该怎样呢?难道我们应当归还他们应得的吗?

他说:当然要还,应当使他们得到他们真正应得到的。我认为这意思是,敌人应得的应是某种伤害。

我说:这样看来,西摩尼得斯所用的字眼,像诗人们用的那样,含有隐喻的味道。他的真意是把公正界定为:使每个人得到适合于他的东西。他只是把这种情况称为应得的。

他说:是呀,为什么不可以呢?

我说道:可是,听我说,假如我们可以问西摩尼得斯有关医术的问题,可不可以把一个医生的行为说成是:使患者的某部位得到应得的或适合于它的东西?你认为他会怎样回答呢?

他说:医生会让病体吃些适当的食物或药物。

我说:烹调术又是怎样的呢?能不能用同样的方式来形容呢?

他说:可以的。厨师对他的菜肴进行适当的调味。

我说:好。那么又怎样体现公正呢?

他说:如果我们照这种类比法推下去,苏格拉底,公正就是使朋友得到帮助或使敌人受到损害。

我说:这样看来,西摩尼得斯心目中的公正就是帮助朋友或加害敌人了,是吗?

他说:我想是这样的。

我说:在处理健康问题时,谁最有资格照这种办法对待朋友和敌人?

他说:医生。

我说:可是,航海时遇到海上风暴,谁最有资格这样处理问题呢?

他说:船长。

我说：可是，在什么行动范围内，公正的人最有资格帮助朋友或加害敌人呢？

他说：我姑且认为，是在战争中，当他站在朋友一边跟敌人打仗的时候。

我说：我明白。可是，当我们的身体处于健康状态和在陆地上的时候，医生和船长对我们来说将一无所用。

他说：确实是这样。

我说：当我们不动干戈、友好相处的时候，公正将一无所用，这也是实话吗？

他说：我不认为是这样的。

我说：如此说来，在和平时期，公正也有用，是吗？

他说：是的。

我说：比如农业，它对生产粮食或制鞋业有用，对供应我们穿鞋有用。你能不能告诉我，以此类比，公正在和平时期有用或有益，其目的是什么呢？

他说：是为了做生意，苏格拉底。

我说：你的意思是合伙做生意吗？

他说：是的。

我说：但是，如果我们下象棋或垒砖瓦或演奏乐曲，公正的人也能像象棋能手或建筑师或音乐家那样是一个善良的和有益的伙伴吗？

他说：不能。

我说：那么，他在哪种合伙工作中更能有所帮助呢？

他说：我想是在涉及金钱的场合。

我说：波勒马霍斯，当我们把钱用于某种用途的时候，情况也许例外。如果我们买一匹马或卖一匹马，马的鉴定人就会是一个较好的伙伴，或者如果我们买卖船只，造船工人或船长就会是较好的伙伴。

他说：我想是这样的。

我说：那么，在什么情况下，公正的人处理我们的金钱特别有用呢？

他说：当我们想把金钱储存起来、妥善保管的时候。

我说：事实上，是在钱搁置不用的时候，是不是？

他说：是的。

我说：这样看来，只有在我们的钱财搁置不用的时候，公平正义才开始有用，是不是？

他说：也许是这样。

我说：同样，我认为，如果我们要使用一把剪枝刀或者一面盾或者一把竖琴，葡萄园丁或士兵或音乐家就有用了，但是只有当这些东西要被保存起来的时候，公正才有用。事实上，对正在被使用的东西来说，公正永远没有任何用途；当这些东西无用的时候，公正就有用了。

他说：好像是这样的。

我说：如果是这样的话，我的朋友，公正就不是一个具有很大价值的东西了。现在还有一个问题，我们来考虑一下。在进行拳击或任何一种争斗的时候，有了打人的技术也就有了不被打的技术；同一个能使我们消除疾病的医生，也会暗中使人染上疾病；或者再举一个例子，一个将军，如果能欺骗敌人并用智谋打乱敌人的作战计划和部署，将善于保全他的部下。所以说，一个擅长保管东西的人也能成为一个狡猾的惯犯。

他说：显然是这样的。

我说：这么说，公正的人如果善于保管钱财，也将善于偷窃了。

他说：不管怎么说，这好像就是结论。

我说：那么，公正的人就变成一个窃贼了。你一定是跟荷马（Homer）①学来的。荷马很欣赏奥德修斯（Odysseus）的外祖父奥托吕科斯（Autolycus）②，说他的骗术超群。照你的看法以及荷马和西摩尼得斯的看法，如果公正就是帮助朋友或加害敌人，那么公正就成了一种骗术啦！这是你的意思吗？

波勒马霍斯反驳说：天哪，怎么会呢？我忘了我原来说的是什么意思了。反正我仍然坚持认为，公正就是帮助朋友和加害敌人。

英译者导言

辩论至此更激烈了。波勒马霍斯虽然感到困惑，但依然坚持认为，帮助朋友和加害敌人是绝对正确的。这是希腊道德的传统准则，从未遭到过怀疑。直到苏格拉底出面加以否定，从来没有人说过：我们应当善待恨我们的人，或者至少不加害他们。苏格拉底否定的根据是他的原则，后来被斯多葛派（the Stoics）所采纳，即本身善良的唯一东西是人的灵魂的善良、美德、安康。唯一真正伤害人的办法是使他变成一个更坏的人。这不可以是公正的功能。

正　文

我说：你所说的人的朋友和敌人是什么样的呢？是不是那些被认为的诚实的好人和可恶的坏人，或者说，是不是看起来不像好人而实际上是好人、看起来不像坏人而实际上是坏人的人呢？

波勒马霍斯说：当然是这样。他的爱和恨决定他的想法。

我说：但是，人不是常常把一个诚实的人误认成一个歹徒或把一个歹徒误认成一个诚实的人吗？在这种情况下，人们把好人当成敌人，把坏人当成朋友。

他说：毫无疑问，有这样的情况。

我说：可是不管怎么说，对他们来说，帮助歹徒和加害好人就是公正的，是吗？

---

① 传说荷马是古希腊叙事诗人和盲人歌手，生卒年和出生地不详。据说为了荣光，曾有七个城市争说是他的故乡。相传《伊利亚特》和《奥德赛》是他所作。——中译者

② 奥托吕科斯是希腊神话中荷麦斯（Hemes）之子，善于偷窃、骗人、说谎，有"贼王"之称。他常偷别人的羊，把别人的羊身上的记号加以改变，混在自己的羊群中，使失主无法辨认。一次，他偷了西绪福斯（Sisyphus）的羊。西绪福斯早在羊蹄下钉了铅块，上面刻上暗号，因而索回了羊。——中译者

他说：显然是的。

我说：可是，好人是不愿干错事的人。

他说：说得对。

我说：那么，照你的说法，虐待一个不做错事的人是公正的了？

他说：不是，不是，苏格拉底，这论点不妥当。

我说：看来，理当受伤害的一定是做错事的人，理当受帮助的是诚实的人。

他说：这个说法比较妥当。

我说：这样看来，波勒马霍斯，结论就是这样的：对于一个不善于识别品质好坏的人来说，当他的朋友确实是歹徒的时候，加害他的朋友往往是正确的；当他的敌人确实是个诚实的好人的时候，帮助他的敌人也往往是正确的。这与你理解的西摩尼得斯的意思恰恰相反。

他说道：肯定会得出这种结论。我们必须改变我们的论点。也许，我们给朋友和敌人所下的定义错了。

我说：什么定义，波勒马霍斯？

他说：我们说过，朋友是一个我们相信是诚实的人。

我说：现在，我们又该怎样给他下定义呢？

他说：应该说，朋友是一个看起来诚实，实际上也诚实的人。如果他只是看起来诚实，那么他其实是一个貌似朋友的人。至于敌人，也是这样。

我说：那么，这样看来，成为我们朋友的人是好人，成为我们敌人的人是坏人。

他说：是的。

我说：事实上，你要我们给原来为公正所下的定义补充一些内容：公正不仅是指帮助朋友，加害敌人，而且是指帮助善良的朋友，加害邪恶的敌人。

他说：是的，我想这样才是完全公正的。

我说：加害任何一个人真的是一个公正者该干的吗？

他说：肯定是的，对他来说，加害身为他的敌人的坏人是正确的。

我说：但是加害一匹马或一条狗不是意味着使它变成一匹坏马或一条坏狗，从而使其分别在特长方面变成一个不完善的动物吗？

他说：是这个意思。

我说：对人类来说，不也是这样吗？就是说，加害他就意味着使他变成一个不合人类美德标准的更坏的人？

他说：是的。

我说：公正不是人类特有的一种美德吗？

他说：毫无疑问。

我说：因此，加害一个人必然意味着使他变得不够公正了。

他说：我想是这样的。

我说：但是，如果一个音乐家或一个骑师使他的学生变得不善演奏或者变得不善骑术，他们就无法施展自己的特殊技术了。

他说：是的。

我说：公正者是为了使人变得非公正而运用公正吗？或者更广泛些说，好人是靠运用他的美德来使人变坏吗？能够这样说吗？

他说：不，不能。

我说：善良对于为非作歹所起的作用并不比热对冷、干对湿所起的作用大。所以如果公正者是善良的，那么，加害人的事不管被害者是朋友还是敌人，都必然是与他相反的，即非公正者的事。

他说：我认为，这种说法完全正确，苏格拉底。

我说：这样看来，如果公正就是给每个人他所应得的，即帮助朋友和加害敌人，那么这种说法就不高明了。这是不正确的。因为我们已经明确，加害任何人都永远是不对的。

波勒马霍斯说：我同意。

我说：那么，你和我在碰到任何人把那种论点归于西摩尼得斯或归于任何一个像拜阿斯(Bias)①或皮塔科斯(Pittacus)②那样被公认的年迈贤哲之口，我们都要一致反对。

他说：对，我准备支持你。

我说：要知道，我认为那种关于公正的说法，即帮助朋友和加害敌人，一定出自某暴君之口。这个暴君家财万贯，手握大权，以致认为他可以为所欲为，像佩里安德(Periander)③、佩里迪卡斯(Perdiccas)④、薛西斯(Xerxes)⑤或者底比斯城(Thebes)的伊斯麦尼阿斯(Ismenias)，就是这号人。

他说：这是非常可能的。

我说道：好，现在我们否定了关于公正的那个定义，谁能另外提个定义吗？

---

① 拜阿斯，公元前6世纪古希腊七贤之一。——中译者
② 皮塔科斯，公元前6世纪古希腊七贤之一。——中译者
③ 佩里安德，古希腊科林斯暴君。——中译者
④ 佩里迪卡斯，亚历山大大帝的将军，进攻埃及时被部下杀害。——中译者
⑤ 薛西斯，波斯国王，公元前465年进攻希腊时被部下杀害。——中译者

第3章 色拉西马霍斯：公正即强者的利益

英译者导言

苏格拉底曾以个人的最深刻的信念之一反对流行的关于公正的观念。波勒马霍斯准备接受这一挑战，却遭到色拉西马霍斯的强烈反对，色拉西马霍斯表示这个理论在极端形式下可能是对的。他认为，公平正义或公正完全是国家实际掌权者依法对臣民的任何行动所强加的名称，并认为他们的全部法律都是为了增加他们自己个人的或阶级的利益而制定的。因此，公正意味着强者即统治方的利益。是与非根本没有其他意义。这不是社会契约的理论：它并不表示，臣民与统治者做过交易，牺牲自己的一些自由来求得社会秩序的利益。统治者靠绝对权力行使他的"权利"。这种统治者的最佳例证就是专制者（希腊暴君）。色拉西马霍斯认为，他的地位是最令人嫉妒的。他是一个不折不扣的有意和有权力帮助朋友并加害敌人的人。

辩论首先澄清了色拉西马霍斯公式的模糊之处。"Stronger"这个词的一般意思是指"优秀的"或"较强的"，但是"较强的"这个意思对色拉西马霍斯来说并没有道德的含义，他不承认道德的存在。强者的优越性源于他取得的权力和掌握权力的技巧和决心。利益还意味着统治者本人行使权力的欲望的满足和对权力的扩充。

正 文

在整个讨论过程中，色拉西马霍斯不止一次地想打断我们的谈话，可是他旁边的几个人制止了他，因为他们想把辩论听完。在我说完最后几句话以后停顿时，他再也不能保持沉默了，他像野兽一般鼓足劲儿向我们扑来，就好像要把我们撕碎似的。当他突然向在座的各位开腔的时候，把波勒马霍斯和我吓了一跳，一时不知所措。

色拉西马霍斯说：苏格拉底，你们两个人是怎么回事呀！你们为什么总是懦弱地说个不停，斯文地彼此迁就对方的无稽之谈？如果你们真想知道公正是什么意思，就不要摆问题了，也不要互相驳斥对方的答案了。你们很明白，提问题比回答问题容易。现在回答问题吧！告诉我们，你认为公正是什么意思？我不希望你告诉大家，公正就是应当的或有用的或有利的或获利的或合宜的，这些都一样；我希望听到一个清楚而确切的说法，我不爱听那类字眼。

我听了他这些强烈的攻击言辞以后大为吃惊。我战战兢兢地看着他。如果在这只狼看到我以前,我没有看到它,我真的相信,我将会变成哑巴了;①但是,很幸运,当他正要被我们的争论触怒的时候,我已经抢先看到他了,所以我能回答,虽然激动得有些发抖。

我说:色拉西马霍斯,你不要难为我们,如果波勒马霍斯和我在讨论中迷失了方向,你可能十分了解,这错不是有意犯的。如果我们是在寻找一块金子,我们不会有意地彼此客气而误了找金子的机会。现在,当我们寻找比金子还贵重得多的公正的时候,你怎么会认为,我们会愚蠢地彼此迁就,不尽力把问题弄个水落石出?我的朋友,你千万要相信,我们是很认真的,只怕无力完成这一任务。我们期待有你这样有能力的人同情我们,而不要对我们这样苛求。

色拉西马霍斯突然以一阵冷笑作出回答。

他说:哎呀!苏格拉底,你又在玩弄那套装疯卖傻的老把戏了!这,我知道。我已经跟大家说过,你不会承担责任,一定会先说些不相干的话而不回答问题。

我回答说:是的,色拉西马霍斯,因为你很聪明,一定晓得,如果你问某人,"12"这个数字是怎样组成的,同时又提醒他:注意,不要告诉我,"12"是6的2倍,是4的3倍,或2的6倍,或3的4倍,我不听这老一套,那么,没人能回答那样的问题。他会说:色拉西马霍斯,你这是什么意思?即使其中一个答案碰巧是对的,也不准说出来吗?难道你要我说出一个错误的答案吗?碰到这种情况,你怎么回答?

他说道:哼!好像两种情况非常相似!

我说道:我不明白为什么不相似。但是,在任何情况下,如果不准被问者说出答案,而他认为那个答案是正确的,就能使他真的不说了吗?

他说:你是说,你要给出我不愿意听的答案吗?

我说:如果深思熟虑以后,我认为这个答案是真实的,那么我会提出来,且不会感到惊奇。

他说:如果我提出另外一个关于公正的定义,而且比任何一个都全面,你怎么办呢?你准备接受何种处分呢?

我说:准备接受无知者应受的处分,就是说,无知者必须向高明者请教。所以,我提议,以此作为适当的处分办法。

他说道:我赞成你对处分的看法,但是你还必须付出代价。

我说:有了钱一定给。

格劳孔说:那好办,我们大伙给苏格拉底凑钱!那么,色拉西马霍斯,就让我们听听你的定义吧!

他说道:好吧!这样苏格拉底就可以玩弄老把戏了,提出问题并反驳别人,自己却不回答!

我说道:但是,真的,如果既不知道答案也不假装知道,加上还有某位相当权威的人士不准他提出可能有的看法,试问,在这样一个人身上,你能指望什么呢?的确,这个定义自然应当由你下,大家都认为你知道这个答案,并且能把定义告诉我们。请不要使我

---

① 希腊流行一种迷信,认为如果狼先看到你,你就将变成哑巴。——英译者

们失望。我认为,你提出定义是一件好事。我希望你不吝金玉,指教指教格劳孔和其他人。

格劳孔和其他人也跟着请求。色拉西马霍斯显然想得到这份荣誉,因为他信心十足,认为自己准备了万全的答案,虽然他假装一再要我回答。最后,他让了步,大声说道:这就是苏格拉底的高明所在!他不肯指教别人,反而向别人请教却连谢谢都不说一声。

我说:色拉西马霍斯,我确实在向别人请教,这是千真万确的,但是,你说我忘恩负义就错了。我尽可能地表示感谢——赞扬,因为我没有钱。在你发表议论的时候,你会马上看到,我将怎样准备赞扬任何我认为是高明的观念,因为我相信,你的议论将是高明的。

色拉西马霍斯说:那就请听吧!我要说的是:公正或公平正义的意义无非就是对强者方有利。好啦,你的赞扬在哪里?你不准备赞扬我?

我说:我一明白你的意思,我就赞扬。可是我还不了解你说的公正是对强者方有利是什么意思。例如,运动员波立达马斯(Polydamas)①比我们壮实,为了增强肌肉,吃牛肉对他有好处;但是你的意思不会是说吃牛肉对体弱的人也有好处,从而对我们也是公正的吧?

他说:苏格拉底,你在开玩笑,把我的话理解成那样,对辩论极为有害,你这种手法太差劲了。

我说道:不是这样,不是这样,但你必须解释清楚。

他说:那么,你难道不知道,一个国家可以由专制君主来统治,或由民主政体来统治,还可以由贵族政体来统治吗?

我说:当然知道。

他说:还有,统治者永远是最强有力的,是吗?

我说:是的。

他说:好啦,在各种情况下,法律都是由统治方根据自身的利益制定的。民主政体制定民主法律,专制君主制定专制法律,等等。他们制定法律时都把对自己有利的说成是对臣民公正,他们把破坏法律的人说成是罪人并依法惩处。我的意见是,在一切国家里,"公正"(right)的意思都一样,即对掌权的一方有利,也就是最强的一方。所以说,理想的结论是,公正的意思到处都一样,即强者方的利益。

我说道:现在我明白你的意思了;但它是否真实,我得搞清楚。当你用利益解释公正的时候,你给出了一个不准我给出的答案,虽然你的确加了"强者一方"。

他说:也许这是一个无足轻重的补充。

我说:加上这几个字有何重要性,我还不清楚。已经弄清的是,我们必须弄清你的定义是否正确。我承认,公正在某种意义上讲是一种利益,但当你加上"强者一方"以后,我就莫名其妙了。我必须好好想一想。

他说:那就想吧!

我说:我是要想一想的。告诉我,你是毫无疑问地认为服从掌权者是对的吗?

---

① 波立达马斯,古希腊角斗士,据说他曾赤手空拳打死过巨狮,还能拉住奔跑如飞的战车。——中译者

他说：我是这样认为的。

我说：在各类国家中，掌权者不会犯错吗？或者说他们有时也会犯错吗？

他说：当然，他们会犯错。

我说：那么，在制定法律时，他们可能有时定得好，有时定得坏，是吗？

他说：毫无疑问是这样的。

我说：那就是说，当他们制定的法律对自己有利时，定得就好；对自己不利时，定得就不好。是不是？

他说：是的。

我说：但是，臣民要服从他们制定的一切法律，这样，他们就会行事公正了。

他说：当然是。

我说：如果是这样的，照你的说法，从事对强者一方不利的事和对他们有利的事，都是公正的。

他说：你说的是什么意思？

我说：我说的正是你刚刚说过的。但是让我们再考虑一下，统治者在给臣民制定法令时有时弄错了自己的最高利益，同时不管他们制定什么样的法令，臣民都要遵守就是公正。你不是已经承认了这点吗？

他说：是的，我想是这样的。

我说：那么，这就等于承认，做不符合统治者或强者一方的利益的事是公正的。他们可能无意中制定了对自己不利的法令，而你说，其他人都要照所吩咐的去做是公正的。在那种情况下，他们的责任必然与你所说的相反，因为弱者将按照命令去做违反强者利益的事。用你的智慧，你一定看得出这会带来什么结果。

波勒马霍斯说道：是的，苏格拉底，这是不可否认的。

克莱托丰插话进来说：毫无疑问，如果你做苏格拉底的证人。

波勒马霍斯回答说：不需要证人了。色拉西马霍斯自己承认：统治者有时制定的法令对自己不利，而遵守法令是臣民的责任。

色拉西马霍斯说道：那是因为照掌权者吩咐的去做是公正的。

波勒马霍斯说：是的。但是他还说过，对强者一方有利的就是公正的。说完这两点以后，他还承认，强者有时命令弱者臣民做违反他们利益的事。从这些论点可以得出如下结论：对强者有利并不比对强者不利更公正。

克莱托丰说：不是这样，他说的是，强者相信对自己有利的一切，就是臣民必须要做的，也就是色拉西马霍斯所想界定为公正的。

波勒马霍斯又说道：那不是他的原意。

我说道：没关系，波勒马霍斯，如果色拉西马霍斯现在这样说，我们就来这样理解。色拉西马霍斯，请你现在告诉我，那是你想说的吗？就是说，公正就是强者认为对自己有利的事，是不是真是这样？

他回答道：绝对不是，你以为我会在一个人犯错的时候把他说成是"强者"或"优秀者"吗？

我说：我确实以为，在你承认统治者不是永远不犯错的时候，你是这样说的。

他说：那是因为你是个诡辩家，苏格拉底。一个人给人治病时诊断错了，而且恰恰因为这个错就被称为医生，你会这样说吗？或者说，一个人算错了数字并恰恰因为这一点就被称为数学家，你能这样说吗？当然，我们平时确实谈到过一个看错病的医生或一个算错数的数学家或一个犯错的学者；但是，我敢说，由于他配得上我们给他的称号，所以实际上从来没有犯过一个错。所以严格来讲——你们全都主张严格——从事技术工作的人，没有犯错误的。当一个人的知识不够用时，就会做错事。那时，他就不是技术人员了。技艺或者任何一种技术是这样，统治者也是这样：只要他身为统治者，他就永远不会做错事；虽然任何人都可以谈论一个做错事的统治者，正如可以谈论一个看错病的医生一样。必须了解，刚才我回答你的问题时，我是用不确切的方式说的；确切的说法是这样的：统治者只要身为统治者就不会做错事，因此，他制定对他自己最有利的法律，那就是臣民所要做的。所以像我最初所说的，公正就是做对强者有利的事。

我说道：很好，色拉西马霍斯，你认为我是在进行诡辩吗？

他说：我肯定你是这样的。

我说：你认为我提出的问题是想恶意压制你的论点吗？

他说：我明白。但是你这一套将无济于事。玩弄诡计得逞不了，你休想公开驳倒我。

我回答说：哎呀！我没有这个意思。但是为了避免更多的误解，当你谈到弱者应当为之服务的统治者或强者一方的时候，请你说清楚些。刚才下定义时，你是泛泛用词呢，还是严格用词？

他说：我是用最严格的意义来谈论统治者的。现在你可以诡辩下去，尽量施展你的本事。我不需要同情怜悯。但是，你不是我的对手。

我说：你认为我疯了不成，想揪狮髯或想跟色拉西马霍斯一比高低吗？

他反驳说：你想这样干，可是没有得逞。

英译者导言

色拉西马霍斯已经改变了立场。首先，他认为"强者"只限于靠无上权力进行统治的人，但眼前他们的无上权力必须包括无错误地进行管理所需要的知识和能力。这种知识和能力构成一种执政艺术，类似需要特殊技能的其他实用艺术或技艺。以统治者身份出现的统治者或以技艺人身份出现的技艺人，也可以说拥有人性化的技艺，因为一种技艺只属于体现技艺的人，我们所考虑的人只是体现这种特殊技能的人，不看重一切个人品格和他偶尔获得的任何其他技能。当苏格拉底以这种抽象方式谈论艺术或技艺具有自己的利益时，他的意思与谈论技艺人作为技艺人的利益是一样的。假设如色拉西马霍斯所说，有一种被一个作为统治者的统治者掌握的执政艺术是无错的从而完全是"优秀的"，那么眼前的问题是，与其他技艺人相比，他的利益应当是什么。

正　文

　　我说道：够了。现在该告诉我，你说的那个严格意义上的医生，他的工作是赚钱呢，还是给人治病？要记住，我指的是你提出的名副其实的医生。

　　他说：给他的病人治病。

　　我说：船长的真实意义是什么？他是单纯的海员呢，还是全体船员的司令？

　　他说：是司令。

　　我说：好的，我们将把他当作一个海员来谈论，只是因为他在船上。那不是问题的所在。他所以被称为船长是由于他比其他船员的技术高，能管理他们。

　　他说：说得对。

　　我问：这些人都有各自特定的某种利益吗？

　　他说：毫无疑问是这样的。

　　我问：我们所谈的技艺是为了发现那种利益并使其得到满足而存在吗？

　　他说：是的。

　　我说：除了使本身达到最大可能的完善的利益以外，还有一种利益，我们可以这样说吗？

　　他说：你这话是什么意思？

　　我说：我来做一个说明。如果你问我，人的身体是否只是身体就够了，不需要外界帮助吗？我会这样回答：当然不是这样。身体有缺点和缺陷，而且它的情况还不尽如人意。这正是发明医学技艺的原因，医学技艺的目的是帮助身体并使它获得利益。这样说不对吗？

　　他说：对。

　　我说：但是，现在拿医术本身来说，医术本身有缺点和弱点吗？任何技艺都需要进一步改进吗？比如，眼睛没有视觉就不完美，耳朵没有听觉就不理想，所以在这两种情况下，需要一种技艺来研究它们的利益并协助它们发挥各自的功能。技艺本身也相应地需要另外某种技艺来医治它的弱点并寻求它的利益吗？而另外的某种技艺又需要第三种技艺，如此类推，以至无穷吗？或者说，每种技艺都寻求本身的利益吗？最后，或者说，任何技艺都不需要其他技艺或本身来医治自己的缺点或研究自己的利益，因为技艺本身都有缺点或错误，需要服务的唯一利益就是它的对象的利益，这不是真的吗？只要一种技艺，作为严格意义上的技艺——我希望你注意这是严格意义上的技艺——表现出了它的性质，它本身就是健全的，无瑕疵的。这不是真的吗？

　　他说：似乎是这样的。

　　我说：那么，医术不研究它本身的利益而是研究身体的需要，正如马夫通过养马术展示他的技术。因此各种技艺所寻求的不是自己的利益——因为技艺没有不足——而是它所服务的对象的利益。

　　他说：看来是这样的。

我说：但是，色拉西马霍斯，的确，每种技艺对其服务对象都有一种无上权威和无上权力。

他同意了这点，但很勉强。

我说：就技艺而言，从来没有一种技艺研究或规定优秀的或强者一方的利益，而永远是研究或规定技艺有权控制的弱者的利益。

色拉西马霍斯最后同意了这点，但还试图百般狡辩，进行最后挣扎。

我继续说道：因此，真正的医生只考虑病人的利益，而不考虑自己的利益。我们都同意，严格地说，医生的工作不是为自己赚钱，而是对病人的身体施展权力。此外，船长，严格地讲，并不考虑单个水手，而是考虑对全体船员的指挥，他要考虑和规定属下的利益，而不是他自己的利益。

他勉强同意了。

我说：对于任何类型的政府来说都是这样：没有一个统治者作为统治者会考虑或规定对自己有利的事。他的一言一行都要对他所管理的臣民有利、合宜。

英译者导言

色拉西马霍斯几乎无力应对最后的这一论点，而最后的论点立足于他亲口提出的"准确的"对比上，即以特殊身份进行统治的统治者所用的知识和能力与技艺人所用的是相似的而且是无可挑剔的。因此，他开始退却，求助于事实来说教。统治者从荷马笔下的国王开始被称为人民的牧羊倌。色拉西马霍斯确实说过，牧羊倌一般来说关心的主要是剪羊毛和屠宰，那是为了他们的利益和致富，而不关心羊群的疾苦。这种行为被称为"不公正"，因为这意味着，他们得到的多于应当得到的。大肆捞钱的自私透顶的贵族受到嫉恨和羡慕；色拉西马霍斯本人认为贵族是最幸福的人。他得出的结论是：公平正义、公正、诚实都不上算，都无利可图；而非公正的生活却永远上算，更有利。

苏格拉底把这个比较一般性的论题放到下一章去质疑。他在这儿所关心的依然是治国之道。他再次把牧羊倌的例子应用到色拉西马霍斯关于"身份"的对比上。作为牧羊人的牧羊倌所关心的是羊群，而他作为挣工资者却以不同的身份拿工资。人类统治者期望得到报酬，这说明正当的治国任务一般来说被认为是令人厌烦的，是无利可图的。

正　文

就在这时，当大家都能看出色拉西马霍斯关于公正的定义被颠倒过来的时候，他不做任何回答却反问道：苏格拉底，你有奶妈吗？

我说道：你为什么提这样一个问题？回答我的问题，不更好吗？

他说：因为奶妈让你像一个该擦鼻涕的孩子那样，一个劲儿地往鼻子里吸鼻涕，她却不管。她甚至没有教你在看到牧羊人时去认识他，或看到羊时去认识羊。

我说：你干吗扯这种事？

他说：哎呀！你想象的是，牧羊人或放牛人关心的是他的羊群或牛群，照料它们并把它们喂肥，而不是为了主人或他自己的利益。因此，在政治上你看不到真正的统治者对待黎民百姓恰恰像对待羊群一样，日思夜想只盘算如何从百姓身上捞取好处，不考虑别的什么。你在正确与错误、公正与非公正方面的观念大错特错了，因为你不了解公正的意思实际上是对别人有益的事，也不了解公正就是为强者的利益服务，他牺牲服从他的百姓的利益进行统治；而非公正恰恰相反，他维护自己对被称为公正的无知百姓的权威，这样他们就可以一心一意地为他们的主人的利益和幸福着想，根本不顾及自己的利益和幸福。苏格拉底，你真天真，你必须认清，公正的人永远是吃亏的。拿做买卖来说，当一桩合伙生意散伙时，你永远看不到，比较诚实的一方会得到较多的份儿。就与国家的关系而言，纳税时，在财产相等的条件下，诚实的人就比不诚实的人纳得多；或者，如果要分钱，不诚实的那个人会占便宜。在履行公务时，公正的人即使不在其他方面吃亏，自己的私事也总是不去照顾，他的原则是不允许自己损公利己，更不要说不肯放弃原则去帮助亲友从而得罪他们。非公正则恰恰相反，可以得到一切好处。我要说明的是，刚才说的那种人，也就是能比别人捞更多好处的人。如果你要判断非公正对人有多大好处，就必须注意这种人。关于这种情况，你可以从最典型的非公正的事例中看个一清二楚。非公正、为非作歹可以得到最大的好处和幸福，而不肯干坏事者由于不反抗则受苦受难。那种方式就是专制主义，它利用武力或欺诈，夺取别人的财物，不管这人是公务员还是普通人，也不管他是圣人还是俗人，而且掠夺的手段肆无忌惮。如果你是小打小闹犯这种罪行而被发现，你就要受罪受辱；人们把这种勾当叫做窃取神物、坑蒙拐骗、盗窃偷窃、抢劫财物。但是，如果除了侵吞国民财产，还使同胞沦为奴隶，失去自由，你就再听不到那些丢脸的、难听的名称了；你的同胞还会称你是人间最幸福的人，颂扬你的大名。于是，人们听到非公正获得全胜以后就会这样认为：人们谴责非公正时，那是他们怕犯错误，而不是怕干非公正的事。苏格拉底，情况确是如此，当非公正达到相当程度时，比公正的力量更大、更自由、更专权；"公正"，我最初说过，只是为强者的利益服务的，"错误"是指对自己有利、有好处。

色拉西马霍斯像澡堂子里的伙计一样，把一桶水劈头盖脸地浇到别人头上，滔滔不绝地向我们发表了一大套议论。这意味着他想溜之大吉，但是在座的人不依不饶，不让他走，叫他把论点交代清楚。我格外想提出我的要求。

我说道：好心的色拉西马霍斯，你打算向我们提出一个论点，然后不加适当解释，不容我们指出你的论点是否站得住脚，就抬腿走吗？我们每个人都要为获得最好的生活而选择道路，你认为决定整个路程是件小事吗？

他反驳说：难道我没有说那是一件很重要的事吗？

我说道：显然没有说过，不然你就不替我们操心了，也不关心我们由于不了解你所说的这个真理能否过好日子。麻烦你，把你的秘诀传授给我们吧！如果你善待我们，你会看到，那将是一笔有丰厚回报的投资，我们很多人都将向你表达谢意。我对自己的信念不保密，我的信念是，非公正并不比公正更有利，甚至在它横行霸道、无所阻挡的时候也是如此。非公正不比公正更有利。让你的非公正的人独揽大权、为非作歹，不管他施暴得逞或侥幸漏网未被揭穿，反正他不能使我相信，采用这种方式比采用公正方式使他收获更大。在座的其他诸位可能有同感，认为公正高于非公正。请说服我们，让我们承认我们考虑不周。

他回答说：这怎么可能呢？如果我刚才说的不能说服你们，我还有什么更多的话可以跟你们说呢？难道你们要叫我用羹匙把意思硬塞给你们吗？

我大声说道：这哪能呢？不能那么办。但是，我很希望你坚持你的意见；不然，如果你要改变立场，就公开改，不要像刚才那样还想来蒙骗我们。要注意，色拉西马霍斯，回到你刚才的论点，在谈论牧羊人时，你认为没有必要坚持你在界定真正的医生时提出的严格意义。你认为他身为牧羊人，喂好羊群不是为了他自己而是为了餐桌或市场，好像他是一个开饭馆的或羊贩子，是为了赚钱而不是一个牧羊人。当然，牧羊人只关心尽力把受托管的羊养好；只要这种技艺满足牧羊所应具备的条件，它本身的最高利益就充分实现了。我认为，根据这样一个原则可以看出，任何一种权势，不管是国家中的还是私人生活中的，就权势性质而言，它所考虑的都是，什么对它所关心的东西最有利。现在你的意思如何？你认为，管理国家的人——我是指严格意义上的统治者——不是勉强担任公务吗？

他回答说：我认为他是勉强干的，我了解这一点。

我说：可是，色拉西马霍斯，你没有注意这一点吗？就是说，谁都不愿意担任管理工作，除非给他薪金，而这一要求是假定他的全部工作收益都归他的。告诉我，我们不是总根据技艺产生某种特别效果的能力来区别这种和那种技艺吗？谈谈你的真实看法，以便我们继续进行讨论。

他说：是的，区别就在这里。

我说：每种技艺都给我们带来特有的某种利益，例如，医术给我们带来健康，航海术使我们在海上航行安全，等等。

他说：是的。

我说：挣工资可以给我报酬，这是它的特殊功能。现在照你提出的严格意义来说，你之所以不认为航海术跟医术相同，唯一的根据就是船长在航海时获得健康，因为海洋空气对他有利。你不再把行医与挣工资等同起来，因为人在挣工资时可以保持健康，或者医生诊断时可以领取行医费。

他说：不能那样对比。

我说：既然我们都同意借助每种技艺得到的利益都是特有的，因此，所有这些实践者一致享有的共同利益必然来自他们共有的进一步的实践。

他说：好像是这样。

我说：是的，我们必须说，如果他们都挣工资，那么，只要他们从事挣工资的工作和应用他们各自的技艺，他们就都会得到好处。

他勉强同意了。

我说：那么，获得这种好处——接受工资——并不是因为人拥有特殊技艺。如果严格来讲，医生使人健康，建筑者给人造房，于是每个人以比挣工资者高一级的技艺得到工资。这样看来，每种技艺都有自己的功能并给自己的对象带来好处。但是，假如不给业者工资，他还能靠技艺得到好处吗？

他说：显然不能。

我说：当他无报酬地工作时，他对任何人也就没有好处了，是不是呢？

他说：不是的，我认为对别人还是有些好处。

我说：那么，色拉西马霍斯，这个问题现在明确了，没有一种技艺或权势给自己谋利益。刚才我们说过，技艺或权势永远为自己的对象考虑并给他规定利益，也就是给弱者一方而不是给强者一方谋利益。我的朋友，我之所以说个人不要求工资而乐意担任某种职务并给别人排忧解难，原因就在这儿。因为如果他要把他的工作做得很好，就将永远不会以统治者身份从事对自己最有利的事或者命令别人做对自己最有利的事，而只是为臣民谋最大福利。因此，如果他同意担任职务，他必须得到报酬：金钱或荣誉，或一旦拒绝担任而被处罚。

格劳孔问：苏格拉底，你这是什么意思？我了解三种报酬方式的前两种，但我不了解你说的作为一种报酬方式来处罚是什么意思。

我说：看来你不懂得最高尚的人在同意接受职务时所需要的报酬或者他们接受职务的动机。你肯定了解，追求荣誉或金钱理应被看成是可耻的。

格劳孔说：是的，我明白。

我说道：因为这个原因，善良的人不愿意为了金钱或荣誉而进行统治。他们不愿意因要求工资而被称为雇佣者，也不愿意利用职权暗中占公家便宜而被称为窃贼，更不愿意被荣誉所诱惑，因为他们不是有野心的人。因此，他们势必在处分的威胁下被迫同意。人在不被强迫的情况下准备接受职务被认为是可耻的，大概就是这个道理。对于拒绝承担统治工作的人的最重处分就是让一个不如他的人来统治他。我认为，就是这种恐惧心理使得高尚的人去接受权位；一旦接受，他们就面临这种情况，他们不认为将来有了权位就会使他们享受安逸的生活，这是强加在他们身上的，因为找不到比他们更合适的人。一旦有合适的人出现，他们就会把权位交出去。如果有一个由完人组成的社会，我们就会看到，跟现在的争夺权位一样，人们都力争避开担负职务。从这里就能清楚地看出，真正的统治者的性格是只为臣民谋福利，结果是任何一个明理的人在别人为他自己谋利益时，都会立刻苦心经营为他人谋利益。这样看来，在这一点上，我全然不同意色拉西马霍斯的论点：公正的意思是强者的利益。

第4章　色拉西马霍斯：非公正比公正更有利吗？

英译者导言

苏格拉底现在从执政艺术转到色拉西马霍斯的整个人生观：非公正即无止境地追求利益，施展人格和技巧的一切力量，以保证成功，带来安康和幸福。这就是色拉西马霍斯最后对强者利益所下的定义。

苏格拉底和色拉西马霍斯的辩论有一个共同的立场，即二人都接受人生艺术的观念，这个观念类似于培训后的智力生产某种产品时所需要的特殊技艺。一个工人的善良、优点或美德体现在他的效能中，希腊文美德（areté）与相应的形容词"美好的、善良的"（agathos），从来没有失掉其广泛应用于任何事情或出色发挥其功能的作用，犹如一把能有效切割的快刀。人的效能包括训练后的智力或技艺，即 sophia 一词的旧有意思，也是智慧的意思。所有这些词都不一定具有任何道德的含义；但是它们可以被用到人生艺术方面。此处所指的产品被认为是人自身的幸福和安康。促使他顺利达到这一目的的效能叫做"美德"；最终达到的目的以及为达到目的所使用的方法所涉及的知识，如同技工技术，可以被称为"智慧"。但是英文中的说法，即非公正是道德的或善良的和聪明的，听起来似乎是矛盾的，所以将使用比较平常的词语"优异的品德和智慧"来代替。

苏格拉底与色拉西马霍斯的分歧在于他们对幸福或安康的性质的看法。色拉西马霍斯认为幸福或安康的性质在于所得到的多于在一般的生活中的好事、快乐、财富、权力中所应公平得到的。因此，美德与智慧对他来说是实现非公正时的效能和技术。

正　文

我继续说道：不过，将来我们还能回到这个问题上来。比这重要得多的问题是色拉西马霍斯现在所主张的论点，即比起公正的生活，人们更喜好非公正的生活。格劳孔，你赞成哪一种呢？你认为真理在哪一边？

格劳孔说：我认为，公正的生活是值得我们选择的较好的一种。

我说：色拉西马霍斯——列举的非公正的全部好处，你听到了吧？

格劳孔说：我听到了，可是我不以为然。

我说：那么，假定我们有办法证明他是错的，我们要设法使他转变看法吗？

他说：要用一切办法来进行。

我说：我们可以用我们准备的一套话来回答色拉西马霍斯的问题，并相应地也举出公正的种种优点，那时，他就会回答，让我们做最后的辩论。但是，这以后我们还得仔细考虑并权衡一下双方列举的每个优点，并且需要一位法官来裁定。可是如果我们像先前那样，一方能够取得另一方的同意，我们就能兼有律师和法官的职能了。你赞成哪种方式，我们就采用哪种方式。

格劳孔说：我赞成第二种方式。

我说道：色拉西马霍斯，来吧；我们重新开始讨论我们的问题吧！你说，非公正与公正达到极点的时候，非公正会更合算，是吗？

他回答说：我是这样说的，而且把理由也告诉了你们。

我说：你对它们有何看法呢？我以为你会把其中一种称为优点，把另一种称为缺点。

他说：当然是这样。

我说：公正是优点，非公正是缺点吗？

他说：当我告诉你非公正合算、公正不合算的时候，好像是那样的吧？

我说：那么，还有什么要说的呢？

他说：那就是相反的情况了。

我问：公正变成缺点了吗？

他说：不是缺点，而是性情和善的傻瓜标志。

我说：这么说，非公正就意味着性情恶劣了？

他说：不是的，我管它叫精明的策略。

我说：你认为，非公正的人在品德和智慧方面肯定都是优越的吗，色拉西马霍斯？

他说：是的，如果他们能够巧用不公之道并使自己成为整个城邦和部族的主宰者，他们就是那样的。也许，你认为我在谈论扒手吧！如果你能使人抓不住你，甚至在那一行也有利可得。但是，这与我刚才所说的收益相比就不可取了。

我回答说：我现在明白你说的这一点了。我感到惊讶的是，你把非公正与品德高尚和智慧超人相比，把公正与为人卑贱和愚昧无知相比。

他答辩说：我确曾这样比较过。

我说：这是一个更加难以对付的论点，我的朋友，如何来澄清不是一件简单的事。如果你承认，非公正，不管它怎么合算，像某些人所说的仍然是一种缺点和可耻的东西，那么我们可以根据一般公认的原则来辩论。但是，现在你竟把非公正与高尚道德和超人智慧等量齐观了，显然你要说，非公正就是力量的源泉，又是一种令人羡慕的东西，并且还具有我们归之于公正的其他一切属性。

他回答说：你算把我的心思猜透了。

我继续说：可是，不了了之、向后退缩也不好。只要我们断定你在说实话，我就一定要与你辩论到底。我相信，色拉西马霍斯，你现在不是在跟我们开玩笑，而是像你所想的那样在实话实说。

他说：为什么不反驳这个论点呢？我相信与否，跟你的反驳有什么关系呢？

我回答说：不错，没有什么关系。

第一部 当前对公正的一些看法

英译者导言

苏格拉底分别批驳了色拉西马霍斯的下列观点:(1) 非公正在品格(美德)和智力方面低于公正;(2) 非公正是力量的源泉;(3) 非公正会带来幸福。

(1) 这里省略了第一个观点(349B—350C),因为其中只有一段非常松散的行文能摆脱原文的死板而古老的形式的意义。色拉西马霍斯赞赏超人,因为超人试图超过其他任何人并且不遗余力地胜过他的邻居。苏格拉底押击了这种无止境的骄横思想,再次提出在生活艺术与其他艺术之间已被确认的相似。音乐家弹奏一种乐器,他知道每根弦绝对正确的音高标准。他表现出高超的技艺,目标就是达到"限度"或符合"节拍"(如同希腊文称呼的),而且一旦达到这一要求,他便感到满足。这样他将超过或"战胜"技术差的或不爱音乐的人;但是如果他想超过一个确认这同一限度而且实际做到了这一点的音乐家,他就表现不出更优异的技巧了。苏格拉底认为,在道德行为方面也存在一种绝对正确的限度,不管我们承认不承认。公正的人非常认同这一点,他具有相当于优秀音乐家的技巧的智慧和美德;而非公正的人不承认有限度,因为他在损人利己方面得到越来越多的好处而没有限度,那是他的目的,从各方面来比较,他缺乏智力和品位。作为一个人进而作为一个有道德的人,他并不比一个(工具主义)演奏者"更聪明,更善良",因为演奏者不承认有正确的音高标准。周伊特(Jowett)①引证说:"当工作者努力做到好上加好的时候,他会在追求中搞坏他的技艺"(K.John,IV.2)。苏格拉底最后说:"很显然,公正者是聪明而和善的(在品位和智力方面优异的),而非公正者是无知和拙劣的。"

(2) 在下边一段,苏格拉底没费多大劲儿就说明了,在任何一个为了共同目标组成的团体中,无限度的骄横独断都不是力量的源泉。"盗贼中有荣誉"是众所周知的,色拉西马霍斯无法否认这一点。苏格拉底提出,在个人灵魂中非公正也有同样的作用,它使人反对自己并使人无法达到团结的目的。如果人人都强调让无限度的要求得到满足,那么人性中的各种欲望和冲动就将发生冲突。当把灵魂分解成各种主要成分时,公正作为维持内部秩序和团结的一种原则就将变得更清楚了。

正　文

色拉西马霍斯被迫以难以形容的勉强态度同意了我这个论点。他满头大汗,因为天热,这时我看到了一种从未有过的现象——色拉西马霍斯脸红了。不管怎样,我们现在的意见一致了——公正表示道德高尚,智慧超人,而非公正表示在这方面存在缺陷。

我继续说道:好,我们就这样结束吧! 但是,我们刚才还说过,非公正是一种力量的

---

① 周伊特,英国翻译家,译有《柏拉图全集》。——中译者

源泉。你记得吗,色拉西马霍斯?

色拉西马霍斯说:我记得,只是你最后的说法并不使我满意。关于这一点,我还有许多话要说。但是,如果我说了,你会认为我像在公众集会上那样向你慷慨激昂地高谈阔论。所以,要么让我尽情地谈我的看法,要么如果你想提问题你就提,就像我们请老太太给我们讲故事那样,我会点头或摇头,说声"哼"!

我说道:请不要这样,不要违背你的本意。

他答辩道:随你意吧!因为你不会让我说下去的。你还有什么说的?

我回答道:没有了。如果你想这样办,我就继续提问题。

他说:那就继续提吧!

我说:好吧,接着上边没有解决的问题谈。让我把问题重复一遍:公正与非公正相比,都有些什么性质和属性?我认为,有人曾提过,非公正是两者中比较强的和比较有效的。但是,我们现在已经明确了:公正表示品德高尚、智慧超人,所以不难看出,公正在力量上也比非公正高出一筹,因为非公正表示无知和愚昧,这一点是众所周知的。可是我想把这件事深入探讨一下,不停留在现阶段上。一个国家可以是非公正的,它可能企图以非公正的方式奴役其他国家,或使许多国家处于它的统治之下。你同意这种说法吗?

他说道:当然可能,尤其是如果那个国家是最好的、最善于施展不公手段的。

我说道:我懂,那是你的看法。但是,我不明白,当一个国家自认为在不公方面比其他国家力量雄厚的时候,它是否能够不要公正而存在呢?

他说:如果你说得对,即公正意味着智慧,那么,就得要公正;但是,如果我是正确的,就需要不公正了。

我说:你的答复很好,我很高兴,色拉西马霍斯,这比只点头或只摇头强多了。

他说:这完全是想取悦于你呀!

我说:谢谢你。请你再费心告诉我,任何一伙人,不管是一个国家或一支军队或一帮匪徒强盗,出于非公正的目的聚在一起,如果总想相互伤害还会达到目的吗?如果他们不互相伤害就不会收到更好的效果吗?

他说:会的,他们会的。

我说:当然,因为互相伤害必然会使他们互相争吵,彼此憎恨。只有公平相待才能使人互相友好,万众一心。

他说道:就算是这样吧,我不愿跟你吵。

我回答说:再次谢谢你。如果在存在不公正的地方有一种滋生仇恨的力量,必然会使任何一群人,不管他们是自由人还是奴隶,四分五裂,形成派别,互相倾轧,行动不一。你不同意这一点吗?

他说:我同意。

我说:在两个人之间也是如此。不公正会使他们意见分歧,反目成仇,而且还会使他们成为一切公正人士的公敌。

他说:会产生这种后果。

我说:如果不公正发生在个人身上,它不会保持它的本性并产生同样的后果吗?

他说:我们姑且这样认为吧!

我说：不论在哪里存在不公正现象，好比说在一个国家或一个家族或一支军队或任何一个地方，不公正的后果显然会是由于派别纷争、互不和睦而不能形成统一行动；此外，存在不公正的组织内部的人会互为敌人，与反对派为敌，并与一切公正的人为敌。

他说：是的，肯定是的。

我说：那么，我认为不公正在个人身上也会产生同样的自然后果。他会由于缺乏明确的目标而思想矛盾，没有主见以致无法行动。他会跟自己为敌，还会跟一切公正的人为敌，是吗？

他说：是的。

我问："一切公正的人"肯定包括诸神吗？

他说：我们姑且这样认为。

我说：这样看来，不公正的人将成为神所唾弃的动物，公正的人将受到神的祝福。

他说：尽情欣赏你的得意论点吧！你不必担心，我不反对你，因为我不愿意冒犯你们大伙。

英译者导言

（3）最后一个问题是，公正（现在被认为是一种美德）或不公正是否带来了幸福？辩论转向这一理论（在亚里士多德的《伦理学》[*Ethics*]中被认为是根本的），即人类像其他任何活的物种一样，在令人满意地体现他们的安康或幸福时，进行一种特殊的工作或活动，发挥一种特殊的功能；他们还有一种特殊的优点或美德，即一种灵魂状态，靠它将产生令人满意的活动效果。亚里士多德（*Ethics*, Nic. i. 7）认为，一种事物的功能是只有它才有能力进行的行为或活动，因此人的功能是一种理性活动，只有人才有能力进行的理性活动。人的美德是"品格的状态"，这种状态使某个人成为一个善良的人并使他把行为"处理好"（ibid. ii. 6）。这是使人类能够"活得好"的属性，因为活着是灵魂的功能，活得好就是幸福的。

奈特尔希普（Nettleship）①写道："这里又一次提出的论点极为抽象。我们应当进行反驳并认为美德的意义在道德方面与在视力或听力方面的意义是截然不同的，而关于幸福的意义，我们认为除了这里好像说的是活得好以外，还包括很多其他东西。在这一辩论中，结果要取决于这些名词的严谨性，姑且认为每一个词都有一种固定的和分明的意义。一个人的美德和一匹马的美德是很不相同的，但是，使我们称它们为美德的共同因素是什么呢？如果具有美德的因素在功能（不管什么样的）方面没有善举，我们能把它称为美德吗？除了它做好或没有做好被要求做的事以外，还有什么其他我们称之为好事或坏事的理由吗？此外，广义的快乐、幸福、安康或昌盛是非常复杂的东西，我们无法详细叙述使之实现的一切情况。但这不必然意味着人类的灵魂，即人的整个主要行动，是处在最佳状态或在顺利执行要求它执行的功能吗？如果我们认为美德和幸福的意思是指

---

① 奈特尔希普，牛津古典学者，曾著有《柏拉图〈理想国〉讲座》。——中译者

它好像是我们认为的那样，就可以得出下面的结论：当人们一致认可某种类型的行为构成美德时，他们就一定认为人在那种行为中找到了幸福。如果一个人说，他叫做美德的东西与他叫做幸福或安康的东西毫无关系，那么在指称美德时他不是真指他说的，或者在指称幸福时他不是真指他所说的。这就是柏拉图在这一部分所持的真正立场。"（Lectures on Plato's Republic，p. 42.）

正　文

我回答说：如果你用同样的方式回答我另外的问题，将使我感到莫大享受。我们到现在已经明确了：公正的人是品德高尚、智慧高超的，而且在行动中效果也更大。的确，没有公正，人们就根本不能共事。如果说这些人曾经共同完成过重大行动，严格地讲是不正确的。如果他们是彻头彻尾地不公正，他们就做不到互不干扰，他们本身必然有某种公正，其程度足以使他们避免互相伤害，同时避免伤害他们所危害的对方。这就是使他们能完成他们所完成的事的原因所在，他们的不公正只是部分地使他们不干错事；如果他们完全不公正，那就会使他们一事无成。我敢说，这一切都是真实的。这与你原来所提出的论点不一样。但是，还有另外一个问题，一直拖着没解决，那就是，公正的生活是比较美好和比较幸福的吗？我不怀疑我们已经说过的，但是，我们应当更仔细地考虑一下，因为这不是一件小事，这个问题是，生活的正确方式是什么？

色拉西马霍斯说：那么，继续谈吧！

我说道：我要说，每种东西都有一种功能，例如，一匹马，因为可以做某种活，所以有用。一件东西的功能，一般来说，就是只有利用这件东西才能完成某项工作，或者是利用它能够最令人满意地完成某项工作。你同意这样下定义吗？

他说：我没明白。

我说：举一个例子来说。我们只能用眼睛才能看，只能用耳朵才能听，看和听可以说是这两种器官的功能。

他说：是的。

我说：再举一个例子，割断葡萄蔓，你可以用一把切肉刀或一把镰刀或其他许许多多的工具，但是用什么也不如用专为剪枝设计的剪枝刀那样得心应手，因此我们可以把剪枝作为剪枝刀的功能。

他说：说得对。

我说：现在，我希望你进一步了解我说这话的意思：一件东西的功能就是只有那件东西才能做到的工作，或者说那件东西能比其他任何东西完成得更出色的工作。

他说：是的，我同意这个定义。

我说道：很好，再拿眼睛和耳朵的例子来说。我们说过，眼睛和耳朵各有各的特殊功能，它们不是也有一种特殊的美德或优点吗？有某项特定工作要做的各种东西不也是一样吗？

他说：是的。

我说：现在考虑一下这件事：如果你不要眼睛的特殊美德而换上一种相应的缺点，那么，它还能把工作做好吗？

他说：如果你是指用失明代替视力的话，当然不能做好工作。

我说：我的意思是指任何一种美德都可以，还不是指失明。我只是问，具有功能的东西（如眼睛或耳朵或任何一种其他东西）是否可以说，有了某种特殊的美德就可以把工作做好；如果剥夺了它们的这种美德，它们的工作就做得不好了？

他说：我认为这种说法是对的。

我说：其次一点是，灵魂具有一种其他东西无法发挥的功能吗？比如，审议、管理和监督这类行动。你不认为灵魂是唯一可用这些行动作为它的正当的和特殊的工作的东西吗？

他说：是这样的。

我说：还有一点，生活，不是灵魂的一项首要功能吗？

他说：毫无疑问。

我问：我们也能说灵魂具有某种特殊的美德和优点吗？

他说：可以这么说。

我说：那么，色拉西马霍斯，如果灵魂被剥夺了它特有的美德，它就不能把工作做好了。它必须处于良好状态时才能很好地运用管理和监督的权力，而在处于不良状态时就运用得不好。

他说：必然是这样一个结果。

我说：灵魂的美德是公正，灵魂的恶癖是不公。我们不是同意过这点吗？

他说：我们同意过。

我说：由此可见，一个公正的灵魂，或者换言之一个公正的人将生活得很好，非公正的灵魂将不能生活得很好。

他说：照你的推理方式显然是这样的。

我说：生活得好表示幸福和安康。

他说：自然是。

我说：由此看来，只有公正的人是幸福的，非公正意味着不幸福。

他说：就算是这样吧！

我说：可是，你不能说不幸福是上算的。

他说：当然不能这样说。

我说：那么，我亲爱的色拉西马霍斯，非公正一辈子也不能比公正更上算了。

他回答道：好，今天是一个节日①，你可以把所有这些当做你参加节宴的享受。②

我说：色拉西马霍斯，关于这一点，我必须向你致谢，因为你心平气和，对我温和友

---

① 根据原文和其他英译本，这个节日是指祭祀色雷斯的月神本狄斯的节日。——中译者
② 以上是苏格拉底反驳色拉西马霍斯的第三个论点，即非公正给人带来幸福的内容。苏格拉底认为，人和其他生物一样，也有一种特殊的功能、行为或工作。顺利地完成自己的职责，人就会感到幸福和快乐。也可以说，人有一种美德，有了这种美德，就可以生活得好，也就快乐。色拉西马霍斯最后同意了这种说法。——中译者

好。如果这次节宴不能令人满意的话，那是我的错。我表现得像一个贪吃的食客一样，没有真正尝到前边一道菜的味道，就抢着吃刚上来的这道新菜。开始时，我们是研究公正的定义，但是，还没有找到一个定义，我就把问题搁下了，忙着去问公正是否涉及高级的品德和深厚的知识，接着又出现了另外一个问题，即非公正是否上算，问题一出现，我就无法控制自己，而不去追求最开始的问题。

就这样，整个谈话使我陷入迷茫，不明所以，因为只要我不了解什么是公正，我就无法了解公正是不是一种美德，也将无法了解公正是否能使一个人快乐或不快乐。

第二部　国家的公正与个人的公正

Part II

> 公正的人不会比不公正的人表现得好，两个人将选择同样的道路。可以肯定，可以以铁一般的事实证明：人只是在被强迫的情况下才做公正的事；没有一个人会认为公正对他本人有什么好处，因为他一发现自己有权干坏事就干坏事。每个人都相信干坏事对他个人合算得多。根据这个理论，这就是真理：假定给某个人充分自由，任他为所欲为，人们一旦发现他不对身旁的人干坏事或不触动旁人的东西，就会认为他是一个可悲的傻瓜蛋，虽然这些人自己会由于害怕因干坏事而吃苦头而公开假装赞扬他的行为。

第二部 国家的公正与个人的公正

第5章 谈论的问题

英译者导言

　　公平或公平正义到底是什么意思,这个问题依然没有解决,因此谈话到这儿对《理想国》之后的内容涉及的立场进行了初步探讨。柏拉图并不想用总结性论点把色拉西马霍斯这样一个纯道德论者说服,使他无话可说,因为总结性辩论好像形式刻板,没有说服力,非得要彻底揭穿背后的整个人生观不可。

　　苏格拉底必须面对的问题又被格劳孔和阿德曼图斯提了出来,这两个年轻人具备慷慨大度的信念,认为公正具有法律意义,但是被当前知识界的理论弄得混乱不堪,成了一种从外部强加的单纯的社会习俗,被当作一种不受欢迎的必然来实施。他们要求一种证据说明公正不只有用,可以带来外部回报,而且本质上是好的,是一种内在的灵魂状态;虽然,公正的人会受到迫害而不是得到回报。在回答这类询问时,谁真正愿意找到真理?苏格拉底放弃了他的讽刺性批判者的角色,变得有建设性了。

　　格劳孔首先提出社会契约理论最早的言论之一。这一理论的实质是,被社会约束力加在宗教和道德行为上的全部习俗规则都源于人类智慧和意志,并永远停止在默许的层面上。它们既不是自然法也不是神授法,而是人制定的并可修改的习俗惯例,是立法机构修改或重修的法律。设想如果废除所有这些人为的约束,将只能使自然人顺应纯粹自私的本能和欲望,人将沉溺于色拉西马霍斯所称赞的不公正的那一切。

　　阿德曼图斯补充了格劳孔所谈的问题,对当前的道德教育和某些神秘的宗教形式进行抨击,认为它们默默地助长了道德败坏,因为公正只是因为能带来回报而被珍视。由于这种回报可以在一生中靠貌似公正而实则不公正的做法以及靠死后收买上天的做法获得,所以这两个年轻人得出的结论是,理想的情况是以良好的名声掩盖并以贿赂的手法弥补不公正。因此他们二人要求,不要谈外部回报,应证明公正是为了自己的私利而值得存在。死后的奖惩的前景要在对话结束时留给神话来定夺。

◀《雅典学园》,拉斐尔·桑乔(Raffaello Sanzio)作于1510—1511年间,主要人物为柏拉图和亚里士多德。

正　文

说完这些话以后,我想可以结束这场讨论了,但是,看来这只是一个开场白。格劳孔像往常一样表现得很勇敢,他不甘心让色拉西马霍斯放弃这个阵地。

他突然插进来说:苏格拉底,你已经表示过,想证明公正在各方面都比不公正好。这就算完了,还是想让我们心服口服呢?

我说:如果这事由我决定,当然想使你们心服口服。

他说:看来,你没有正确对待这件事。我想了解你是怎样区分我们称为"好"的各样东西的。是不是有些东西,我们希望拥有,可并不是为了它们的作用,而仅仅是为了它们本身?例如,无害的娱乐和享受。它们除了使人感到一时满足以外,再没有其他作用了。

我说:是的,我认为有那类好东西。

他说:另外,有没有某些东西,我们既珍视它们本身又珍视它们的作用?像知识、健康和视力都是这样的。

我说:有这类东西。

他说:另外还有第三类,包括体育训练、医疗、行医谋生或者说一切有用的但又使人感到麻烦的东西,在这些东西身上,我们所需要的只是它们给我们带来的回报或其他好处。

我说:是的,有这么一个第三类,又怎么样呢?

他说:你把公正放在哪一类里呢?

我说:我姑且把它放在最高一类,因为任何一个追求幸福的人都必须既珍视它本身又珍视它的功效。

他说:可是,这不是一般人的意见。大多数人都认为,它属于那些本身沉闷而令人厌烦的东西,我们要取得回报或好名声就非运用它不可。

我说道:我晓得,这就是色拉西马霍斯一直挑剔公正和赞扬不公正的原因。但是,我好像太迟钝以至于不能接受他这种见解。

他说:那么,听我说,不知你是否同意我的意见。我认为,色拉西马霍斯没有必要像一条被你养乖了的蛇那样爽快地屈服于你。到目前为止,关于公正和不公正还没有一个使我满意的定义。我希望有人告诉我,公正与不公正究竟是什么,并且告诉我,当我们不讲任何回报和后果时,它们本身对于孕育它们的灵魂有什么作用。因此,我现在提出我的计划,不知你是否赞成。我想重新提出色拉西马霍斯的理论。第一,我想谈谈一般人如何看待公正的性质及其来源;第二,我将坚持认为一个人行事公正永远是勉强而为的,不是认为公正本身是正确的,而是认为若不公正就无法行事;第三,这种勉强是理性的,因为不公正的生活比公正的生活好得多,人们都这样说。苏格拉底,这不是我自己的看法,只是我听了色拉西马霍斯和其他很多人提出的种种意见以后,变得糊涂了;我一直还没有听到像我希望的那样来解释公正的情况。如果有人能做到这点,我相信你可以告诉我,应当如何针对公正来全面地赞扬公正。这就是我所希望的。因此,我来举出一个全

第二部　国家的公正与个人的公正

力歌颂不公正的例子,希望你以后斥责不公正和赞扬公正的时候也用同样的力度。这个主意合你的意吗?

我回答说:再好不过了。在一切问题中这个题目必然是明智的人永远乐于与之交换意见的一个。

格劳孔说:好,那么,听我说吧!我先说第一点:公正的性质和来源。

人们说做坏事本身是一件令人向往的事情;另一方面,因干坏事而吃苦头则完全不是令人向往的,因为受到的损害将超过所得到的好处。因此,当人们尝过这两种滋味后,那些无力夺得好处和无法摆脱损害的人决定:如果签订一个既不干坏事又不受损害的契约,就可以过太平日子了。于是他们开始共同立法,签订契约,凡是法律规定的他们都称之为合法的和公正的。这就是公正或公平正义的真意和产生的过程。它介于最坏的和最好的之间:前者胆大包天,无恶不作;后者受苦受难,无力报复。所以说,公正是作为一种折中办法被承认的,人们不以它本身的优点来评价它,而是以无力干坏事来评价它;任何一个配称为人而且具有干坏事能力的人,都从来不跟别人订立那种契约,假如他这样做了,他就会变成疯子。苏格拉底,根据这种叙述来看,这就是公正的性质,也就是产生公正的环境。

其次,人们实践公正是违反本意的,因为他们没有干坏事的能力。这话真实不真实,可以从下边这个比喻看得清清楚楚:假设有两个人,一个是公正的,另一个是不公正的。如果任凭他们为所欲为,然后看他们被欲望驱使到何种地步,我们将看到,公正的那个人走的路与不公正的人走的路是同样的,他将被自私自利所驱使,以达到一切动物都自然认为是好的目的,一直到被法律和习俗强制其遵守平等的原则为止。

给他们充分行动自由的最简单的办法,就是设想他们拥有著名的吕底亚(Lydia)人[①]的祖先盖吉兹(Gyges)[②]所发现的护身符。这个故事讲的是他怎样给国王当牧羊童。一天,他遇上了狂风暴雨,他放牧羊群的地方遭到了地震。他看到这种情况非常害怕,于是跳到一个深坑里。故事说,坑里有许多奇形怪状的东西。在这里,他看到一匹铜马,马身是空的,两边有窗户。他仔细向里探望,看到一具死尸,好像比人体大些。尸体上除了一枚金戒指,别的什么都没有。他从尸体的手指上把戒指摘下,接着就离开了。平时,牧羊童们每月聚在一起向国王报告羊群的情况。这次相聚时,盖吉兹戴着戒指来了。当他跟其他牧羊童坐下来的时候,无意中把戒指放在手里了。这样一来,他立刻不见了。他感到很惊讶,因为同伴们开始谈论他,好像他已经离开了他们似的。后来,当他摆弄戒指的时候,他把戒指底座转向外边,他就又被人看见了。因为发现了这种忽隐忽现的情况,他开始摆弄戒指,看它是否真有这种隐身现身的力量,结果屡试不爽。就是说,当他把戒指

[①] 吕底亚,古代小亚细亚西岸的一个国家。在文化方面,它曾给希腊很大影响。该国土地肥沃,金矿丰富,国势强大,是世界上第一个铸币的民族。"著名的吕底亚人"可能是指该国最后一个国王克罗伊斯(Croesus),《柏拉图全集》译者周伊特的英译本直接将其译为"吕底亚人克罗伊斯"。据记载,克罗伊斯在位时常常宴请希腊贤人。一次,他和立法家梭伦(Solon)会面。他问梭伦:谁是世界上最幸福的人? 梭伦说:生命结束时愉快的人是世界上最幸福的人。克罗伊斯闻后大怒,因为他希望梭伦回答是他。后来,他与波斯王居鲁士作战,大败,被处火刑。刑前,他三呼梭伦。居鲁士不解问之,听完故事后,不但未杀克罗伊斯,反而与他重归于好,留他在宫中任职。——中译者

[②] 盖吉兹,吕底亚古国国王。他杀害前国王以后,娶其后为妻并建立王朝,自立为王。据说,他是历史上第一个被称为"暴君"的统治者。——中译者

底座向着里边时，他就不见了；向着外边时，他就又出现了。发现了这个奥妙以后，他就设法成为了前往宫廷报告的使者。在宫廷中，他引诱了皇后，并且在皇后的帮助下谋害了国王，从而篡夺了王位。

假设有两枚同样的魔戒，一枚给公正的人，另一枚给不公正的人。一般人都相信，当他们能够在市场上毫无顾忌地吃到想吃的任何东西时，当他们可以进入别人家里并且可以同任何一个他选取的女人睡觉的时候，当他们可以释放俘虏并且可以任意杀人的时候，一言以蔽之，当他们具有神的威力可以漫游人间的时候，谁都不会保持钢铁般的意志，坚持正当行为或不触碰别人的东西。公正的人不会比不公正的人表现得好，两个人将选择同样的道路。可以肯定，可以以铁一般的事实证明：人只是在被强迫的情况下才做公正的事；没有一个人会认为公正对他本人有什么好处，因为他一发现自己有权干坏事就干坏事。每个人都相信干坏事对他个人合算得多。根据这个理论，这就是真理：假定给某个人充分自由，任他为所欲为，人们一旦发现他不对身旁的人干坏事或不触动旁人的东西，就会认为他是一个可悲的傻瓜蛋，虽然这些人自己会由于害怕因干坏事而吃苦头而公开假装赞扬他的行为。关于这一点，我就说这么多。

最后，如果我们真想评判这两种人，那么，唯一的办法就是，对公正与不公正这两个极端加以对比。设想这两个人是公正与不公正的典型，并充分地把他们置于各自生活方式所需要的条件中，我们就可以恰当地进行对比了。现在，先来谈不公正的人。他必须像某种行业的任何一个出色能手，例如，医生或船长，他非常了解自己的技术能力范围，从来不想出圈多做一点，并且永远能够更正做错了的事。同样不公正的人，如果要想达到巨大不公正，也必须在作恶时谨小慎微，千万不要被人发现，不然我们就认为他是一个笨蛋，因为高度的不公正就是本身不公正而貌似公正。所以，我们必须赋予不公正的人以充分的高度不公正；我们必须使他在干十恶不赦的罪恶勾当时获得纯洁无瑕的道德美名；他必须善于改正错误，必须在丑行被揭发时能够用令人心服的雄辩口才为自己辩护；并且，当需要武力的时候，他必须鼓起勇气，用尽力气，指挥同伙，利用金钱一举把对方击败。

格劳孔继续说：现在拿以下这个典型例子来进行对比，即一个纯洁而高尚的公正的人的例子。用埃斯库罗斯（Aeschylus）①的话来说，他是一个"想成为完人而不希望成为貌似完人的人"。确实，他身上没有那种貌似的因素，因为如果他的公正品德为众人所知，他的美名就会给他带来荣誉和回报，这样一来我们就不知道他为人公正是为了荣誉和回报还是单纯为了公正。他必然被看成除了公正什么都没有，不接受不公正者所享受的一切利益。他不干坏事，但必然要蒙受干了坏事得到的卑鄙名声，以此来考验他的美德是否禁得住坏名声带来的一切后果；他的一生将带着这种邪恶的臭名，坚持公正的道路，一直到死。因此，当这两个人坚持公正与不公正到极端时，我们就可以判断谁是比较幸福的了。

我大声说道：亲爱的格劳孔，为了审视（公正），你像擦拭一对雕像那样用力来塑造、

---

① 埃斯库罗斯（公元前 525—公元前 456 年），古希腊悲剧作家之一，被雅典人称为"悲剧之父"。传说他写有剧作 70 种，现存世 7 种，最著名的是《被囚禁的普罗米修斯》。文中引语出自《七个攻打底比斯的人》。——中译者

第二部 国家的公正与个人的公正

琢磨出这两个人啊!

他回答道:我在尽力而为,明确了关于这两个人的真相以后,我认为就不难描述他们所面临的生活了。如果描写得有些坦率,不要认为这是我的看法,这是那些盛赞不公正而貌似有德的人的看法。他们会告诉你,公正的人将被投入监牢,备受严刑,受尽折磨,失掉眼睛,最后,经受各种酷刑后惨遭杀害。这种情况可以告诉他,貌似有德比真正有德要强多少倍。事实上,我所引用的埃斯库罗斯的话更适合于不公正的人,因为,有人说,不公正的人是一个讲求现实的人,他不是伪君子,他"想成为不公正的人,而不想成为貌似"不公正的人:

在深思熟虑的心灵深沟里,

撒下的种子使他收获了智慧之果。

有了拥有美德的名声,他将获得国家要职,跟他选择的任何世家结亲,可以跟任何一个商人合伙经商,并且不顾及不正之风,把所得利润统统归己。如果他遇上诉讼事件,不管是公共的还是私人的,都会打赢官司,利用诉讼发财致富,帮助朋友,加害敌人。最后,他能在祭神时献上厚礼,在祭祀天神、帮助朋友和敬神方面比公正的人强百倍,所以他有理由希望取得上天的宠爱,占得上风。于是,人们说,苏格拉底,诸神和人为不公正者所准备的生活比为公正的人所准备的好得多。

格劳孔说到这里停住了,我正想回答,这时,他的兄弟阿德曼图斯大声说道:苏格拉底,说实在的,你不要以为这就是所要说的一切。

我说道:什么,不是全部?

他回答说:还没有说到这个问题的核心部分。

我回答说:好吧,俗话说得好,兄弟相助。如果格劳孔说不上来了,你替他说下去吧!虽然就我来看,他所说的已经足以使我退避三舍,无力替公正争辩了。

阿德曼图斯说:瞎扯,我还有话说,你得听我说。如果要弄清我所理解的格劳孔的意思,我们必须研究一下这个问题的另一面,即颂扬公正和斥责不公正所采取的论据。当孩子的父母以及他们的牧师和教师告诉他们,为人公正是件好事的时候,他们所称赞的,不是公正本身,而是公正所带来的尊严。做父母的要使人们看到自己的孩子多么公正,其目的是使孩子获得高官显位,娶得美女,赢得格劳孔所谈的其他一切好处,因为公正者得到这些好处都是来自他的名声。

为了得到美好的名声,他们还有进一步的做法:套用上天的美言赞语,并能向我们描述天神用以嘉奖虔诚人的无数好东西。有一个善良的老人赫西奥德(Hesiod)[①],他说诸神能使公正的人的橡胶树"树梢结橡子,中腰产蜂蜜;剪下的羊毛沉甸甸",此外还说过许多类似的祝语。荷马[②]也用同样的笔调说:

当一个英明无瑕的国王敬畏诸神、主持正义时,肥沃的大地给他生产大麦和小

[①] 赫西奥德,公元前8世纪古希腊最早的诗人之一,生平资料较少,据说与荷马的时代相近。他的代表作是《工作与时日》(Works and Days),工作指农业劳动,时日指一月的哪几天宜做什么或不宜做什么。——中译者

[②] Odyssey, xix. 109. ——英译者

麦,果树上果实累累,羊羔矫健活泼,海上盛产鱼虾。

缪塞乌斯(Musaeus)①和他的儿子尤摩尔浦斯(Eumolpus)进一步用更生动的词句扩大了他们许给公正的人的天赐回报。他们把公正的人带到另一个世界,给他们设圣宴,加以款待。在那里,他们头戴花环,永世吃喝,好像除了使他们永远陶醉以外,无法更崇敬地回报他们似的。另外还有一些人把上天的恩赐说得更高一筹。他们说,忠于誓言的虔诚者应当子子孙孙万代相传。当他们用这种笔调和更多的类似笔调称赞公正的时候,他们想把犯罪者和不公正的人打入黄泉泥宫里去,命令他们用筛子去提水。甚至在他们过这种生活时,还要给他加上一个坏名,说不公正的人要遭受格劳孔所说的名誉不好的善良人所受到的一切处分。除此以外,诗人们再想不出其他说法了。这就是公正如何被推崇、不公正如何被抨击的情况。

除了这些,想一想谈论公正与不公正的方式,不仅包括日常生活中人们的谈话,还包括诗人们的议论。世人都异口同声地反复说:自制和公正,虽然令人羡慕,但很难做到而且令人厌倦;而邪恶和不公正是愉快和易如反掌的,把它们看成卑鄙无耻,只是社会上的一种习俗。他们告诉我们,不诚实一般说来比诚实上算。他们会轻松愉快地说坏人是幸福的,假如他家财万贯,或者有权有势,人们就会给他们荣誉,社会给他们尊重。人们轻视和冷落既无权无势又无金银财宝的人,虽然人们一直承认他们是这两种人中较好的一种。

最令人惊奇的是他们关于诸神和美德的见解:他们认为上天本身常常使善良的人遭受厄运,生活困苦;坏人却能诸事遂心,生活富裕。托钵僧和占卜者来到富人门前,说天神赐给他们一种权力,在他或他的祖先犯了任何罪时,可以通过念经、上供、适当地设席摆宴来赎罪。如果他想加害一个敌人,花一点点代价就可以同样容易地实现,不管那个人是诚实的人还是不诚实的人。办法是念各种咒语。据说,这种咒语可以说服诸神,使诸神照他们的意志行事。为了获得人们对这种说法的支持,他们邀请诗人来作证。有些人引证下边的诗句来说明为非作歹易如反掌,"人们可以轻而易举地大肆为非作歹,邪恶的道路平坦无阻,邪恶的巢穴近在眼前。而在走向道义的道路上,诸神规定,则要流大汗"②,面前摆着一条崎岖而险阻的漫长路途。

另外一些人引用荷马的诗句,说明人可以扭转诸神的意向:"甚至诸神本身也听取人间的求情。不管谁犯了罪,做错了事,都可以上供祈祷,奠酒燔祭,使诸神回心转意。"③他们拿出缪斯和月神的后代缪塞乌斯和俄尔甫斯(Orpheus)④的一大堆书,书里规定了他们的仪式。他们劝告个人和全社会说,今生和来世,错误行为都可以通过祭祀和他们喜欢叫做圣餐礼仪的愉快节日,得到宽恕和消除。这些办法可以使我们在阴间免受处罚,可是那些忽略祭祀的人在那里会碰到许多可怕的事情。

---

① 缪塞乌斯被认为是古希腊最早的诗人之一。他的作品神秘色彩浓厚,他是神秘宗教理论的创始者之一。——中译者
② Hesiod, *Works and Days*, 287. ——英译者
③ *Iliad*, ix. 497. ——英译者
④ 俄尔甫斯,希腊神话人物,被认为是荷马以前的最著名的诗人,善弹竖琴,据说他的琴声能感动木石。——中译者

第二部 国家的公正与个人的公正

我亲爱的苏格拉底,试想这些关于上天和人类如何评论美德和邪恶的话,对年轻人将有何种影响。年轻人本是十分机警的,能从这些智慧之花上采得蜂蜜,并且可以得出结论,为了享受美好生活他应当做哪种人,走哪条路。他还很可能用品达的诗句问自己:"是公正大路还是欺诈小道引导我到达更高的要塞",使我在这里隐度余生呢?因为根据他们跟我说的,为人诚实除了苦难重重、损失巨大以外,将一无所得,除非我因为诚实也得到这样一个诚实的名誉,可是如果我不诚实而得到一个诚实的美名,人们就会许给我一个美好的生活。那么,因为"外表貌似",像聪明人告诉我的,"会胜过真实的",它决定着幸福的问题,因此,我准备全力以赴向表象方面努力。我必须装上一个貌似美德的门面,身后却拖着"一只狡猾多端的狐狸"。关于这只狐狸,阿尔基洛科斯(Archilochus)①知道得一清二楚。你可能认为,为非作歹而不被人看穿不是容易的事。也许不容易,但是,大事从来是不容易做到的。不管怎样,如果我们要想过幸福生活,照世人对我们所说的,这是应当走的一条路。我们要秘密结社,使自己免于暴露,此外,还有人传授在公众大会和法庭上的成功辩论术。所以,不管用哪种方法,用说服或暴力手段,我们都会占邻居的便宜而不受处罚。你可能认为,诸神不会受骗,而且对神用暴力是行不通的。但是假设人间无神,或者他不干预人间的所作所为,我们又何必欺骗他呢?或者,如果神确实存在,而且关怀人类,那么,我们关于神所知道的和听到的都是来自流行的传说和叙述神的家史的诗人,这些权威还告诉我们,靠"祭祀祷告"和还愿上供能说服天神并且使他们放弃原意。我们必须接受这两种说法或不予接受。如果我们接受这两种说法,最好去为非作歹并且拿出一部分所得用以祭祀。如果我们处世公正,就可能逃脱诸神的处罚,但是我们将得不到处世不公正所得到的好处。如果我们为非作歹,就将得到好处;犯了法,做了错事,可以恳求诸神,说服诸神,使自己免受处分。但是你可能说,我们在人间干坏事应受到的处罚,将在阴间落到我们头上或子孙后代头上。我们可以对这种反对意见提出不同看法,指出神秘仪式的巨大功效和赦免的神力,而这种情况是被最先进的社会和以诗人和天意发言人身份出现的诸神的后代所证明的。

那么,当一般人和最高权威都允许我们在今生和来世充分满足欲望的时候,如果我们用高尚行为的幌子掩饰我们的罪行,还有什么理由使我们认为公正比极端不公正好呢?苏格拉底,最后的结果是,凡是具有最高智慧或人品或等级或财富的人都不会看重公正;当他听到有人称赞公正时,很可能一笑置之。甚至可以说,一个能证明我说的不真并确认公正是最好的人,也不会对不公正的人发怒,而会欣然谅解他们。他将了解到,任何人之所以不犯错误可能是因为做坏事违反他的天赋本能,或因为他已经了解了真情实况。其他任何一个人都不会是自愿讲道义的;他们只是由于缺乏勇气、年迈体衰或存在其他弱点才去谴责他们力不从心的不轨行为。这一点是很容易看出的:把权力交给那样一个人,他将是第一个不遗余力地使用这种权力的人。

所有这些情况的根源,不外乎是我和格劳孔开始长谈这个问题时所提到的那件事。苏格拉底,我们这是在用最大敬意向你提出这个事实。所有你们认为是推崇公正行为的

---

① 阿尔基洛科斯,希腊最早的抒情诗人之一,以讽刺诗见长。他的诗常常谈到狐狸,以此象征狡猾多端的人。——中译者

人，从流传至今的古代英雄到现在的普通人，从来没有一个撇开公正与不公正带来的名誉、荣誉和回报来斥责不公正或赞扬公正。但是，当公正与不公正背着神与人占据人的灵魂时，它们本身对于人究竟有何影响，从来没有一个诗人或普通人解释过。没有一个人证明过，一个灵魂不能有比不公正更坏的罪恶，不能有比公正更高的美德。假如你们大家从一开始就这样说并从我们的青年时代起就劝说我们，我们就不必留神邻居以防他们侵害我们，而是每一个人都要特别留意自己，生怕危害别人，把万恶之首的大门打开。

　　阿德曼图斯总结说：苏格拉底，这就是色拉西马霍斯对公正与不公正的看法，毫无疑问也是其他人的看法，也许他们的用词更加激烈。照我来看，我认为这些看法粗暴地曲解了公正和不公正的真正价值和作用。但是，我必须坦白承认，关于这个问题，我是用了最大力量来谈的，因为我想听听你对这个问题的另一面看法。你千万不要满足于证明公正高于不公正就算完了，你必须单从公正与不公正的本质着眼，像格劳孔所要求的，不夹杂它们带来的名誉，来讲清公正与不公正对于当事者有何好处，有何害处。因为除非你去掉它们的真正的名誉，换上一个虚伪的名誉，否则我们就要说，你只是在赞扬或斥责两种情况的表面现象，并且劝我们干坏事而不被人发现。我们还会说，你跟色拉西马霍斯同样认为，公正就是对另外某个人有利，即强者的利益，不公正是真正合算的，它牺牲弱者的利益为自己谋利。你已经同意，公正是善良事物中最高级的，这些好东西不仅因为它们带来的后果而值得拥有，更重要的是因为它们本身，像视力和听觉，知识和健康，这些东西的价值是纯真的和内在的，不依外界的评价而确定。所以，我希望你，在称颂公正的时候，正面考虑公正本身如何对一个本身具有公正品德的人有利，不公正如何对他有害，不要把回报和名誉扯进去。其他人把这些表面作用作为称赞公正和斥责不公正的理由，他们这样做，我不多说；但是由于你毕生都在研究这个问题，所以我必须请你允许我向你提出更高更严的要求。你千万不要只满足于证明公正高于不公正，而要根据公正与不公正对当事人所起的本质作用来说明，这个如何好，那个如何坏，不管诸神或世人是否能看到。

第二部　国家的公正与个人的公正

第6章　社会结构的基础

英译者导言

　　苏格拉底受到挑战,被要求对公正及公正对个人灵魂的作用加以界定。由于政治社会生活显示出以较大规模组成社会的人的生活,所以他提议首先探讨一下使国家公正的原则,然后再看这同一原则是否在人身上也有相似的作用。因此,他开始在必要的基础上构建一个社会结构。

　　柏拉图没有在这儿描述任何实在的国家的历史发展情况。(在《法律篇》[$Laws, iii$]中,他说,文明常常被自然灾难所毁掉。他追溯文明从简单的畜牧阶段开始的发展过程,其路线迥异于这里说的后来的路线。)他用他生活于其中的国家的结构举例,即希腊的城邦。城邦的构建是根据人类本性的基本要求把社会分解成不同的部分。这些部分按逻辑次序而不是按历史次序相继结合在一起。

　　与社会契约理论不同,柏拉图不承认那个社会是"非自然的",不管它是随意性契约的人为结果,还是超越个人的自然本能(性),色拉西马霍斯臆断这本能纯粹是走向无限骄横的私己冲动。人不是生来自给自足的,也不是都相似的;因此一种在柏拉图看来相互依存并依天生习性而专门化的有组织的社会,对所有的个人来说都是自然的和有利的。

　　在这一章里,社会只被看做是一种经济结构,满足最低水平的需要,保证人类健康的动物式的生存。这种情况被孤立了,脱离了即将很快增加的较高级的文明的与文化的因素。其目的是建立大自然推动的专业化或劳动分工的原则。这一原则将变成公正在最低经济水平上表现的形式。

　　这里没有谈到奴隶问题,也许是因为他们会出现在下一章的奢侈国家中。在任何情况下,奴隶(在雅典,奴隶的人数占人口的比例超过三分之一)都不是公民,从而不构成国家的一部分。这种体制被普遍承认,柏拉图好像认为这一情况将继续下去。

正 文

听了格劳孔和阿德曼图斯这些话,我很高兴,他们的天资才智是我永远钦佩和羡慕的。

我接着说道:你们在迈加拉(Megara)战役①中立下了汗马功劳,格劳孔的崇拜者用诗句描写了你们二人的事迹。他在开头说得多么恰如其分,他说你们是

阿里斯顿的高贵后代!

神圣的儿子。

有其父必有其子,如果你们能那样滔滔不绝地为不公正争辩,而自己却不信服不公正比公正好,那么你们具有的天性真的一定有些神圣的品质了。从我对你们的品质的全部了解来看,我相信你们确实没有信服,虽然你们说的很可能使我不相信。但是我越相信你们,就越觉得难于回答。怎么来解释清楚呢?当我记起你们不满意(我想是)我对色拉西马霍斯所作的证明,即人最好要公正的时候,我对自己的能力就感到没有信心了。可是我不能袖手旁观,坐听公正被辱而无动于衷。只要我还有口气,还有点力气为公正争辩,我就怕因为不置可否而犯下大罪。所以说,除了全力以赴,为公正争辩,别无他路。

格劳孔和其他人请求我负起重担加以解释,深入探讨公正与不公正的实质以及关于两者优点的真理。因此,我把我的想法告诉了他们。我说,这是一个非常难以解答的问题,这需要我们有敏锐的眼光。由于我们不是特别聪明的人,所以我想提出一个如何进行探讨的建议。设想叫一个眼睛严重近视的人在较远距离之外读一段字体很小的文字。如果有人告诉他,这段文字在其他地方写得比较大,这样他可以首先去读大字体的,然后再辩明小字体的字与大字体的是否相同,这时,他会以为这个主意是天赐的。

阿德曼图斯说:毫无疑问,但是,这与我们的探讨有什么相似之处呢?

我说:我这就告诉你。我们认为公正是一种可以存在于个人身上也可以存在于整个社会当中的属性。社会显然更大。这样看来,很可能,我们在整个社会里找到的公正较多,更容易辨认。所以,我建议,我们探讨公正的意义时首先从一个国家着手。然后,我们就能在个人身上寻求较小的相似点了。

他同意,并说这好像是个好主意。

我继续说:好啦,设想一个国家在我们眼前正在形成。这样,我们就能观察公正或不公正在国家的成长情况。之后,我们就可以期望,寻找我们所寻求的东西会比较容易了。

他说:容易多了。

我说:那么,我们就来执行这个计划吧!我以为这不是一件轻而易举的事,所以,你最好再考虑一下。

阿德曼图斯说:不必了,不要再耽搁时间了。

---

① 迈加拉,古希腊的一个城市,是希腊中部到伯罗奔尼撒的必经要路。波希战争后,科林斯人和雅典人争夺此地。迈加拉一战,雅典人大败科林斯人。——中译者

第二部 国家的公正与个人的公正

我说道：我的意思是，一个国家之所以诞生，是因为没有一个人是自给自足的，我们大家都有许多需要。但是，也许你能针对社会的建立提出某种不同的缘由。

他说：我提不出来，我同意你的看法。

我说：那么，既然我们有这许多需要，我们就要互助，满足我们的各种需要；当我们集聚许多互相帮助的人和伙伴，共同住在一个地方的时候，我们就能把那个居留地叫做国家。

他说：是的。

我说：那么，如果一个人为了换取他能得到的东西，把他必须给的给另外一个人，那是因为他发现这样做是为了他自己的利益。

他说：当然。

我说道：很好，现在让我从头建立我们想象的国家。显然，国家由于我们的需要而存在。第一个和最主要的需要是食品，以维持生命；第二，我们需要一套房子；第三，需要衣服之类的东西。

他说：这是实话。

我说：我们的国家怎样才能满足所有这些需要呢？至少我们需要有一个当农民的，另外一个当建筑工的，第三个当纺织工的。这就够了吗？我们是不是还需要增加一位鞋匠，再增加一两位来供应我们日用品的？

他说：完全需要。

我说：最小的国家，看来，要包括四个或五个人。

他说：显然是的。

我说：这里还有一个问题。他们每个人把自己的产品放到一块儿共同使用吗？例如，我们的一个农民应当供给四个人足够的粮食，把全部工作时间花在生产粮食上，从而同其他四个人共同享受呢，还是他不管其他四个人，只花四分之一的时间种植刚够自己吃的谷物，把其他四分之三的时间用在盖自己的房子、织自己的衣料、做自己的鞋子，从而免去和其他人共同享用的麻烦，只管自己的全部事情呢？

阿德曼图斯回答说：第一个方案是比较容易办到的。

我说道：很可能是这样的。因为，在你说话时，我想起了一件事，就是说，没有两个人生出来是完全一样的。人的天赋不同，适合担负的职业也不同。

他说：我同意。

我说：一个人操多种行业做得好呢，还是只操一种行业做得好呢？

他说：只操一种行业好。

我说：还有一个问题。显然，如果你把正当的时间荒废掉，工作就可能做糟。做工的人必须服侍工作；工作不能迁就他的时间，允许他在剩余时间去完成。因此结论是，当每个人不从事其他行业，而在适当时间做适合自己天性的一件事时，他就会做更多的事，而且工作会完成得更容易和更好。

他说：这肯定是对的。

我说：那么，我们将需要比四个人多的公民来供应我们所说的那些日用品了。阿德曼图斯，你要知道，如果农民有一把好犁、好锄和其他农具，他就不必亲手去制造了。建筑工、纺织工和制鞋工也就不必再制造他们所需要的工具了。所以说，这个国家还必须加上相当一大批木工、铁匠和其他技艺人。我们这个小小的国家便开始成长了。

他说：是这样的。

我说：即使我们加上放牛放羊的人供应农民耕牛、耕地，供给农民和建筑工役畜，供给纺织工和制鞋工羊毛和皮革，我们这个国家仍然不够大。

他说：是的，但是，有了这些人，也显得不很小了呀！

我说：可是，还有一点，把我们的城市建立在一个不需要进口的区域，几乎是不可能的。所以，还得有另外一批人，采购国家需要的其他国家的东西。

他说：是需要的。

我说：此外，如果这些经办人员不随身携带其他国家想交换的东西，他们就要空手去空手回来。所以，除了本国消费用的各种东西以外，我们必须生产足够的适合外国人用的各种物品，因为我们需要这些外国人供应我们。这就意味着要增加农民和技艺人员的数量。

他说：是的。

我说：那么就要有人经办各种物资的进出口工作，我们称这些人为商人。这些人是不可少的。如果他们在海外做生意，我们将需要相当一大批船主和其他了解那种行业的人员。

他说：是的。

我说：此外，在城邦内部，各行各业生产者如何交换他们的产品呢？你要记住，这是我们建立一个社会并由此打下我们国家的基础的目的。

他说：显然，他们要买要卖。

我说：这就是说，要有一个市场，需要一种标志着交换行为的货币。

他说：肯定是需要的。

我说：现在，设想一个农民或一个技艺人，在没有人想和他交易的时候把他的产品拿到市场上。在本来可以工作时，他能坐在那儿无所事事地静等吗？

他回答说：不能等。市场上有人看到这种需要就会开展这项业务。在秩序良好的社会里，一般来说有些人体弱力衰，不适合从事任何其他职业。他们不得不待在市场上，用货币购买想出售货品的人的货品并出售货品给想购买的人。

我说：这样看来，这就是我们的城邦必须包括一部分商店的原因，我们管这种静坐市场从事买卖事宜的人开办的机构叫商店，这与到外国旅行经商的商人是不相同的。

他说：确实如此。

我说：还有另外一部分人，他们身强力壮，适合干重活，虽然从智力角度看他们不配做我们社会的成员。我们管他们叫雇工，因为他们出卖劳动力换取工资。他们将构成我们国家的人口。

他说：是的。

我说：好吧，阿德曼图斯，我们的国家现在已成长得相当大了吗？

他说：也许。

我说：那么，我们将在城邦的哪里看到公正与不公正呢？如果它们具备我们一直谈论的要素之一，我们说得出是哪一个要素吗？

他说：我说不上来，苏格拉底，除非我们在这些人的交易中发现它们。

我回答说：你可能说对了。不管对与不对，这是我们必须要面对的一个问题。

第二部　国家的公正与个人的公正

第7章　豪华舒适的国家

英译者导言

　　回答苏格拉底的最后一个问题——经济关系层面上的公正表现在根据自然倾向规定的劳动分工的原则上——将在只有当其他方面的公正出现时才能进行。以下描述的是一个只满足身体需要的社会的生活。那种生活一部分是对想象的古代自然状态的怀旧似的讽刺。这种状态，如果说曾经存在过，柏拉图认为，是不会再回来的。但上一章的经济组织（包括以出口和海外贸易为目标的制造业）并不是一个自给自足的古代社会，它位于文明国家结构中的最底层。除了供应生存必需品以外，如今又增加了文明与文化的高雅内容。这些高雅内容可以满足更高的需求，但又带来了奢侈豪华的不健康因素。因此，与简朴的田园生活截然不同，现存的社会好像燃起了"病态之火"，需要加以整肃，直到只存留真正的文化特性。理想国家的进一步建设便可以被认为是柏拉图时代雅典社会的改革，"清除我们共和国的骄奢风气"。他的问题不是在空中建立一个乌托邦，而是要实行最小的改革，彻底医治雅典的疾病。

　　从这一观点可以清楚看出，他为什么不想废除战争，因为只有在下列情况下才能停止战争：所有国家都联合在一个世界国家（world-state）中或各国都按柏拉图的原则进行改革。这些问题甚至没有一个被认为是有可能解决的。他只描述了一个城市国家（city-state），被其他没有改革的国家和外部的非希腊民族的世界所包围。国家需要军事专家保卫。因此我们听到，或者说第一次听到卫士的清晰命令。

正　文

　　我说：那么首先让我们来看看，我们的公民有了我们给他们准备的东西以后，生活情况如何。他们将生产谷物，酿造酒类，缝制衣服，制造鞋子。盖好房子以后，他们大多数人将在夏天赤臂光足工作，冬天则穿上厚厚的鞋子和暖和的衣服。至于食品，他们磨好小麦烤制面包，磨好大麦制造点心。然后，他们把一堆堆的面包和点心放在芦苇上或干净的树叶上来吃。接着，他们躺在山桃枝和蔓草制的床上，和孩子们嬉戏作乐，共享天伦。饭后，他们畅饮美酒，头戴花环，并且歌唱诸神。所以说，他们全家欢乐，幸福安康。他们害怕贫穷或战争，所以不敢多生孩子，以免入不敷出。

说到这里,格劳孔插了进来打断了我的话。他说:你好像要叫公民光吃干巴巴的面包。

我说道:你说得对。我忘记了,除面包外,他们还要有些调味品,当然首先要有盐,还要有橄榄、干酪、当地的墩根菜和白菜。小吃方面,要有无花果、豌豆、蚕豆。他们一边喝酒,一边烧烤山桃果和橡子。他们过着这样一种平静的健康日子,自然会长命百岁,而且子孙后代也会过这样一种生活。

格劳孔说:苏格拉底,要是你建立一个猪的社会,这恰恰是你要供应的那种饲料啦!

我说:格劳孔,那么,他们该怎样生活呢?

他说:过普通的舒适生活。让他们睡在床上,在桌子上吃我们今天吃的菜肴和甜品。

我说:呵,我明白了。我们要研究的不单纯是一个国家的成长,而且是一个豪华国家的形成。当然,这种研究不会有害处,考虑豪华舒适的问题会帮助我们发现公正与不公正如何在社会上生根。我所描述的社会,在我看来,是一个理想的社会;可以说,是完全健康的。但是,如果你想叫一个国家发烧生病,谁也不会阻拦我们。所以说,有些人,看来,不满意过这种简单生活,他们必须有床、有桌椅和各种各样的家具,还要有好菜、香水、香膏、歌伎、糖果蜜饯,样式繁多,应有尽有。此外,我们现在绝不能只有房子、衣服和鞋子这些简单的必需品就行了,我们必须要发展刺绣术和绘画术,并且收藏贵重物品,像金子和象牙这类东西。

他说:是的。

我说:这么说,我们又得扩大我们的社会了。这个健康的社会现在看来不够大,必须把它扩大,使之包括许许多多不是最必要的行业的从业者。例如,猎手、渔民,此外还要有从事雕刻、绘画和音乐等的艺术家;诗人以及诗人所率领的全班职业性吟唱诗人、演员、舞者、戏院管理人员;各种家庭用品制造者,包括妇女用的各种装饰品的制造者。我们还要更多的仆人,如儿童的保姆和保护人、美容院的侍女、理发师、厨师和糖果商。我们还需要养猪人。在我们国家刚成立时不需要这种人,可是现在我们需要了。如果人们愿意吃肉的话,还需要大批的牛羊。

他说:当然。

我说:如果要过这种生活,就十分需要医生了。

他说:毫无疑问。

我说:国土,本来足以维持原来那些居民的生活,现在也显得太小了。如果我们要有充足的牧场和耕地,将必须占用邻邦的一部分领土。如果邻邦也不满足于日用必需品,而要无止境地追求财富,他们也会要占领我们的领土。

他说:苏格拉底,这是不可避免的。

我说:格劳孔,这样一来,下一步就要发生战争了。

他说:毫无疑问。

我说:我们暂且不谈论战争有好处还是有害处,只谈我们已经发现的情况。战争的起源在于欲望,这种欲望对个人和国家来说都是灾祸罪恶的最主要来源。①

---

① "一切战争都是为了钱财",见 *Phaedo*,66c。——英译者

第二部 国家的公正与个人的公正

他说：十分正确。

我说：这就意味着，我们的社会要增加一大批人，即一支完整的军队，奔赴前线同任何侵犯者战斗，保护我们刚才所谈的全部财产和公民。

他说：为什么要这样呢？公民不能自卫吗？

我说：如果我们大家在形成社会时所同意的原则是正确的，他们就不能自卫。你要记住，我们曾同意过：治百业中者无一成，谁都不能样样精通。

他说：说得对。

我说：那么，战争的行为不是一种技艺吗？跟做鞋不是同样重要吗？

他说：是一样的。

我说：但是，我们不能叫我们的鞋匠也去学做农民、纺织工或建筑工，因为我们希望我们的鞋做得好看又禁穿。我们使每个人只从事一种适合他天性的行业。如果他一生专攻一种行业，从不让大好时光白白荒废，那么他一定会把工作做好。在任何一种工作中，效率都不如在战争中显得那么重要，打仗不是一件很容易的事，不是说一个人能干一行，如务农或做鞋，也能当一个英勇善战的士兵。喔，甚至一种游戏，像下象棋、掷色子，也得从小学起，只用业余时间来学，谁都不能成为一个优秀的运动员。如果他不熟悉那种工具的用法，从来没有受过正规训练来使用它，那么拿起一把盾或其他武器并不能使他当天就能参加任何一种战斗，这跟拿起某种工具并不能使他成为一个技工或运动员一样。

他说：是不能。如果是这样的话，工具真的值得准备了。

我说：那么，我们国家的这些卫士，由于他们的工作是最重要的，所以就需要比其他行业享有更完整的自由，需要有最熟练的技巧和最充分的实践。

他说：我很同意。

我说：还需要一种适合这种职业的天才。

他说：当然需要。

我说：这样看来，如果我们能胜任的话，我们的职责就是确定适合担任共和国卫士的天才并根据这个标准选拔卫士。这肯定是一项艰巨的任务，但是我们必须尽我们的一切力量来完成这项任务。

他说：是的。

第 8 章　卫士的性格

英译者导言

　　战争源于侵犯,是奢侈的膨胀引起的。随着奢侈的消除,侵犯事件可能中止。但是国家依然需要一支军队用以防止侵略,维持国内秩序。"卫士"这个词与保家卫国的目的相符。在柏拉图所处的时代,民兵敌不过职业士兵,所以卫士首先是专业人员,某些混合的品质使他们既适合于对国家敌人凶狠,又对保护下的公民温和。

　　凶狠是灵魂中的"勇猛因素"的特点。这个词包括一系列冲动性格,表现在愤怒和好斗上,表现在与荣誉感有关的义愤上,也表现在竞争的雄心上。它的美德是勇敢。锐气需要被理性的或哲学的因素驯服和控制,并将主宰卫士较高一层的性格,即哲学家统治者的性格;而较低一层,即战士,将服从较高层的卫士、哲学家统治者。但是在这一阶段,卫士形成一个单独群体,关于他们的初等教育和生活方式将马上加以描述。哲学家统治者将在这以后从卫士中被选拔出来,接受更高级的训练。

　　此时,较低阶层——农民、手艺人和商人——几乎完全不被提到。他们的生活方式没有巨大变化。他们已经在为满足整个国家的经济需要而发挥功能,任何改进都将决定于统治者的改革。关于他们的教育没有明文规定,但是如果他们享受不到为卫士规定的早期教育,则几乎没有机会把他们最有前途的子女提拔到较高的阶层。①

正　文

　　我说道:为了做好警卫工作,年轻人应当富有良种警犬那样的性格和品性。你不认为是这样吗?我是说,比如,人和狗在侦察敌人时必须感觉灵敏,追击敌人时必须行动迅速,一旦被俘,非进行战斗不可时必须身强力壮。

　　格劳孔说:我是这样想的,他们需要所有这些品性。

　　我说:要想打胜仗,还需要勇敢。

　　他说:当然。

　　我说:无论是狗、马或其他任何动物,勇敢都表示具有生气勃勃的气质。你一定注意

---

①　最低层并不只包括"工人阶级",还有所有没被选成卫士的公民,包括所有的有产者。——英译者

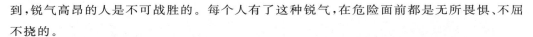

到,锐气高昂的人是不可战胜的。每个人有了这种锐气,在危险面前都是无所畏惧、不屈不挠的。

他说:是的,我已经注意到了这点。

我说:这样看来,我们现在明确了,我们的卫士应当具有什么样的体质;也明确了,他们必须具有生气勃勃的气质。

他说:是的。

我说:那么,格劳孔,怎么使具有这种天性的人不互相斗殴,不跟其他同胞斗殴呢?

他说:这不是很容易办到的。

我说:可是,他们必须对自己人温和,对敌人凶狠,否则不等别人毁掉自己,自己就毁掉自己了。

他说:是实话。

我说:那么,我们怎么办?如果性情温和与脾气刚强是相反的品性,我们又到哪里去找一个性格兼备的人呢?一个优秀的卫士,必须兼有这两种性格,但是看来这两种性情是不相容的。因此,我们将永远也找不到一个优秀卫士了。

他说:好像是这样的。

我说:我对这点感到有些不解,但是一回想我们说过的,我认为我们理应感到迷惑不解,因为我们没有细究我们刚才确定的对比。

他问道:你这是什么意思?

我说:我们从来没有注意,实际上有一些天性是具备这两种不同性格的。从动物身上可以找到,至少从我们与卫士相比的那类动物身上可以找到。你知道,良种犬生来就对它们认识的人和熟识的人非常温和,对生人则很凶猛。这样看来,我们要求我们的卫士具有双重特性,实际上是可能的,并不违背天性。

他说:显然是这样的。

我说:还有一点,除了脾气刚强,卫士的性格中还必须生来具有一种哲学成分。你同意吗?

他说:我不明白你是什么意思。

我说:这是你会在狗身上看到的另一种特点。这种动物一见到生人马上凶猛起来,一见到任何一个熟人就摇尾相迎,虽然前一种人从没有亏待过它,后一种人从没有厚待过它。这种情况确实是值得注意的。你从来没有感到奇怪吗?

他说:过去我没有想过这一点,但是,这一定是狗行事的方式。

我说:对,但是这显示出优良的本能,实际上是哲学性的本能。

他说:为什么是这样呢?

我说:因为区别友好面孔和不友好面孔的唯一标记是它认识这个,不认识那个。如果一个动物把这一标记认定是它判断合意不合意的标准,你能否认它有求知欲望吗?

他说:当然,我不能否认。

我说:这种求知欲望与哲学即热爱智慧是一回事。

他说:是的。

我说:那么,我们可以大胆地说,这种情况同样也适合于人类。如果一个人对他认识的人温和可亲,那么他一定有一种热爱智慧和知识的本能。

他说：我同意。

我说：所以说,我们共和国的一个真正高尚的卫士所需要的天性将是行动迅速、身强力壮、锐气刚强和热爱知识。

他说：说得十分对。

我说：有了这些天生的品性以后,又怎样教养和教育这些卫士呢？首先,回答这个问题有助于我们达到探讨的目的,即澄清公正与不公正如何在一个国家生长吗？我们希望探讨得彻底,但又不要把讨论拖得过长。

格劳孔的兄弟回答道：我确认这对探讨有帮助。

我说道：如果是这样,我们千万不要放弃这个讨论,虽然这可能是一件相当费时的事。

阿德曼图斯说：我同意。

我说：那么,就开始吧！我们慢慢说,如何教育我们想象中的公民。

他说：好吧,我们就这样开始吧！

第9章 卫士的初等教育

英译者导言

雅典的儿童教育由家庭而不是由国家负责,在私立的白天学校进行。初等教育主要包括：读和写("文法")；学习并背诵史诗和戏剧诗,弹奏弦乐和唱抒情诗,算术和几何入门("音乐")；体育运动("体操")。"音乐"包括女神缪斯主管的所有艺术：音乐、美术、文艺、文化、哲学。由于这个词现在具有非常严格的意义,所以翻译时用直译代替意译。这个阶段的教育可在15岁左右完成,或在青年参加两年军训时推迟到18岁完成。柏拉图采用这一制度,只取消了不利于造就卫士应有的品德类型的特点。这种简化的改革是消除现代文明中由不健康因素导致的奢侈状态这一过程的一部分。

第1节 审查学校使用的文献

英译者导言

柏拉图首先谈的是早期教育使用的诗歌的内容。雅典儿童接受的主要是荷马和赫西奥德关于诸神的观念,像色诺芬尼(Xenophanes)①早于一个多世纪前所抱怨的那样,应把各种道德败坏行为都归因于他们二人。柏拉图对作为学校教科书的诗人的审查与现代父母和校长的做法是一致的,但后来发展成对诗歌更广泛的攻击。

在4世纪,受过高等教育的人不再相信叫做宙斯、雅典娜②、阿波罗等等的超自然人的存在,以及他们的神话属性和冒险活动。神话不是教义,无人被要求去表达对神话的信仰。神甫不是信仰领域的权威,他们是负责主持宗教仪式的官员。国家只要求,应当维持拜神,不应当公然否定此行为所暗示的神的存在。柏拉图不提倡取消或改革国家宗教,但是他在晚年总喜欢提对天体的崇拜。他认为天体是宇宙中美的、和谐的秩序的象

---

① 色诺芬尼(公元前570—公元前480年?),古希腊诗人、哲学家。他提出的理论对后世哲学和神学有很大影响。——中译者

② 雅典娜是希腊神话中的思想、智慧、艺术、科学和战争女神。据说她出生前,父亲宙斯吞吃了她母亲麦提斯(Metis)；某日,宙斯头痛,后来裂开,雅典娜身披盔甲从中跳出。她兼有父亲的力量和母亲的智慧,深受雅典人的爱戴,被奉为后雅典人的继承人。著名的帕台农神庙(Parthenon)就是为纪念她而兴建的。——中译者

征,相信宇宙展示了一种公益的智慧的作用。

他使用单数"神"(god)和复数"神"(the gods)而无意刺激现代意义的神教。因此英文翻译避免"一神"(God)的表述,虽然理由并不充分,因为现代哲学家以惊人的频率使用这个词,并且常常忽略了意义的界定。

"虚构"(fiction)、"虚构的"(fictitious)等词用来表述希腊语中的"虚假"(pseudos),比我们用的"谎言"(lie)的意思宽泛得多:它包括描写事件时的任何叙述法,虽然事实上从未出现过,从而可以应用于所有想象的事件,应用于神话或寓言、寓言或道德故事、诗歌或浪漫故事中所有的假想描写(故事)。柏拉图没有把虚构与虚伪混淆起来,也没有把真理与如实说明事实等同起来,虚假应当根据来龙去脉由"小说"或"虚伪"提出,有时候由"谎言"提出。它的意思还可以是"错误",即当它与被动动词 epseusthai("被欺骗"或"被误认为")连用时。

本章缩减和省略了柏拉图认为是不虔诚或不道德的诗人的一些看法。

正　文

我说:那么,这将是一种什么样的教育呢?人们凭借多年的经验已经制定了一个发展智育和体育两部分的制度,也许我们想不出比这更完善的制度了。我以为,我们应先从智育谈起,然后再谈体育。

阿德曼图斯说:自然要这样。

我说:在智育的总题下先说几个故事①吧! 故事包括两类,一类是真实的,另一类是虚构的。这两种缺一不可,但是我们先从虚构的教育这一类谈起。

他说:我不懂。

我回答说:我们先说儿童故事,这些故事总体来说都是虚构的,虽然其中有几分真实内容。这你不懂吗?利用讲故事的教育方法要比进行体育训练早些,这就是我说的应当从智育谈起的原因。

他说:你说得对。

我说:你知道,任何工作,开头总是最重要的,尤其是对待年幼的和未成熟的人。这是品格正在形成和易于接受人们希望打上的烙印的时候。

他说:很对。

我说:那么,我们能随便叫子女听一些杜撰的故事,从而使他们接受的观念与我们认为他们在成人时应当接受的恰恰相反吗?

他说:不,肯定不应当。

我说:这么说,看来我们首先要监督寓言和传说的撰写工作,摒弃一切不健康的。我们将劝告奶妈和母亲只给孩子讲些我们批准的故事,多考虑如何利用故事塑造儿童的灵

---

① 从广义来说,包括寓言、传说、神话、诗歌或叙事散文。——英译者

第二部　国家的公正与个人的公正

魂,而不要像现在这样给他们按摩身体,使他们身体健美。现在流行的大多数故事都必须禁讲。

他问:你是指哪一类呢?

我说:拿长篇重要故事来说,我们将从中看到其他一切故事的缩影,其形式必然相同,作用也相同。

他说:毫无疑问,但是你所指的长篇重要故事是哪些呢?

我说:赫西奥德和荷马的故事以及一般诗人的作品。他们一直在撰写虚构的故事,而且说给人们听。

他问:你所想的是哪一类?你从中发现了什么错误吗?

我答道:我说的是最大的错误,尤其是如果这些故事既是虚构的又是难听的和不道德的时,它们歪曲了诸神和英雄的性格;就像一个画家那样,他画的东西根本不像他所想画的东西。

他说:这当然是一个严重的错误。但是,给我举个例子。

我说:创造关于最重大事件的显著错误的例子就是赫西奥德重复叙述的关于乌拉诺斯(Uranus)的错误事件和克洛诺斯(Cronos)复仇的错误传说①;接着就是关于克洛诺斯的行为以及他儿子对待他的故事。即使这些故事是真的,我认为也不应当随便地讲给思想尚未成熟的孩子们听。如果不能彻底废除这些故事,也只能在神秘祭礼上讲,而且尽可能要求参加祭礼的人不要献一口猪②,而要献很少人才能献出的祭品。

他说:说得对,这些故事都是应该反对的。

我说:是的,阿德曼图斯,这些故事不应该在我们的共和国流传。我们不要对儿童说:如果他犯了最缺德的罪,甚至采取行动惩罚他父亲干的坏事,他并不是干了什么越轨的事,而只是干了第一个和最大的神在他以前干过的事而已。

他说道:我们同意,这些故事不宜再重复下去了。

我说:有关神向神宣战、阴谋和打仗的故事也不该说了,因为这些故事也都是不真实的。如果我们未来的卫士认为彼此随便争吵是不光彩的事,我们将不让他们刺绣"巨人之战"的战袍③,也不告诉他们关于诸神和英雄与亲戚同宗的其他一切纠纷。我们应该设法使他们相信从来没有公民与公民争吵过,并且告诉他们争吵是一种罪恶,那是老头老太太一开始就该和孩子们讲的事;他们长大以后,我们必须请诗人们用同样的格调给他

---

① 乌拉诺斯是希腊神话的天神,是地神该亚(Gaia)的丈夫。据赫西奥德记载,他们生有六男六女。乌拉诺斯害怕孩子造反,孩子一生下来就被他囚在塔尔塔罗斯(Tartarus)。后来,他的儿子克洛诺斯在母亲的唆使下,用镰刀杀害了乌拉诺斯,开始统治天下。而克洛诺斯又害怕自己的子女篡位,于是每生一个就吞吃一个。第六个孩子宙斯(Zeus)生下来后,母亲瑞亚(Rhea)用石头代替,给克洛诺斯吃,救了宙斯一命。宙斯想谋害他父亲,引起了父子两代的战争。他父亲联合被释放的弟兄泰坦神族与宙斯展开恶斗,这场斗争被称为"巨人之战",最后宙斯获胜。这段故事常被引用说明子女虐待父母是公正的。故事出自 Hesiod, *Theogony*, 154ff。——英译者

② 当时一般祭祀仪式会献猪,因为比较便宜。——英译者

③ 该战袍是少女为泛雅典娜节的雅典娜雕像织的。——英译者

们写诗。像赫拉被儿子捆住的故事或者赫菲斯托斯（Hephaestus）①因为母亲被打并支持母亲而被父亲从天上扔下的故事以及荷马作品中诸神打仗的故事都绝不应当在国内流传，不管这些故事是寓言性的还是非寓言性的。儿童分不清寓言与非寓言的区别，他们幼时接受的观念，很可能根深蒂固，永难摆脱。因此，至关重要的是，儿童最先听到的故事应当对他们的品格产生最大程度的正面作用。

他说：是的，这是合理的。但是如果有人问我们，哪些故事特别正确，我们该怎么回答呢？

我回答说：阿德曼图斯，你和我目前还不是诗人，而是共和国的建造者，因此撰写故事不是我们的事。我们只应当明白，诗人写故事所应当遵循的主要边界以及不许他们超越的界限。

他说：对，但是他们叙述诸神的这些边界又是什么呢？

我回答说：一个诗人，不管他写叙事诗、抒情诗还是戏剧诗，可以肯定地说，永远应当如实地描写神的本性。真理是：本性是美好的，必须那样去描写。

他说：毫无问题。

我说：是的，凡是善良的都不会是有害的；如果它不害人，它就不会作恶，所以它不能对任何邪恶负责。

他说：我同意。

我说：此外，善良是有益的，从而是幸福的本源。

他说：是的。

我说：这样看来，善良不能对事事都负责，只对它应当负责的负责。它不对邪恶负责。②

他说：完全正确。

我说：那么，因此得出结论：神，因为是善良的，所以像大多数人所说的，不对人类发生的事都负责，只对一小部分的事负责。因为人类生活中的好事比坏事要少得多，好事只归功于上天，所以我们必须在别处寻找邪恶的原因。

他说：我认为这是完全正确的。

我说：因此，我们斥责荷马，因为他把宙斯描写成"善与恶的赐予者"是一个愚蠢的错误。我们不同意把潘达洛斯（Pandarus）违背誓言和破坏契约说成是宙斯和雅典娜（Athena）干的，也不同意说忒弥斯（Themis）③和宙斯曾在诸神中挑拨离间，制造内讧。我们也绝不让我们的青年人听埃斯库罗斯的这种话："上天想彻底毁掉一家人，就在人间

---

① 赫拉天后是宙斯之妻，赫菲斯托斯是他们的儿子。母亲因为他面丑体弱，把他投下山去。他在这期间制造了许多美丽的东西，其中给母亲制作了一个金质宝座。她一坐上就被无形的锁链捆住，因此不得不召回儿子给她解开。回来后，父母口角，母亲被打。他同情母亲，引起了父亲的不满，又被扔到地下的洞穴里。——中译者
② 第40章命运女神拉基西斯（Lachesis）的最后神话阐明了柏拉图的意思。——英译者
③ 忒弥斯是希腊神话女神，司法律、裁判，曾嫁给宙斯。——中译者

第二部　国家的公正与个人的公正

种下了罪恶。"如果有一个诗人描写尼俄柏(Niobe)①的忧伤或珀罗普斯(Pelops)②家或特洛伊战争的灾难，他也绝不应认为这些都是神干的。或者即使他这样说了，他必须像我们现在这样做某种解释。他必须声明，神的所作所为都是公正的和善良的，受难者受惩罚对他本人更有利。受到公正惩罚的人绝不能被称作不幸，他的不幸不该归罪于上天。诗人只可以说，坏人是不幸的，因为他们需要受惩罚，上天的处分对他们有利。如果我们要一个井井有条、秩序良好的共和国，我们就必须彻底反对任何一个公民把本来是善良的天神说成是罪恶的制造者。青年人或老年人都不准听这类故事，不管是散文体的还是诗歌体的。那种说教是不虔诚的，是自相矛盾的，因而对我们的共和国是有害的。

他说道：我同意，我赞成制定一部这方面的法律。

我说：那么，这将是关于宗教的法规之一了。大家在说或写等方面都必须遵守的第一个原则是，上天不是事事之因，只是善之原因。

他说：我十分满意这种说法。

我问：可是，第二个原则是什么呢？你认为神是魔术师吗？他为了达到自己的目的而千变万化，改变形象，一会儿变成千形百状，一会儿又使我们相信他的这种做法？或者，你认为他的本性是单纯的，是万物中最不易改变本来形态的吗？

他说：我一时说不上来。

我说：好啦，如果一种东西改变了它本来的形态，这变化不必然是来自内部原因或外部原因吗？

他说：是的。

我说：那么，处于最佳状态的事物是最不易受到外界变化影响的，这不是真的吗？拿食物、饮料或运用体力对身体的影响来说，或者拿阳光和风雨对植物的影响来说，最健康和最茁壮的所发生的变化最小。此外，最勇敢和最精明的人最不易受外力的影响。甚至制造品，例如家具、房屋、衣服，如果制造得精良、毫无破损的话，是最耐用的。所以说，这种不受外界影响而起变化的情况是一切由于人为或天性或两种因素而处于良好状态的东西的特点。

他说：看来这话是真的。

我说：但是，神性的状态必然在各方面都是完美无缺的，因此，是最不易受外界影响而变形的。

他说：是的。

我问：那么，神会自己变形或改变样子吗？

他答道：如果他真的有所变化的话，那只能是自行变化。

我又问：这种变化是变好呢，还是变坏呢？

---

① 尼俄柏，希腊神话女神，传说她生有七男七女，引以为荣，以为自己比阿波罗和狄安娜的母亲还高贵。阿波罗和狄安娜把她的孩子——射死。她悲痛至极，一急而变为石头，但眼泪永流不息。这故事常被用来形容丧子失女而终身悲伤的妇女。——中译者

② 珀罗普斯，希腊神话人物，传说他为了娶希波达米亚(Hippodamia)，曾和她父亲赛马车，由于贿赂了车夫，战胜了她父亲，遂娶她为妻。她父亲失望之余自杀，而珀罗普斯怕车夫泄密，把车夫投入大海。车夫大肆咒骂他，这咒语给他的子孙后代带来了无穷灾难。——中译者

他说：只能是变坏，因为我们不承认神的善良或美德中会存在任何缺点。

我说：这是实话。既然如此，阿德曼图斯，你认为，任何神或人会故意在各方面变坏吗？

他说：这是不可能的。

我说：这么说，神是不会希望改变自己的。每个神，既然是处于最大可能的完美状态，看来就要永远维持它本来的单纯形态了。

他说：这是必然的结论。

我说：如果是这样，我的朋友，绝不能让诗人跟我们讲这种话，"诸神乔装打扮成远方国家的各种各样的陌生人在人类城邦间游荡"；绝不能让他们讲些有关普罗透斯（Proteus）①和忒蒂斯（Thetis）②自行变形的任何谎言；也绝不让他们把赫拉装扮成尼姑搬上舞台，为"阿尔戈斯（Argos）③河的英纳霍斯（Inachus）的孩子们"募捐。做母亲的也不要听他们那些谎言，给孩子讲些妖魔鬼怪的故事吓唬他们，说有各种各样的鬼怪在夜里到处游荡。她们这样做，只能亵渎诸神，同时还把孩子教养成了胆小鬼。

他说：不能，决不允许这样做。

我说：但是，我们能认为诸神虽然不是真的变化无常，可是他们利用某种魔法使我们相信他们是以许多不同形态出现的吗？

他说：也许可以。

我说道：什么？难道神会说谎或者会作假，用伪装的姿态来欺骗我们吗？

他说：我不敢说。

我说：真正的谎言，如果可以这样表达的话，是一切神和一切人所厌恶的东西，你不知道吗？

他问：你这是什么意思？

我回答说：任何人如果能做到的话，都不会在他本性最重要的部分和最要紧的事情上容忍虚假存在。再没有比在这方面存在虚假更使他害怕的了。

他说：我还是不明白。

我说：因为你以为我是在说某种特殊神秘的东西。我所谈的只是灵魂中对实在的东西存在不真实的认识。被隐瞒真相，受到欺骗，从而不认识或产生错误认识并且在灵魂中产生不真实，这是谁都不愿意接受的。这方面的虚假是最惹人厌恶的。

他说：确实是这样。

我说：那么，像我刚才所说的那样，被骗的灵魂的这种无知肯定应当被叫做真正的虚假，因为口头上的虚假只是灵魂的先前情况的体现或影像，并不是纯粹的真正的虚假。不是这样吗？

他说：是这样的。

---

① 普罗透斯是希腊神话中的海神，能预卜一切事。据说他半夜从海里出来，睡在岩石旁边。如果有人捉住他，他就可以把未来的一切事告诉他，但是这非常困难，因为他能变成各种各样把来者吓跑。——中译者

② 忒蒂斯是希腊神话中的海上女神，是珀琉斯（Pelens）的妻子，特洛伊战争中希腊英雄阿喀琉斯（Achilles）的母亲。据说她和普罗透斯一样，神通广大，能变成各种形态。——中译者

③ 阿尔戈斯是希腊东南部的一个地方。——中译者

第二部 国家的公正与个人的公正

我说：这样看来，这种真正的虚假是被诸神和人同样痛恨的。可是，口头上的虚假永远是一种可恨的东西吗？它没有有用的时候吗？比如，在战争中，或者作为一种药物防止某个朋友变傻或发疯，以至干坏事。在我们现在所讨论的这些神话传说中，我们可以把虚构转向解释。由于不了解远古的情况，我们可以尽可能地把虚构看做是对真实情况的体现。

他说：是的，是这样。

我说：好啦，虚假在哪种情况下对神有用呢？我们不能认为他因为对过去不了解而体现了虚构中的真实情况。

他说：是的，那会是荒唐可笑的。

我说：所以，就他的情况来说，没有诗人捏造的余地。他会因为害怕敌人就需要说不真实的情况吗？

他说：当然不会。

我说：或者因为有发疯的或愚蠢的朋友就说谎吗？

他说：不会的，傻子或疯子不会得到诸神的友谊。

我说：那么，诸神没有说谎的动机了？神性中不可能存在任何虚假。

他说：是的。

我说：那么，我们可以得出这样的结论了：神是一个言行非常单纯和非常真实的存在物。他本身不会变化，也不会用鬼怪、预言或预兆在梦中或白天欺骗别人。

他说：我同意你说的这些。

我说：这样看来，你将同意下边这点作为指导一切谈论诸神或描写诸神的言语的第二个原则了：诸神并不用任何魔法改变自己的形态，也不会用鬼怪或谎言来哄骗我们。我们虽然仰慕荷马，但我们并不同意他说宙斯给阿伽门农（Agamemnon）①托梦的故事；也不同意埃斯库罗斯这几行叙述忒蒂斯谈论的阿波罗（Apollo）在她的婚礼上歌唱的诗句：

> 歌声预祝我儿运气亨通，
> 永不生病，万寿无疆，
> 他歌唱天公祝我万事如意，
> 歌声充满胜利音讯，使我喜洋洋。
> 我想，神口可敬，充满预言，
> 永不撒谎失言。但，这个座上客，
> 席间歌声阵阵，许下大愿，
> 谁知，斩杀我儿却是他。

我说：如果一个诗人这样描写诸神的话，我们将大为愤怒，不让他的作品上演成剧。我们也将不会允许教师利用这些诗句教育青年。如果我们想使我们的卫士像一般人那样敬神，就要再造神性。

---

① 阿伽门农，特洛伊战争中希腊联军统帅，出征前被迫以女儿祭神，回家后被妻子谋害。——中译者

他说道：我完全同意你的原则，我愿把这些原则作为法规奉行。

我说：看来，就宗教而论，我们已经确定叙述诸神的故事时，哪些可以、哪些不可以跟孩子们讲，因为我们要他们尊敬上天和父母，并且珍视彼此的良好关系。

他说道：是的，我相信我们处理得很妥当。

我说：我们还希望孩子们勇敢无畏。因此，他们听的故事应当教育他们不怕死。一个贪生怕死的人不可能勇敢无畏，对吗？

他说：当然。

我说：如果一个人相信真有黄泉，而且里面充满恐怖，那么他能不畏不惧吗？在战争中能宁死不屈、宁死不做奴隶吗？

他说：不能。

我说：那么，在这种情况下我们还需要实行监督。我们必须告诉诗人，对另外一个世界要加以美言。我们要严禁他们像现在这样进行阴暗可怖的描写，因为这种描写不仅不真实，而且对我们未来的战士有害。我们将删掉所有这类诗行：

> 我宁愿在人间做别人的雇工，
> 活在一个身无地产、生活贫苦的人家，
> 也不愿充当所有死者的君主。①

或者

> 哀哉！甚至在黄泉的屋宇里，
> 也有幽灵或幻魂，但是这幽灵已无智力。②

我说：如果把所有这类段落删去，我们想请荷马和其他诗人别在意。如果大多数人认为这些诗节是优秀的诗作，那么就更加说明不应当让儿童或成人去读，因为我们希望这些人自由，害怕做奴隶胜过害怕死亡。

他说：我完全同意。

我说：我们还必须取缔描写地狱的一切恐怖文字，因为听到这种音调就足以令人毛骨悚然，例如，"令人厌恶的冥河"、"悲痛河"、③"凶恶的鬼神"、"骸骨"等等。为了达到其他目的，用这些字眼可能得体；但是我们担心，看到这种令人发指的文字受到的刺激会挫伤我们的卫士的久经锤炼的气势。所以，我们不要这种字眼，我们将鼓励诗人采用相反的笔调从事写作。

他说：显然应当这样做。

我说：另外一件必须取消的事是著名英雄的恸哭和哀叹。原因是，如果两个朋友都是品德高尚的人，那么谁都不会认为，死亡对战友来说有什么可怕的。因此，他不会为了朋友的死亡而忧伤，好像有什么大难临头似的。

---

① 这是阿喀琉斯的鬼魂所说的。见 *Od.*, xi. 489。——英译者
② 阿喀琉斯在黄泉拥抱他的好朋友帕特罗克拉斯（Patroclus），后者的幽魂避开他的拥抱，这是当时阿喀琉斯的呼声。见 *Iliad*, xxiii. 103。——英译者
③ "令人厌恶的冥河"是希腊神话中地狱里的河。人一旦过了这条河，就不能再回去，灵魂由一个船夫运回，因此古代希腊人埋葬死人时，在死人嘴里放一枚铜钱作为过河费。"悲痛河"是它的一条支流。——中译者

第二部 国家的公正与个人的公正

他说：不会的。

我说：我们还相信，这样一个人首先具有过一种良好生活所必需的种种条件，绝不会依靠他人，所以他失掉儿子或兄弟或财产或其他任何东西，都没有什么可怕的。一旦发生这类不幸事件，他将毫不忧伤地把事情忍受下来。

他说：确实是这样。

我说：看来，把描写英雄悲悼死者的话删除，换上针对妇女（不包括身份高贵的妇女）和品质低劣的男人的悲悼词句就对了，这样我们为国家培养的卫士就不屑于模仿他们了。

他说：说得很对。

我说：那么，我们还要再一次要求荷马和其他诗人不要把女神的儿子阿喀琉斯（Achilles）描写成"翻来覆去辗转不宁，一会儿脸朝下，一会儿脸朝上"，然后，又站起来精神恍惚地在海滩来回徘徊，或者用双手往头上撒灰土，像诗人描写的，泪流满面，悲伤不已；也不应当描写诸神的近亲普里阿摩斯（Priam）① 如何在"祈求时，在粪里打滚，高声呼叫每一个人的名字"。我们还要迫切地请求诗人们千万不要说诸神悲伤，如果他们非描写诸神不可，也不该大胆地把最高的天神描写成说这种话："天哪，我爱萨耳珀冬（Sarpedon）② 胜过爱其他一切人，可怜命里注定，他丧生在帕特罗克拉斯（Patroclus）手里，真令人伤心难过。"因为，如果我们的青年人把这些无谓的描述当真，而不是付之一笑，他们将不会感到作为一个人，行为应该更高尚，也不会摆脱那种做法的引诱。他们将不会感到为了一件芝麻粒大的事就抱怨就喊叫是可耻的。这就与我们归纳的原则背道而驰了，这个原则我们将坚持遵守，直到有人提出更完善的原则为止。

他说：是背道而驰的。

我说：此外，我们的卫士不应当过分高兴而大笑。猛烈大笑会引起同样猛烈的反应。我们绝不能让诗人把身份高贵的人描写成被笑来左右。荷马更不应当说诸神看到赫菲斯托斯"各屋乱串，忙个不休"的时候，"就纵情大笑，失去控制"。这种做法是有违你的原则的。

他说：是的，如果你乐意把这原则说成是我的，就说吧。

我说：此外，我们必须重视真情实况。我们说诸神弄虚作假没有用处，只有人类在处理药物时虚假才有用处。如果说这种说法是正确的，那么，显然药物只应当由医生来处理，任何其他人都不应该处理。

他说：显然是这样。

我说：如果有人有权施行骗术，不管对民族敌人或对本国公民，他都必然是代表国家利益的统治者。其他任何人都不得干预这种特权。因为普通人要是哄骗统治者，我们将认为这种罪过比病人欺骗医生或运动员欺骗教练隐瞒自己的身体情况更糟，比海员误向船长报告船情或船员情况更糟。所以说，如果在我们国家，"一切技术人员，如医生、预言

---

① 普里阿摩斯是特洛伊最后一个国王，赫克托耳（Hector）和帕里斯（Paris）的父亲。这里形容他看到阿喀琉斯拖着他儿子赫克托耳的尸体加以侮辱的时候的情况。见 *Iliad*, xxii. 414. ——英译者
② 萨耳珀冬，主神宙斯的儿子，在特洛伊战争中阵亡。——中译者

家或木匠"当中，有人被发现不说实话，统治者就要处罚他，因为他带来一种恶习，这恶习在一个国家，就像在一条船上一样有致命的和破坏性的作用。

他说：如果行动具有这个词的力量，那必然是致命的。

我说：其次，我们的青年人需要自我控制；对于大多数人来说，这主要是指服从执政者，而他们本身则要对自己的吃喝玩乐、男女色情等欲望加以节制。我们在此再次不同意荷马的言论。①

他说：我同意。

我说道：但是，我们将允许诗人描写著名人士所树立的克己自律和刚毅坚强的典范，并允许发表这类诗行："奥德修斯捶打胸膛，大骂自己的心肠；我的心，忍受吧，比这更糟的事你已经忍过了。"

他说：是的，当然。

我说：此外，我们这些年轻人绝不能成为爱财者或受贿者，绝不能叫他们听"馈送礼物可以买通诸神和伟大君王"。

他说：当然不能，不能允许这类事发生。

我说：如果不是尊重荷马的话，我将毫不迟疑地认为把阿喀琉斯说成是曾对阿波罗说下边这种话的神是一种极端露骨的不恭："你做了对不起我的事，你这凶恶至极的天神。如果我有力量的话，我一定要报仇。"另外，说阿喀琉斯拖着赫克托耳的尸体围着帕特罗克拉斯的坟墓转圈，并且在火葬地点杀害俘虏，我们认为这些都是假的。我们不能让卫士相信，女神和聪明的珀琉斯的儿子、宙斯的孙子、圣人喀戎（Chiron）的学生阿喀琉斯如此不守正道，以致他得了两种截然不同的病，即贪得无厌以及妄自尊大、藐视诸神和凡人。

他说：你说得对。

我说：我们现在已经分清了关于诸神、神人、英雄和来世的故事，哪些可以谈，哪些不可以谈。下边就是关于人类生活的文学作品了。

他说：显然是。

我说：在目前阶段，我们还不能给这类书定规则。

他问：为什么不能呢？

我答道：因为，我想，我们将发现，诗人和散文作家在描述人类生活方面都犯了最严重的失真错误。照他们的写法，干坏事的人常常是愉快幸福的，而公正的人却是悲惨不幸的。为人不公正，如果不被人发现，就占便宜；如果为人公正，对别人有利，却对自己不利。我们必须禁止写这类诗歌和散文，并且告诉他们要写与此相反的题材。你认为不是这样吗？

他说：我确信是这样的。

我说：如果你承认我说的这一点是对的，那么，我可不可以这样说呢，我们已在所争论的问题上达成了一致意见？

他说：这是一个很妙的想法。

我说：那么，我们暂且不必作出关于怎样叙述人类生活的真实性质的任何决定，等到我

---

① 荷马此处和在其他场合的一些不健康言论均被删节。——英译者

们发现公正的真实性质并证明公正对公正的人实际有利以后再说,不管世人对其名声如何看。

他说:这当然是对的。

第 2 节　戏剧朗诵的影响

英译者导言

柏拉图现在从学校的文学内容谈到它们的形式。希腊学童不准在日常谈话时背诵荷马或埃斯库罗斯的作品,但可以表现故事情节,以演员的口吻和姿势演讲。(职业朗诵家埃昂[Ion]说,在朗诵荷马作品时,他双眼流泪,头发耸立。)表示戏剧表演的词叫做模拟(mimesis)。它比"模仿"(imitation)的含义更丰富。在本节最后,它被用来指具体仿效音乐中的自然声音和杂音。但柏拉图首先关心的主要是演员扮演的角色。演员不"模仿"奥赛罗(Othello),因为他从未见过他;他扮演或体现或塑造的是莎士比亚创造的角色。在某种程度上,观众与他所赞赏的角色融为一体。柏拉图认为,特别是在儿童时代,那种想象的融合可能给演员和观众的品德留下永远的印象。他在第 36 章和第 37 章还要谈这个问题。本节做了很大简化。

正　文

我说:关于文学作品的内容就说这么多。如果我们下一步要考虑作品形式问题,那么,我们就要涉及整个范围了。

阿德曼图斯说:我不懂你说的形式是什么意思。

我说:看来,我非解释一下不可了。先让我这样来说吧,任何一篇散文或一首诗,总是要说明某些事件的、过去的、现在的或将来的,不是吗?

他说:是的。

我说:这一工作可以完全用叙述方式或用描绘方式或两种方式并用。

他说:我还是不大明白。

我说:恐怕我太笨了,说不清楚。我不从整个题目来说,只针对其中某一点来解释。告诉我,你记得不记得在《伊利亚特》的头几行,作者叙述了克里赛斯(Chryses,祭司)请求阿伽门农释放他的女儿,阿伽门农大怒,克里赛斯遭到拒绝以后,请求天神降祸于希腊人,借此报仇?诗人先用自己的口气说,后来用克里赛斯的口吻说,并竭力使我们感到这话不是荷马说的,而是年老的祭司说的。所有其他关于《伊利亚特》和《奥德赛》的叙述都是采用这两种不同方式说明的。他在叙述故事时一直采用直接叙述和说话时穿插叙述某种情节的方式,但是当他用别人的口气说话时,他就试图模仿他提出来作为发言者的人。任何诗人在利用声音或手势模仿别人说话时,都是在利用戏剧表演方式。如果他不避免自己出面说话,就要用纯叙述的方式来说明情节。

他说：我现在明白了。

我说：还要注意,如果你不用穿插的叙述手法,只保留对话部分,那么你就会感到这是相反的形式了。

他说：是的,我明白。例如,悲剧中的情况就是这样。

我说道：完全对。我想,现在你分清了我没说清楚的。一切故事,无论是诗歌或散文,都离不开三种形式中的一种。它可能完全是戏剧性的,像你所说的悲剧或喜剧;或者诗人用自己的口气叙述故事,注意最典型的例子是赞美诗;或者两种方法并用,例如在叙事诗以及其他种类的诗中。

他说：是的,我现在明白你的意思了。

我说：我开始时说过,还要记住,研讨了内容以后,我们还必须考虑形式问题。我的意思是,我们应当决定是否让诗人用戏剧形式来叙述故事,不管是全部或部分(如果这样做,用哪一部分)叙述,或者根本不采用这种方式叙述。

他说：你的意思,我猜想,是指我们是否允许悲剧和喜剧在我们国家存在？

我回答说：也许是这样,也许这个问题还要更广泛地考虑。这点,我还不敢说。但是,辩论的风把我们吹到哪里,我们就跟到哪里。

他说：这个主意很好。

我说：那么,阿德曼图斯,这里有一个问题,请你考虑一下,我们要我们的卫士扮演许多角色吗？也许,根据我们原先提出的原则可以回答这个问题,即每个人只能做好一件事,如果他想一身兼数职,那么,做任何一种工作他都不能成名成家。这个原则不也适合演出吗？一个人身兼数职,不可能像专操一职做得那样好。

他说：是的,不可能。

我说：那么,他就不可能在从事某种重要职业的同时又扮演另外多种不同性格的人。甚至在两种密切相关的表演形式中,比如悲剧和喜剧。同一个诗人也不可能把诗写得都同样成功。此外,吟诵史诗和在舞台上表演是两种不同的职业,甚至舞台上的悲剧和喜剧也要由不同的演员来演。

他说：是这样的。

我说：人类的才能,阿德曼图斯,似乎可分成比这还精细的不同类别。这样看来,没有一个人能成功地在艺术领域扮演许多不同角色或在实际生活中从事各种不同的职业。

他说：说得很对。

我说：那么,如果我们坚持我们原来提出的原则,即我们的卫士可以不从事其他一切工作,只专心致力于维护国家的自由,专门在有助于达到该项目的的行业工作,以求掌握纯熟的技艺,那么他们在戏剧表演方面和在实际生活中一样都不应扮演更多的其他角色。但是,如果他们要扮演的话,就应当从幼年起只模仿适当类型的角色,也就是勇敢、虔诚、自制、宽容的人。他们不能干卑鄙可耻或不仁不义的勾当,不应当学习表演那种行为,因为那样可能会受到现实的传染。你必须注意,仿效别人的姿态、声调或心态,如果

第二部 国家的公正与个人的公正

从小坚持学习,就会养成一种习惯,那就会变成人的第二性格。

他说:是的,我已经注意到这一点。

我说:所以,我们所关心的这些人将来要成为有价值的人,因此,要不准他们扮演妇女角色,年轻的或年老的,跟丈夫吵嘴打架的;或吹嘘自己生活幸福竟敢与天神相比的;或忧心忡忡、苦于不幸的;更不准扮演有病的、恋爱的或分娩的妇女;不准扮演从事卑贱工作的男奴和女奴;也不准扮演低级类型的人,如胆小如鼠、品质与上述标准相反的人,这些人醉酒或清醒时互相嘲弄和漫骂,不然就是言行不轨,相互诋毁,伤害邻居;还不得模仿疯人的言行。他们必须了解男女的卑贱行为和疯狂病态,不准在生活中和艺术中学习这类行为。

他说:说得十分对。

我问:此外,他们能仿效从事某种行业的人吗?例如,铁匠或划手或桨手。

他说:当他们根本不了解这些职业时,他们怎么会去仿效呢?

我又问:他们可以参加模仿马嘶牛吼或河水海水咆哮和雷声轰鸣的表演吗?

他说:我们曾禁止他们表演疯人的胡言乱语。

我说:那么,如果我了解你的意思,你是说,可以有两种相反的表达方式来说明任何事件:一种是品德高尚、出身良好的人一贯使用的;另一种是天性和教养截然不同的一类人所惯用的。

他说:是的,有这么两种形式。

我说:形式中的一种变化很小,十分单纯,当把文字配上一种适当的音调和旋律时,就几乎能永远根据同一音调和旋律进行吟诵,变动不大。另外一种形式恰恰相反,变化多端,需要采用各种各样的音调和旋律。

他说:说得很对。

我说:所有的作家和作曲家都是采用这两种形式中的一种,或者兼而用之。我们怎么办呢?我们准许他们在我们国家采用这两种极端形式之一呢,还是允许他们同时采用这两种或三种方式呢?

他说:如果我的判断能成立的话,我赞成采用那种扮演善良角色的单纯形式。

我说:另一方面,阿德曼图斯,混合形式也有它的吸引力。儿童及其监护人,不谈广大群众,都会认为与你的选择相反的那种是一切形式中最吸引人的。

他说:毫无疑问,他们会这样认为。

我说:但是,也许你认为这不适合我们的共和国,因为这里没有一个人是身兼二职或身兼数职或身兼百职,这就是我们的国家独一无二的原因。在这里,我们将看到鞋匠不会去驾驶船只,农民不会放弃农活去干法官,士兵不会另外去从商。

他说:很对。

我说:那么,设想有一个人十分聪明,能够模仿任何人和任何东西,一旦他来到我们国家并表示愿意把他的艺术才能献给我们,我们将对这样一个具有取悦于人的奇异力量的人表示敬意,但是我们将告诉他,我们国家不允许有任何这样的人,我们将给他戴上毛料头带,把药涂在他头上,并把他送到其他国家的边境上去。为了我们自己的利益,我们将雇用比较严肃、不大富于吸引力的诗人和讲故事者,他们将只描述品德高尚的人的举止行为,并且他们的对话内容要符合我们开始教育战士时所制定的规则。

他说:是的,如果我们有权,我们就这样做。

我说:亲爱的阿德曼图斯,到此,我们讨论了文学作品的内容和形式,也结束了对这一部分的教育问题的讨论。

他说:是的,我想是的。

第3节 音乐伴奏和节拍

英译者导言

柏拉图赞同旧时抒情诗只用于吟唱,而且音乐只作为伴唱。因此,他认为歌词、音调(和声)与旋律(诗歌中的格律和音乐中的节拍)是"歌曲"不可分割的部分。那时没有现代意义的和声,曲调紧随词句。起初通常是一个音符对每个音节,而每个音节常被规定为"长或短",长的等于两个短的。在柏拉图时代,把诗歌作为音乐剧歌词以及改变句词以配合音乐等做法已经引起了反对。

在早期的抒情诗中,比如埃斯库罗斯和品达的诗作中,某些旋律和某些调式是与特殊感情和角色类型有关的,随着诗歌从一种情绪或类型转到另一种情绪或类型,节拍与音调便适当地被调整。因此,对诗歌内容的限制也相应地带来了对节拍的选择和对音乐伴奏的限制。

这一节删节了关于希腊音乐和节拍的技术性细节,因为至今对它们的理解还不够全面。

正 文

我说:剩下的问题是歌曲体裁和配乐诗歌的体裁问题。如果我们贯彻前边所说的,那么现在任何人都必然很容易发现我们必须制定关于歌曲和诗歌性质的规则。

格劳孔笑了。他说:恐怕"任何人"并不包括我在内,苏格拉底。眼下,我还不大明白这规则应当是什么样的,我有些怀疑。

我说:至少你一定很了解这一点,歌曲包括三部分:歌词、音调和旋律。

他说:是的。

我说:就歌词来说,配曲不配曲没有什么两样。在这两种情况下,歌词必须符合我们给文学作品的内容和形式所定的规则。

他说:是的。

我问:音调和旋律应当适应歌词吗?

第二部　国家的公正与个人的公正

他说：当然应当。

我说：我们说过，我们不需要伤感和悲哀的词句。哪些是抒发伤感情绪的音调呢？你懂音乐，你告诉我吧！

他说：像混合吕底亚调（Mixed Lydian）和尖音吕底亚调（Hyperlydian）。

我说：那么，我们可以取缔这些调子了，男人甚至出身高贵的女人都不会欣赏这些调子。

他说：当然。

我说：此外，吃酒酗酒、优柔寡断和闲散懒惰都是最不适合卫士性格的。哪些音调是柔情的，哪些是酒令宴席上用的呢？

他说：爱奥尼亚调（Ionian）和某些吕底亚调被叫做"靡靡之音"。

我说：训练战士时，你不赞成用这些乐曲吧？

他说：当然不赞成。你好像只留下多里亚调（Dorian）和弗里吉亚调（Phrygian）了。

我说道：我不是研究音调的专家，但是我希望保留这样一种音调，它能适当地表达一个进行战斗行动或负担任何艰险任务的勇士的声调和强音，他在战败或面临伤亡时会以坚忍不拔的气节面对命运的各种打击。我们还需要另外一种表达不受外力强制而从事和平行动的音调。例如，当一个人说服或恳求，祈求诸神教导和劝告邻居，或接受别人的教导和劝告时；又如，当一个人在从事任何上述行动称心如意时，并不趾高气扬、骄傲自大，而是永远行为端正、节制有度并满足于最后的结果。这两种音调，你必须保留下来：在遭受严酷压力、处于逆境时能充分抒发大无畏精神的音调以及在追求和平的工作处于顺境时能节制有度的音调。

他回答说：你所需要的正是我所说的那两种音调。

我说：这样说来，我们的歌曲和曲调不需要多种变调的大音域乐器了，我们将不养活制造这种乐器的技工，特别是长笛，因为这种笛子的音域最大。这样做的结果是，城镇宜用里拉琴和西塔拉七弦琴，乡下牧人宜用某种管乐器。

他说：这好像就是我们的结论。

我说：无论怎么说，在选择乐器方面赞同阿波罗而不赞同玛息阿（Marsyas）①，并不稀奇。

他说：当然不稀奇。

我说道：我觉得，我们已在不自觉地使我们的共和国克服我们说过的奢侈豪华之风。

他回答说：这是一个高明的办法。

我说：那么，我们就彻底把这个问题搞清楚吧！谈完音调以后，就该谈处理旋律的原则，这原则不是研究各种各样的节拍，而是要发现适合勇敢无畏和自我克制的生活的旋律，然后把节拍和曲调配到表达那类生活的文字上去，而不是拿文字配节拍和曲调。究竟这些旋律是什么，这要由你来解释，因为你已经解释过音调了。

---

① 据希腊神话传说，玛息阿是弗里吉亚的一个牧人。有一天，他拾到女神雅典娜的一支笛子，立即能吹奏悦耳的乐曲。他非常得意，竟敢向阿波罗挑战比赛。双方约定，胜者可以随意处罚败者。阿波罗奏七弦琴并伴以歌唱，玛息阿吹笛。艺术诸神判定阿波罗得胜，阿波罗遂剥其皮以示处罚。阿波罗代表理智，玛息阿代表情欲。——中译者

他回答说：说真的，我解释不了。我已经注意到，所有节拍可以被归纳为三种基本类型的旋律，正如全部音调基础上有四个音程一样，但是每种旋律适合表达哪类生活，我说不上来。

我说道：好啦，关于这个问题，我们要请教达蒙（Damon）①，问他哪些节拍是表达粗野、高傲、狂暴以及其他类似恶习的，哪些旋律必须保留下来，表达与之相反的情感。解决所有这些问题，要费很长时间。

他说：确实要费很长时间。

第4节　诗歌和音乐的教育目标

英译者导言

柏拉图先是讨论早期教育推行的诗歌和音乐的简化，现在转到考虑整个艺术和技艺领域及其对品德的影响。柏拉图在他的对话集《普罗塔哥拉》（*Protagoras*）(326A)（这次谈话被猜想是在前1世纪进行的）中，曾论述普罗塔哥拉②把儿童的音乐训练说成是向他们的灵魂推广旋律与和谐，并使其具有社会交往领域的影响力，因为"人的一生需要旋律与和谐"。这并不是什么新奇的理论，而好像已经成了一种常规事物。达蒙的残篇说明他可能已经阐述过这一点。

全部教育的最终目标是探求整个世界的和谐秩序（宇宙和谐）。最早的阶段至此已认识到道德的或精神的至善的"影像"，这种"影像"一旦与活人的躯体美相结合，则是爱（爱神厄洛斯[Eros]）的正当目标。这些影像是在可感觉世界中的形式（"理念"）的幽灵，它们的范型存在于看不到的现实世界中，远离未来哲学家在前进中的下一阶段要跨过的门槛。

正　文

我说：不过，有一件事是容易解决的；就是说，形式与律动的和谐、得体是与优美的旋律一致的，形式与律动的不和谐、不得体是与刺耳的旋律一致的。

格劳孔说：当然是这样的。

我说：此外，优美的或刺耳的旋律，以及音乐中的音调和谐或音调不和谐是与诗歌的

---

① 达蒙是罗马传说中的著名音乐家。此处省略了一些晦涩的节拍。——英译者
② 普罗塔哥拉（公元前490—公元前420年？），古希腊哲学家，智者派主要代表，提出相对主义的著名命题"人是一切事物的尺度"，著有《论神》，因被控不信神，著作被焚。——中译者

第二部　国家的公正与个人的公正

品质一致的,因为,像我们说过的,如果节拍和音乐必须适应诗歌的含义,就要照诗歌的形式来调整了。

他说:当然必须适应诗歌的含义。

我说:诗歌的内容以及表达内容的方式又决定于道德的品质。

他说:当然是这样的。

我说:那么,这样看来,诗歌的形式和内容的至美、音乐表达和旋律的至美以及形式和律动的优美,都决定于性格的善良。所谓性格,我认为不是有时从礼貌上叫做"好性格"的那种愚昧单纯,而是一种真正和充分养成的善良品质。

他说:是的,肯定是这样。

我说:所以说,如果我们的年轻人毕生从事某种工作,则必须学习他们可能发现的这些品质。在各种工作中,都可以发现这些品质,比如,在绘画、纺织、刺绣、建筑业、家具业以及在人的机体和大自然的一切作品中;在这些工作中可能有也可能没有优美的和适当的东西。缺乏优雅、旋律与和谐几乎都是与卑贱的思想和用语粗俗以及品质卑贱有关的;而具有这些因素则与崇高的道德和克己的精神同步,因为这些因素是道德高尚和克己精神的体现。

他说:完全正确。

我说:那么,我们必须强迫我们的诗人描写明确的品质高尚的形象,否则就要把他们驱逐出境;不仅这样,还要监督各种技术人员,禁止他们在绘画、雕刻、建筑或任何其他工作中留下卑鄙、偷盗、低贱、不雅的痕迹,违者将不得在我国经营他那种技艺。我们不让我们的卫士在描述道德败坏的环境中成长。例如,在污秽的牧场上,天天吃有毒的杂草,日久天长就会不知不觉地使灵魂染上许多颓废堕落的恶习。相反,我们必须选出天赋本能会引导他们爱好美好而优雅的东西的手艺人。这样,我们的青年人生活在健康的环境中,可以从四面八方吸取养料。在那些地方,高尚的作品像一阵从幸福地区带来健康的春风一样,让他们从小耳濡目染,并且不知不觉地使他们对影响自己的理性之美产生同情并与之相协调。

他说:再也没有比这种教养办法更高明的了。

我继续说:所以,格劳孔,诗歌教育和音乐教育的最重要之处在于:旋律与和谐深入灵魂且根深蒂固,培养身心优美,而这种优美只能在被正确教养的人身上才能找到。此外,这种正当的教养方式可以使人敏锐察觉艺术或性格中的任何缺点或丑陋。这种缺陷会自然而然地遭到他的厌恶。既然他欣赏所有这些高雅的东西,就会欣然把它们纳入自己的灵魂中,加以培养,最后成长为一个品格高尚的人。在他年幼不知所以然的时候,他就自然而然地唾弃并厌恶一切丑陋而可耻的东西。一旦他有了理智,他就将把它当做朋友来欢迎,因为他所受的教育早已使他和这个朋友熟悉了。

他说:我同意,这就是文学教育和音乐教育的目的。

我接着说:在学习阅读的时候,当我们能从各种不同的生词中认出少数字母时,从来不随便把它们看成是无足轻重的字,而是专心在各处区别对比,这时候我们就成熟干练了,因为在我们没有做到这点以前,我们是不能成为学者的。

他说:确实是这样。

我说：此外，在我们能认识字母反映在水里或镜子里的影像以前，我们必须先认识字母本身。在这两种情况下，都需要同样的技巧和实践。

他说：是的。

我说：那么，我们和我们所要培养的卫士不也存在同样的情况吗？就是说，必须先在各处认识节制、勇敢、慷慨、高尚和其他一切类似品性的主要形式①以及存在的相反品性，否则我们将永远不能被成功地培养成长起来。我们必须能辨认这些形式的存在以及包含它们的任何事物中的影像的存在。必须确认，要认识这两种情况需要有同样的技巧和实践，还要确认最不重要的事例并不是不值得我们注意的。

他说：一定是这样。

我说：对于一个有眼能看的人来说，再没有比看到下边这种情况更美好的了：灵魂中的高尚品德与适应它并具有相同的美的烙印的外部形式协调一致。

他说：不可能有更美好的。

我说：最美好的也是最可爱的。

他说：当然。

我说：所以说，受过诗歌和音乐教育的人将跟同样的人发生爱情，但是永远不会跟缺乏那种和谐品质的人发生爱情。

他说：如果缺点是在灵魂中，就不会发生爱情。如果只是肉体上存在缺点，他会耐心而善意地接受这种爱。

我说道：我明白，你正在或者已经跟那样一个人发生了爱情，我同意你这样做。但是，告诉我，纵情享乐与节制有度协调吗？

他反问：当它使心境不安并不亚于痛苦的时候，怎么能协调呢？

我又问：或者说，它与一般的美德协调吗？

他答道：当然不协调。

我再问：纵情享乐与傲慢和放荡的关系更近吗？

他说：更近。

我追问：你能举出任何比房事乐趣更大和更强烈的乐趣吗？

他说：举不出，也举不出比它更疯狂的。

我说：然而，按道理讲，爱情是一种感情，就如同美一旦与高尚的和谐品德结合就可能在一个有节制有教养的头脑中产生的那种感情。因此，它必须远离放任狂乱；凡是有这种正当感情存在的地方，情人和他所爱的人必定与我们所说的纵情享乐无缘。

他说：当然无缘，苏格拉底。

我说：那么，看来在我们所要建立的共和国里，你要制定一种法律，规定情人可以寻求他所爱的人交往，并在他的同意下可以像儿子一般亲吻他，拥抱他，诚心诚意，但是不能使人怀疑有任何越轨关系，否则就要被人认为出身卑贱、缺乏高尚情操。

他说：我很同意。

我说：那么，现在我们所谈的诗歌教育和音乐教育还不全面吗？已经在该结束的地

---

① 柏拉图关于"形式"的理论，参见第19章。——英译者

方结束了,即在热爱美这点上。①

他说:我同意。

第5节 体育训练 医师和法官

英译者导言

公民士兵的体育训练与职业运动员的训练稍有不同。生活俭朴可使身体健康,正如它可使灵魂得到节制一样。这一类比使人认识到,一个受过教育的人应当能在身体方面和道德方面处理好自己的生活,很少去求医问药或走上法庭。要顺便指出的是,医生可能由于自己生过病而变得优秀,但优秀法官所需要的关于罪恶的经验却是另外一回事。最后,要提出的是,体育训练好像不亚于文学艺术方面的教育,实际上与灵魂很有关系。这两点应当和谐共进以发展人类品德中的精神因素和哲学因素。

正 文

我说:其次,教养我们的年轻人还必须包括体育训练,这项训练必须跟音乐同样慎重地从幼年起规定下来,终身奉行。照我来看,有了健康的身体就足以产生健康的精神这种说法并不确切;这一点,我希望你考虑考虑;相反,健全的精神却能使身体情况达到至高的健康状态。你认为怎么样?

格劳孔说:我同意你的看法。

我说:那么,把身体完全托付给那些已经完全能自理精神的人去照顾是一种治本之计。我们只简单来谈谈,这样可以节省一些时间。

他说:当然。

我说:我们已经说过,不准贪杯醉酒。在所有人当中,卫士是绝对不准喝醉的,是最不该神志不清和昏天黑地的。

他说:是的。如果卫士还需要别人来看管,那简直是荒唐可笑的。

我说:他们吃的东西又是什么样的呢?我们要训练他们参加最大的竞技会。普通运动员的身体习性适合于他们的情况吗?

他说:也许适合。

我说:但是,那种习性是昏昏欲睡无精打采的,对健康不利。你一定注意过,运动员是怎样悠闲昏睡、虚度年华的,只要稍微不照规定的食谱吃饭就会害病。我们的战士运

---

① 从初级阶段教育到高级阶段训练,参见第24章导言。——英译者

动员需要一种更好的训练方法,他们必须像警犬一样警醒,眼尖耳灵。出征时他们还要碰到各式各样的食物和饮用水,会碰到酷热的天气和严寒的气候。因此,过分照顾身体均衡对他们的健康是不利的。

他说:我认为你说得对。

我说:看来,最好的训练方法就是我们说过的诗歌教育和音乐教育的方法,简单而灵活,尤其在进行实战训练的时候。

他说:这种方法是什么样的呢?

我说:至少你可以从荷马的作品中学到这种方法。你知道,在出征时,不给战士吃鱼,虽然他们就驻扎在赫勒斯旁特(Hellespont)①海滨,也不准他们吃炖肉,除了烤肉以外,什么肉也不准吃,因为烤肉最适合士兵吃,只需就地点火就可以了,不必随军携带锅盆。我还认为,荷马从来没有提过糖果。甚至普通运动员都晓得,如果要想身体健壮,就绝不要吃那类东西。

他说:是的。他们这样节制有度真是聪明可嘉。

我说:这样看来,你不欣赏高超的西西里烹调了,锡拉丘兹(Syracuse)的佳肴就是因此而闻名四方的;你也不会欣赏我们雅典的糖果,据说这种糖果非常香甜可口;你也不会劝告一个自重的人去找一个科林斯姑娘做情人。

他说:当然不会。

我说:实际上,我们可以看出,这种奢华生活和那种具有各种音调和旋律的音乐是一样的。种类繁多会使灵魂变得放荡,简单朴素会使人节制有度。对于肉体来说,也是如此;生活奢侈会带来疾病,简单朴素会带来健康。

他说:这话说得对极了。

我说:社会一旦放荡成风,疾病成灾,法院和药店就要经常门庭若市。法律和药物开始耀眼,这时,自由人中间,会有许多人对法律和药物大感兴趣。

他说:那是不可避免的。

我说:不仅是用双手劳动的低级阶层,自命享受高等教育的人也需要技术高超的医生和经验丰富的法官,这种现象不是教育可耻落后的铁证吗?人的公正精神如此贫乏以致非靠别人赐给不可,从而使那些人变成自己的主宰和法官。还有什么比这点更能说明文化可耻贫乏的呢?

他说:再没有比这更可耻的了。

我说:此外,还有比这种人更低级的吗?他满足于把一生中的大部分光阴消磨在法院告人或当被告,实际上庸俗地觉得打官司是一件值得自豪的事,自认为是一个行为不轨的专家。他诡计多端,逃脱处分,所有这一切都是为了微不足道或毫无意义的目的。他不懂得,如果他能规范自己的言行,而不必站在一个昏昏欲睡的法官面前,是多么好的事。

他说:这确实是低级行为。

我说:我们求医不单纯是因为某处受了伤或患了某种季节性失调,而是由于生活懒惰、骄奢淫逸,身体里充满了像死水池里的沼气一般的肠气,这就迫使阿斯克勒庇俄斯

---

① 赫勒斯旁特,黑海通地中海峡口,现在的达达尼尔海峡。——中译者

第二部 国家的公正与个人的公正

(Asclepius)①的天才儿子们发明了气胀和感冒之类的疾病名称。因为这样的原因而求医不也是可耻的事吗？

他说：是的。这都是些稀奇古怪的名称，是些现代名称。

我说：我想，从他儿子在特洛伊的做法来看，阿斯克勒庇俄斯时代是不用这种名称的。欧律皮吕斯(Eurypylus)受伤以后，阿斯克勒庇俄斯的儿子们并不责备那个给伤员喝用麦片和碎干酪做的普拉纳酒——你可能认为这是一种会导致发炎的饮料——的女人，他们也不责怪负责医疗之事的帕特罗克拉斯(Patroclus)。

他说：对于一个受伤的人来说，这当然是一种莫名其妙的饮料。

我说：如果你想一想，就不会感到奇怪了，古时候阿斯克勒庇俄斯的儿子们不用现代这种医疗护理的方法，到了希罗迪库斯(Herodicus)时代才有所改变。希罗迪库斯是一名体育教师，他自己生了病，便把体育与医疗结合起来并用，首先拿自己试验，让自己吃苦受罪，然后使其他许多人适应。

他说：怎么进行呢？

我说：靠延长死期。他得了不治之症，终身受病魔折磨，没有治好的希望，除了自我医治以外，再没有从事其他事情的时间了。稍一不按既定的养生方法行事就有痛苦。他的技术只能使他在与死亡斗争的漫长岁月里走向老年。

他说：这是一个战胜自己的良好报偿。

我说：是的，对一个从不了解下列情况的人来说，这只是一种适当的报偿：阿斯克勒庇俄斯没有向后代传授自己的医术，并不是因为他不懂得或者缺乏经验，而是因为他认定，在每个有良好秩序的社会里，每个人都有他必须执行的既定任务，没有一个人有空闲把一生消磨在生病和治病上面。我们可以看出这种情况对于手艺人来说是多么真切，但是十分荒谬的是，我们没有看到这种情况也适用于那些被认为十分幸运的富人。木匠生病了，他请医生给他开呕吐药或泻药来治病，或者用腐蚀剂或刀子给他消除病灶。但是，如果劝他长期治疗，把头包起来并采取所有类似的办法，他会马上回答说，他没有时间得病，整天除了生病无所事事，把自己的分内工作扔掉，那样的生活是没有意义的。于是他向这类医生告别，回到自己的日常生活方式中去。这样一来，他或者康复，继续干自己的事业，或者一旦身体支持不住，就只有一死了之。

他说：是的，我们应当看到，这种对待医疗的态度对于他这个阶级的人来说是正确的。

我说：因为，他有工作可做，一旦他不能工作，他的生活就毫无意义了。而有钱的人，我们推想，则不会认为自己一旦无法发挥某种功能，生活就会变得一文不值了。

他说：我还没听说过这种人。

我说：你难道没听说过福塞里迪斯(Phocylides)②说的话吗？他说，当人有了足够的财物赖以为生的时候，他应当讲求道德。

---

① 阿斯克勒庇俄斯，希腊神话中的神医，据说他是阿波罗的儿子，到处行医，能起死回生。地狱之王普路托(Pluto)发现他的"臣民"日渐减少，曾要求雷神把阿斯克勒庇俄斯击死。希腊人为纪念阿斯克勒庇俄斯替他立庙，患病者来庙求医，祭司给人行医，当时这些祭司被称为阿斯克勒庇俄斯的儿子。——中译者

② 福塞里迪斯，公元前6世纪希腊寓言诗人。他的著作多描述为人之道、如何为善等题材。——中译者

他说：我认为，他应当早些开始那样做。

我说：我们不必跟福塞里迪斯在这点上争论。我们最好先自己弄清，讲求道德是不是富人的事，而不讲求道德，生活是不是就变得毫无意义了；或者先弄清，患了使任何手艺人不能干活的病，是否同样不妨碍听福塞里迪斯的忠告呢？

他说道：有妨碍。可以肯定，过分娇生惯养、做超过保持身体健康所需要的运动，更会有妨碍。这会使任何一个必须管理家务或服兵役或执行公务的人感到麻烦。

我又说：最坏的情况是，这样做对于学习各种技能、思考和反思都不利。人如果总担心自己有病，无时无刻不在担心自己的身体，就会认为头痛头昏是学习造成的，这就有碍施展或检验智力品质了。

他说：自然是这样。

我说：那么，我们能说阿斯克勒庇俄斯知道这点并为那些体质良好、过着正常健康生活但患有某种疾病的人的福祉提供了医术吗？他会叫这些人吃药或动手术，使他们康复，并且告诉他们像往常一样生活，以免损害他们身为公民应发挥的作用。但是，当人浑身上下无处没病的时候，他就不想深思熟虑后开泻药或药剂来延长一个可怜的生命，使病人生育可能与自己一样多病的孩子。他认为，当人不能工作尽义务，从而对自己对社会都一无所用的时候，那么给这样一个人治病将是徒劳的。

他说：你这位阿斯克勒庇俄斯，真像一个政客啦！

我说：显然是这样；因为他如此为人，你可以看到，他的儿子们不仅在特洛伊英勇奋战，而且能照我说的那样行医看病。你应当记得，当曼涅拉俄斯（Menelaus）①被潘达洛斯（Pandarus）②用箭射中以后，他们如何"用嘴吮血，用软性草药涂伤口"。至于以后他吃什么，喝什么，他们给他规定的并不比欧律皮吕斯规定得多。一个伤员如果一向过着正常而健康的生活，给他敷上软性草药就可以治好，即使他过一会儿喝口麦片、酒和干酪的混合物也可以治好。但是，如果这个人体弱多病，饮食无度，他的一生对自己或别人都一无所用，医药并不是为这种人准备的，不应当给他治病，虽然他可能比迈达斯（Midas）③还富有。

他说：照你这样形容，阿斯克勒庇俄斯的这些儿子都是精明强干的人了。

我说道：实际上是这样。可是品达和悲剧作家们却无视我们的原则。他们认为，阿斯克勒庇俄斯虽然是阿波罗的儿子，可是由于受贿，挽回了一个垂死的富人的生命，因此他被雷击死。我们前边说过，我们不能同时接受两种说法：如果他是神的儿子，他就不会贪财；如果他贪财，他就不是神的儿子。

他说：苏格拉底！所有这些都是千真万确的，但是，你对这点有什么意见吗？我们共和国的医生必须是优秀的医生。我以为，最好的医生是那些在诊断健康人和病人上最有经验的人，同样，最好的法官是那些同具有各种品德的人打过交道的人。

我说：我同意这种说法，我们必须有优秀的医生。但是，你知道，我所说的优秀医生

---

① 曼涅拉俄斯是荷马史诗《伊利亚特》和《奥德赛》中的斯巴达国王。特洛伊最后一个国王普里阿摩斯的王子帕里斯（Paris）在美神阿佛洛狄特的协助下拐走曼涅拉俄斯的妻子海伦。曼涅拉俄斯为报仇雪恨、夺回海伦向特洛伊宣战。——中译者

② 潘达洛斯是古代小亚细亚古国吕基亚（Lycia）的领袖，特洛伊的盟友。——中译者

③ 据希腊神话记载，迈达斯是小亚细亚古国弗里吉亚（Phrygia）的国王，相传一切东西碰到他的手就变成黄金，喻意大富翁。——中译者

第二部 国家的公正与个人的公正

是哪些吗？

他说：如果你告诉我，我就知道了。

我说：好，我来试试。但是，你的问题是好像把两种不同情况看成相似的了。医术最高明的医生可能是那些除了精通业务以外，从小就接触各种各样的重病号，此外他们自己的身体并不健壮，而且患过各种各样的病的人。他所以医术高明是因为他照料病人的身体不是用自己的身体；如果是用自己的身体，他就永远不会让那些人生病了。照料别人的身体要靠他的思想，如果思想处于或已经处于不良状态，就不能正确处理任何事。法官的情况就不是这样了。他的任务是用思想管理思想，这种思想绝不是从小在一个充满邪风恶俗的社会里培养出来的，而且他本身也绝没有犯过各式各样的罪，使他能像借由身体患病磨炼机智那样，凭自己的经验推断别人的罪恶。只要他本身是善良和诚实的，就可能成为一个能明辨是非的公正法官。要做到这一点，就绝不能从小跟坏人瞎混，以免受到影响。毫无疑问，正派人所以在年轻时显得头脑简单、容易受骗就是这个原因：他们本身没有类似的恶习可以使他们凭自己的感受识别别人的恶意。

他说：说得对，他们是处在一种极为不利的地位。

我说：所以说，要想成为一个好法官，他必须是一个年高老练的人。什么是邪恶，要到晚年才能认清。获得这种认识不是靠发现自己灵魂中存在邪恶，而是靠个人长期观察邪恶在别人的灵魂中造成的恶劣影响。这是一个有关认识的问题，而不是有关个人经验的问题。

他说：这是对真正的法官的一种逼真描述。

我说：是的，这是针对你所谈的问题中善良法官的情况。他的长处在于他的灵魂善良。你所说的狡猾之人，善于通过自己经常犯罪而猜疑罪恶，并认为自己是玩弄诡计的能手，凭自己的种种恶习来戒备他人，所以，只要跟同类人厮混，他就好像是狡猾可怕的人。但是，一接触年长的诚实人，他那点不合时宜的猜疑本事就令他显得愚蠢无能了。他认不出什么人是正派的，因为他本人没有公正的品德借以辨别。如果他自己认为或者他人认为，他大体上是个聪明人而不是蠢材，那是因为他接触的坏蛋多，好人少。

他说：你说得很对。

我说：这样看来，一个善良而明智的法官必然是另外一种类型的人了。坏人永远不会了解自己，也不会了解美德；而具有美德的人一旦有了高尚品格，就可及时看清美德本身，也可认清邪恶。所以，我相信，能成为一个明智法官的人是有美德的人。

他说：我同意这种看法。

我说：那么，你将给你的国家确定我们所说的这种医生和法官了。他们将照顾那些身心强健的公民。对于体质衰弱的人，他们将任其死亡，而对那些腐败透顶、不可救药的人，他们将处以其死刑。

他说：是的，我们现在可以看出，这种做法对国家对他们都是再好没有了。

我说：你所说的年轻人，只要接受那种我们认为可以使人节制有度的淳朴教育，就必定不要法律来管他们了；如果他们在体育锻炼方面遵循同样的方法，他们就可以（假如他们想这样的话）完全摆脱医药了，特殊情况当然例外。

他说：我想，他们可以做到这一点。

我说：普通运动员为了增强体质要接受严格训练，但是，我们的运动员却是为了增加性格中的勇敢因素而受严格训练的。所以说，规定这两种教育科目不是像某些人所想象的那样，一种是为了健全灵魂，另一种是为了增强体质。可以说，两者的主要目的都是为了健全灵魂。

他说：怎么能是这样呢？

我说：一生专攻其中一种而忽视另一种，会使精神受到影响，一种导致野蛮粗暴，另一种导致优柔寡断。你注意到这点了吗？

他说：我的确已经注意到，只讲求体育会产生一种凶猛习气，而一味受文艺和音乐教育则会使人变得过于优柔寡断，而不利于己。

我说：不错，那种凶猛是我们性格中的朝气因素造成的。这种因素，如果加以适当训练会变成勇气，但是，如果过于放纵，就必然令我们变得粗暴野蛮，冷酷无情。另一方面，温和是哲学气质的特点，而如果过分松弛，则又会造成过分柔弱，举止懒怠。如果加以正确训练，将会培养成适度而和顺的温和。现在，我们同意，我们的卫士必须兼有两种气质，而且必须使这两种气质协调融合，使勇气和稳重融会在一个灵魂里，刚柔相济。否则，这个灵魂不是变得懦弱无能，就是变得粗鲁蛮横。

他说：肯定是这么回事。

我说：当人沉溺于音乐气氛中，使自己的灵魂通过耳朵充满我们说过的悠扬、柔美、伤感的音调并把一生时光都用于欣赏美妙动听的歌声时，起初可以磨炼自己性格中的朝气因素，就像锻铁一样，把铁的脆度炼软，使它有所用；但是，如果不停地沉迷于音乐，就把朝气因素完全融化了，会让灵魂的精力丧失得一干二净，使自己变成一个像荷马所说的懦弱无能的战士。这还不算，接着就会自然而然地形成一种无精打采、萎靡不振的性格。一个朝气蓬勃的人因此变得体弱不堪、性情无常，一点点刺激就会使他立即激动，又马上心平气和。这种人将变成一个脾气急躁易怒、性格反复无常的人。

他说：确实是这样。

我说：另一方面，艰苦的锻炼和奢侈的生活会产生另一种效果，即不思增加智慧或不想运用智力。起初，自觉身体健康使自己充满自信和精力，并使他变得比先前强了两倍。但是，设想，如果除了运动无所事事，不关心任何一种文化，那么，即使灵魂中有某种需要知识的本能，他仍缺乏教养，从不自觉参加理性讨论或不追求任何一种知识。这样一来，那种本能由于缺乏刺激和滋养而变得微弱无力，并且由于蒙蔽知觉的黑暗永远无法消除而变得耳聋眼瞎。这样一种人最后将成为一个完全没有教养和痛恨理性的人。他不喜欢利用说理的办法说服别人，而像一头猛兽，只凭野性和暴力来达到一切目的。他生活在沉闷而愚昧的茫茫大海中，丝毫不顾及内心的和谐或内心的优美。

他说：实际情况正是这样。

我说：那么，灵魂中就存在以下这两种因素：朝气的因素和哲学的因素。我认为，由于这两种因素而不是灵魂和肉体（偶然情况除外），使得上天给了人类这两种教育，其目的是使这两种因素和谐地融会起来，即把每个人的力度调到正确适度的标准。所以，一个人如能把这两种教育以恰当的比例应用到灵魂中去，他就可以成为一个大师，可以弹出比七弦琴奏出的和谐音调更高贵的和谐音调。

他说：苏格拉底，我们很可以这样说。

我说：我们的共和国将永远需要这样一位大师来保卫，以保全国家的体制。

他说：肯定如此，他是不可缺少的。

我说：那么，关于教育和教养的方略就说到这儿。至于有关音乐表演、狩猎、竞技以及赛跑等等的详细情况就无须深谈了。显然，详细情况要服从我们的原则，因而是不难规定的。

他说：是的，是容易规定的。

第二部　国家的公正与个人的公正

第 10 章　选拔统治者①：卫士的生活方式

英译者导言

　　上边叙述的教育将提供给所有达到 20 岁（见第 28 章）的卫士。柏拉图下边说明的是各种测试工作（请回忆成为候选人必须遵守的神明裁判）。一部分人将被挑选出来去接受第 26—27 章规定的高一级训练，并变成被叫做统治者助手的人，比卫士低一级的人将服从他们的领导。

　　这样看来国家将有三个等级：统治者（立法和审议）、助手（执行）和工匠（生产）。这种制度不以出身或财产为基础，而是以天资和成就为基础；任何阶级出身的儿童都要按他们的功过升降。下面将建议根据寓言性神话普遍接受一些资料，这些资料一部分来自某些人的流行信念，即真正土生土长的信念，另一部分取自赫西奥德对当前铁器时代以前相继产生的金、银和铜族的叙述。古人认为一切神话都是诗人的作品，是受缪斯女神启示或有意创造的。像我们已经看到的，神话是要传达某些重要真理的，所用的方法是迎合年轻人或未受过训练的人的想象力。

　　卫士要过一种军事隐修方式的斯巴达简单生活。没有私人财产（仅限于卫士）将消除那些损公利己行为的主要诱因。（废除卫士的家庭生活一事将在第 16 章讨论。）他们不得像色拉西马霍斯所仰慕的那样以权谋私，尽情享受。他们将因施展天赋才华而感到幸福。

正　文

　　我说道：好，要解决的下一个问题是什么呢？哪些卫士将要当统治者，哪些卫士将要服从，不是这个问题吗？

　　格劳孔说：毫无疑问，是这个问题。

　　我说：那么，显而易见，年长的必须管理年轻的，统治者必须是最优秀的。

　　他说：是的。

　　我说：如同在农民当中，最优秀的是那些生来就善于务农的人，因此，如果我们要在

---

① "统治者"（rulers）是多数，不是一个。——中译者

卫士中间挑选最优秀的,也就必须选择那些生来适合保护国家的人,他们必须具有适当的智慧和能力,此外还必须把国家看成是他们特别关心的,这种关心就是人们对于某种与自己关系非常密切的事格外关注,以致把它的利害祸福都视同自己的事。

他说:正是这样。

我说:所以,我们从卫士中选拔的人必须是这样的人:从整个一生来看,他能够热情洋溢地从事他们认为对国家有利的事,永远不做对国家不利的事。

他说:是的,我们需要的就是这种人。

我说:我认为,我们必须在人生的每一阶段都监督他们,看他们是否能坚持以下信念:牢记从事对国家有利的事,永不忘掉国家,永不让自己被迫或被说服把国家抛掉。

他说:怎么会发生抛掉国家的事呢?

我说:我来给你讲。当一个人忘了自己的信念时,如果他那个信念是错误的,而且他学到了更好的信念,那么,他就可能心甘情愿地放弃了。如果那个信念是真理,他就不会放弃。

他说:他为什么愿意放弃,我明白了;但是,他怎么能不乐意放弃,你得给我解释解释。

我说:你的疑难在哪里?人不愿意失去好的信念,虽然他随时都准备放弃坏的。你不同意这一点吗?或者说,被人蒙骗而失去真理就是不幸,获得真理就是幸福。你不同意吗?或者说,你不认为掌握真理就意味着如实思考事物吗?

他说:你说得对。我十分同意,人不乐意被人窃走一个正确的信念。

我说:那么,发生这类事的时候,必然是由于盗窃、暴力或诱惑造成的。

他说:我又不懂了。

我说:也许,我的比喻过分夸张了。当一个人被人说服而放弃自己的信念或者当他忘掉自己的信念时,我就把这种情况叫做盗窃。一种情况是辩论,另一种情况是时间,两者把信念偷走,而本人却不知发生了何事。你现在明白了吗?

他说:是的,明白了。

我说:我所说的暴力是指痛苦或灾难迫使一个人改变主张。

他说:这一点,我也明白,你说得对。

我说:我想你会同意,一个人在面对花言巧语或威胁利诱时放弃个人见解,就是受到了诱惑。

他说:是的,一切骗局都是诱惑之类的事。

我说:我刚才说过,我们必须选出具有下列内在信念的最优秀的卫士:他们必须终身从事他们认为对国家最有利的事。我们必须从他们小时候开始就观察他们,并且安排他们担负最容易被忘掉或最容易失职的任务。因此,我们将只选拔那些记忆力特别强、不易受骗的人。

他说:是的。

我说:我们还必须使他们经受劳苦和痛苦的严格考验,从中观察他们是否具有上边所说的品质。我们还必须在他们经受第三种诱惑时观察他们的表现如何。如同人们把小马牵到人声嘈杂、喧闹骚动的地方来看它们是否害怕一样,我们必须把这些青年人带

第二部　国家的公正与个人的公正

到恐怖的场所，然后再把他们带到寻欢作乐、花天酒地的场所。这种办法会使他们经受比炼金还要严格的考验。如果我们发现某人在所有这些考验中都表现良好，能面临种种诱惑而无动于衷，能认真地保护自己，并且永远能保持他在音乐和诗歌训练中学到的全部旋律、和谐，他就是名副其实的卫士，对自己、对国家都将有最大的贡献。每当我们发现一个在童年、青年和成年时代都能经受考验而万无一失的人，我们就将推选他担任统治者来管理国家。他将终身受到众人的尊敬爱戴，死后将接受最隆重的国葬和其他形式的纪念。不够这个标准的，一律不加以考虑。亲爱的格劳孔，我觉得，以上说的这些可以作为我们选择卫士成为当然统治者的概括条件。

他说：我非常赞同你的意见。

我说：那么，这种人就可以完全被称为真正的卫士了，他们将保证全国人民不受外敌侵犯，防止内部有人造反。到目前为止，作为卫士被谈论的青年人最好被称为助手，他们帮助贯彻执行统治者的各项决定。

他说：我同意这个说法。

我说道：我能不能依循先前提及的那种有益的故事，提出一个大胆的建议，使整个社会，可能有时也使统治者本人接受呢？

他问：哪一类的故事？

我答道：没有什么新奇的，只是类似东方故事①的一个故事，照诗人说的，这个故事是过去在世界一半以上地区都发生过的。大家都相信诗人们的话，但是这故事并没有在今天在我们这里发生过，因而很难说服任何人，使他相信这故事还会重演。

他说：你好像很不好意思讲你这个故事。

我说：我告诉你，你就明白了，我不好意思讲是非常自然的。

他说：大胆地说吧，不要怕。

我说：好，我来说，不过我还不知道怎样鼓起勇气，怎样选词表达。我将首先使统治者和士兵，然后使全社会都认识到：我们给他们的全部培养和教育，只是令他们似乎经受到如梦一般的事。实际上，他们受教育的时间都是在大地内部进行的，用的武器和装备也都是同一时间制造的；最后，当他们成熟以后，大地把他们从自己的内部送到光天化日之下。所以，现在他们必须把他们生活于其上的大地看成是母亲和奶娘，必须关心她们，保护她们，使她们不受任何外来的侵犯，并且必须把同胞看成是出生在同一块土地上的兄弟。

他说：你很可能为说出这个故事感到很不好意思。

我说：当然，但是你还必须听完。确实，我们将用这则寓言告诉我国人民：同一块土地上的你们都是兄弟，但是创造你们的天神在你们当中某些适合担任统治者的人身上注入了金子，这样他们就有了最宝贵的品质。天神在助手身上注入了银子，在农民或手艺人身上注入了铜和铁。现在，由于你们大家同出一族，虽然你们的孩子一般来说像他们的父母，可是有时金质的父母可能生养一个银质的孩子，或者一对银质的父母可能生养一个金质的孩子，如此情况各不相同。因此，上天向统治者提出的第一道主要命令就是：

---

① 指地中海东方古国腓尼基的故事。——中译者

他们必须处处表现得如同一个完美无缺的卫士,特别需要当心的莫过于在儿童灵魂中加入混合的金属。如果他们自己的孩子生来具有铜或铁的成分,他们就必须毫不惋惜地给他分配一个适合他的性格的职位,把他送到农民或手艺人的行列中去。反之,如果这些阶层的人生的孩子具有金质或银质成分,他们就要根据孩子的优点,把他提升为卫士或助手。他们要信奉一个预言:当国家交给铜质或铁质人员管理时,国家就要衰亡。这个故事就是这样。你能设法使大家相信吗?

他说:第一代人恐怕不相信,但是他们的子孙后代可能相信,最后全人类也可能相信。

我说道:好,即使如此,也会产生良好影响,使他们多多关心共和国,多多互相关怀。我想,我懂了你的意思。

我继续说道:这样,我们就要把故事的灵验性托付给众口相传了。现在让我们把大地的儿子武装起来,并在他们的统治者的率领下,把他们带到我们的城市来。让他们在那里观看地形,选择最合适的地点,安营驻扎,他们就可以在这里平息一切破坏法律的国内叛乱,并击退可能像恶狼一般企图进犯国家的外来敌人。当他们搭起营帐并向有关神位献祭以后,就必须安排营盘住处,住的地方必须冬天防寒,夏天避暑。

他说:自然应当这样。你是说他们就住在这里吗?

我说道:是的,可并不是像商人那样生活,而是像士兵那样生活。

他问:这有什么区别呀?

我说:我来试着谈谈。假如一个牧羊人为了保护他的羊群可耻地养了这样几条狗,狗的品种恶劣,缺乏训练,以致一感到饥饿或由于秉性凶狠或由于某种其他恶习,就去吃羊,行为恶劣与恶狼毫无二致,这种事就会令人觉得不可思议。我们必须千方百计设法防止我们的助手用这种方式对待公民,并且由于他们力量强大,还要防止他们没有成为友好的盟友反而沦为野蛮的暴君。假如真的受过良好的教育,他们就会成为公民的可靠卫兵了。

他说:的确,他们受的教育没有可挑剔的地方。

我说:关于这一点,我们千万不要说得太死了,亲爱的格劳孔。不过,我们可以肯定我们不久前说过的:如果他们想要得到良好机会和睦相处、宽厚互待并以同样的方式对待被保卫者,就非接受正确的教育不可,不管这教育是什么教育。

他说:在这一点上,我们肯定是说对了。

我说:那么,除了受那种教育以外,其他的就只是些老生常谈的事了;就是说,给他们准备的住处和其他用具千万不要影响他们成为完美的卫士,也不要使他们伤害其他公民。

他说:说得对。

我说:考虑到这种目的以后,让我们再考虑一下他们应当怎样生活和怎样居住。首先,除了最起码的日用品以外,谁都不准持有任何私产。其次,谁都不能占有不准外人自由出入的房屋或库房。他们的口粮,作为卫士薪金由公民供给,数量根据正在受军训的节制有度、勇敢无畏的人的需要来决定,固定以后,恰够一年食用。他们将共同进餐,像士兵一样共同住在营房里。我们将告诉他们,他们不需要金银,因为在他们的

第二部　国家的公正与个人的公正

灵魂中永远具有天神赐给的类似金银的神圣品，如果取得了人间流传的那种致命的渣滓就会有辱灵魂的纯洁，这是一种不法行为，是种种邪恶事件的根源。在全体公民当中，只有他们不能触及和手持金银，不得与金银同处一室，不得用金银当饰品佩戴，不得用掺金夹银的器皿饮水。这种生活方式将保证他们不变质，并将使他们挽救国家。一旦有了自己的地产、房屋和金钱，他们就要放弃自己的卫士身份，改为经营农田和家务，从而变成与公民为敌的暴君，而不是众人的盟友。这样，他们将终其一生憎恨别人和被人憎恨，阴谋害人和遭人暗算，惧怕国内敌人远远超过惧怕国外敌人，从而很快使他和国家走向灭亡。根据所有这些情况来看，我们可以断言，这就是我们的卫士应当遵循的生活方式和其他领域应当对他们进行供应的标准。因此，我们应当根据这种情况制定法律，加以约束。

格劳孔说：当然，当然。

阿德曼图斯在这儿插进来说话了。他说：苏格拉底，假如有人反对，说你没有使这些人特别愉快，那你怎么对付呢？如果他们不幸福不愉快，那也是他们自己的错，因为他们确实是国家的主人。可是他们不像其他统治者那样能得到国家的功禄，那些统治者自己拥有土地，盖起了漂亮的房屋，屋内家具精致美观。私人能祭诸神，并且还可以经常宴请外邦客人。事实上，他们具有你所说的那种金银财物，至于我们通常认为的生活享受所需要的其他一切，他们也都应有尽有。而这些卫士好像还比不上驻在城里经年站岗的雇佣警卫军。

我说道：是的，还不止这些呢，他们给国家服务，只能享受糊口的待遇，拿不到雇佣军的薪金，所以，他们无力像那些被公认为幸福愉快的人那样，可以自费旅行，可以给情人送礼，或者可以在其他方面尽情挥霍。你忘了把上边这些条条列入罪状，这类罪状还有许多。

阿德曼图斯说：好，现在就把这些罪状算在里边吧！

我问：你想听答案了吗？

他说：是的。

我说：我想，如果照以往走过的老路走，我们就可以得出一个答案。我们将这样回答说，即使这些卫士在这种环境下非常愉快并不使人大惊小怪，可是我们建立共和国的目的并不是为了使某一个阶级生活幸福，特别愉快，而是使整个社会都享受最大可能的幸福生活。我们认为，我们应当在这样建立起来的国家里有最充分的机会发现公正，正如我们应当在最坏类型的国家制度里找到不公正一样，这样我们就可以解决过去一直存在的问题了。目前，我们正在建设。我们相信，一个人人幸福、个个愉快的国家，并不是想让少数拥有特权的人独享福利。现在，我们来研究一个相反类型的国家。这就像我们正在彩饰一个雕像那样，有人会上来指责我们没有在雕像最优美的部位涂上最美的颜色，例如，眼睛，本来应当涂上红色，可是我们却涂上了黑色。我们认为下边这个答复是一个妥当的答复：真的，你不能指望我们把眼睛画得异常俊美，以至于那根本不像眼睛。这一点适用于全身的各个部位。问题是，在各个部位涂上应有的颜色，是否能使整体美观漂亮？在目前这个问题上，也是同样。你不能强迫我们给我们的卫士一种幸福，使得他们不成其为卫士。我们可以很容易地叫农民穿上华袍，戴上金冠，然后请他们自由自在地去耕地；我们也可以让我们的陶工躺在炉旁的床上，饮酒作乐，什么时候高兴就什么时候拿起陶钧去制造陶器。我们可以使其他一切人都同样高兴愉快，从而使全社会都享受这种幸福。但是，你不能把这种观点强塞进我们的脑子里来。如果我们采纳你的建议，农民就不成其为农民，陶工就不复为陶工，组成社会的成员就没有一个能保持自己的性格特点了。这种道理在许多情况下是无关紧要的：如果一个鞋匠堕落颓废，妄想做力所不能及的事，他不会对国家有多大危害；但是，你一定能看出，那些假意保卫法律和国家的卫士却会使整个国家土崩瓦解。正如在另外一方面，国家的政府是否健全、幸福是否普遍完全决定于他们。事实上，我们正在培养真正的卫士，他们是最不至于危害国家的人。如果指责我们的人的目的是要建立一种像一伙农民在庙会上大吃大喝那样的幸福，那么他们脑子里所想的就不是一个市民社会了。因此我们必须考虑，我们培养卫士的目的是不是使他们得到最大可能的幸福，或者享受幸福是否应当视整个国家的发展情况而定。如果是这样的话，我们必须强迫这些卫士和助手支持我们的意图，而且他们和其他一切人都必须成为本行本业的能手。这样，由于社会发展成一个秩序良好、井井有条的整体，各个阶级就可以像本性所需要的那样享受幸福了。

他说：我想，这是一个妥当的答案。

第二部　国家的公正与个人的公正

第11章　卫士的责任

英译者导言

　　国家规定,财物共有,只限于卫士;与经济需要有关的工业阶层将拥有私有财产。但卫士不能参与国家贫富方面的事务。巨大的财富将不会增强国力以抵御外来敌人,但发动富人反对穷人的国内阶级战争将会削弱国力。团结是至关重要的,必须进一步加强,办法是,不允许国家过于庞大,保持论功提升的原则,杜绝纯世袭的统治阶级的出现。

　　重要的是,继续推行一种教育制度,以防止产生违法乱纪现象。受过正确教育的统治者可稳妥地处理一切正常的立法问题。宗教制度将由公认的国家权威,即德尔斐神谕(the Oracle at Delphi)规定,通常在建立新城市以前向神谕求教。

正　文

　　我说:我不明白,你是否同意与那个问题息息相关的以及与技工有关的另外一个问题。他们因为富裕或贫困也同样会变成不良的工人。这不是真的吗?

　　阿德曼图斯说:怎么能这样呢?

　　我说:情况是这样的。一个陶工富裕了,他还会继续干他这个行业吗?他不会变得倦怠懒散、无所用心,最后成为一个不良陶工吗?同样,如果他穷得买不起工具和他所在行业所需要的其他东西,他的工作就做不好,他将不能把自己的儿子和徒弟带成得力技工。所以说,工作和工人要受双重原因的影响,即贫困和富裕的影响。

　　他说:显然是这样。

　　我说:可是,这里还有更多的弊病,卫士必须加以警惕,千万不要让这些弊病潜入我们的国家,这就是富裕和贫困。前者会使人奢侈挥霍,倦怠懒散;后者会使人品性低劣,工作不力。这两种弊端都有损害国家的可能。

　　他说:说得很对。但是,苏格拉底,我很想知道,如果国家没有钱,怎么打仗,尤其在它被迫跟一个富有而强大的敌人作战时。

　　我说:显然,跟这样一种敌人交战是很艰难的,但是,要对付两个这样的国家却比较容易。

　　他说:你这是什么意思?

我说：首先，如果战士不得不打仗，他们就得受严格训练，足以抗击富人。

他说：就这一点说，是对的。

我说：那么，阿德曼图斯，一个受过良好训练的拳击手不能轻易打败两个不会打拳的富有而肥胖的对手吗？

他说：也许不能同时对付两个。

我说：如果他先退一步，然后转过身来，猛击先上来的那个，难道还不能对付两个吗？设想，他在烈日炎炎下连续这样打下去，他不能打败甚至两个以上的对手吗？

他说：这当然并不稀奇。

我说：好啦，富人懂得打拳的理论和实践比懂得战术还多，你不认为是这样吗？

他说：肯定，他们是这样。

我说：在那种情况下，对我们的训练有素的战士来说，对付一倍或两倍的敌人可能是件容易办到的事。

他说：不错，我相信你说得对。

我说：现在，设想，他们派出使节前往两个敌对国家之一的国家，把真情实况告诉他们："我们要金子银子没有用，我们那里不准持有金银。但是，你们这里却允许持有。因此，跟我们联合起来，这样你们就可以独享从那个国家获得的战利品了。"提出这样一个建议以后，谁还会先去攻打一群凶恶胆壮的狗，而不跟这群狗携手一齐进攻一只臕肥力衰的绵羊呢？

他说：很有道理。但是，如果单独一个国家把所有其他国家的财物都据为己有，这对那个没有财物的国家不会形成威胁吗？

我说：祝贺你提出了这样一个看法，但是，除了我们正在兴建的国家以外，如果你认为可以把别的任何一个地方称为"国家"，就太天真了。

他问：那么，它们应当被叫做什么呢？

我答道：用某种更大一些的名称，因为它们每一个都不是一个国家，而是许多，至少两个，这两个在交战，一个是富国，另一个是穷国，而其中每一个又分为若干个。把所有这些看做一个单一的国家是大错特错的。如果你把它当成许多个，并且把财富、权力甚至各种人员都交给一个阶级，那么你将发现，你的盟友永远多于你的敌人。因此，只要你照我们规定的路线明智地治理你的国家，那么，你的国家就会成为一切国家中最伟大的；我的意思不是说最著名的，而是说名副其实最伟大的，哪怕它的国防军不过1000人。在希腊或其他任何地方，你都不容易找到一个那样大小的国家是真正一体的，虽然有许多看起来像一个整体，而且比它大许多倍。你同意不同意这种说法？

他说：我很同意。

我说：那么，我们的统治者将在这里发现最高的原则来决定国家的大小和与之相称的领土面积，超过这一标准就行不通了：只有在不影响统一的情况下，才允许国家扩展面积。

他说：这是一条非常高明的准则。

我说：因此，我们还必须向我们的卫士下发另外一道命令，要他们不遗余力地关怀国家，使国家不要过于小，也不要貌似强大但不统一。

第二部 国家的公正与个人的公正

他反问道：你认为这是容易办到的？

我答道：这不像我们先前说过的责任那样难，即把卫士生育的任何一个资质低劣的孩子都降为其他阶级，把其他阶级生育的任何足以配当卫士的优秀孩子提升到卫士阶级。我们的目的是使其他公民都参加工作，每人承担一项合乎自己个性的任务。这样，固守一种行业，他就可以成为一个单一的人，而不是多面人。采用这种方式，国家作为一个整体就会成为一个单一的社会，而不是很多个。

他说：你很可能认为那不容易！

我说：不容易，但是，说实在的，好心的阿德曼图斯，我们将不像你所想象的那样，给卫士加上一大堆沉重的责任。只要他们注意平常说的"一件大事"（虽然我想称之为"足够的一件事"），即教育和教养，事情就容易办了。如果他们受的健康教育使他们成为有理性的人，那么，他们就会很容易了解所有这些事以及我们暂时不谈的一些事，诸如娶妻、结婚、生儿育女，还会很容易了解我们在这里应当尽可能遵循的原则，即朋友之间物物共有的名言。①

他说：是的，这样的话，一切就都会顺利了。

我说：此外，一旦有了好的开端，社会将以一种循环的方式向前发展。如果保持一种健全的教育和教养制度，就会培养出性格善良的人，而这些人在这种教育的教养下又发展成比祖先更好的人。除了这种好处以外，他们的生育质量也将有所提高，在动物身上，就可以看到这种情况。

他说：这非常可能。

我说：简而言之，我们的共和国的管理者必须以最大的注意力，监视任何违反下列准则的情况，即防止任何篡改既定的有关体育和智育的教育制度的准则的行为。当诗人说到"人们最关心的是歌唱家嘴边的最新歌曲"的时候，管理者就将担忧，唯恐人们把诗人的意思理解为不仅是指新歌曲，而且是指推崇一种新型音乐。这种改革不应加以推崇，诗人也不应当被这样理解。介绍新型音乐是一件应当戒备的事，因为这会危害整个社会机体，社会的各种最重要的法规都会因为音乐方面的改革而被动摇。达蒙（Damon）是这样说的，我相信他。

他说：你也可以把我算为支持他的人。

我说道：这样看来，好像在音乐和诗歌领域中，我们的卫士必须建立他们的瞭望塔。

他说：可以肯定，在那里最容易不知不觉地发生违法事件。

我说道：是的，违法事件是在娱乐外衣的掩盖下发生的，看起来似乎是无害的。

他回答说：假如这种违法事件不是在下列情况下发生就不致有害，就是说不是逐渐一步步占领阵地而且不知不觉地渗入言谈举止、生活习俗里，从而积聚力量侵犯人与人的关系，继而无法无天地破坏法律和制度，直到最后彻底摧毁公私生活的整个结构。

我说道：真的吗？这都是真的吗？

他回答说：我相信是这样的。

我说道：那么，对孩子的娱乐必须从小就严格限制，不得过分。如果稍一放松，他们

---

① 柏拉图将在第16章进一步谈到这一点，现在不谈，以免影响现在的教育话题。——英译者

就会染上这种习气,永远也成不了奉公守法、行为端正的人啦。因此,当儿童在游戏中有了良好的开端,音乐教育给他们灌输一种奉公守法的精神的时候,这种奉公守法的精神跟你刚才描述的放任带来的结果完全相反,将永远伴随着他们的全部行动,帮助他们成长,恢复可能早已被废除的制度。

他说:说得对。

我说:结果,他们将再度发现前人废弃不用的行为准则,其中包括一些被认为无关大体的小事,例如年轻人在长辈面前应当少言寡语,把座位让给长辈,孝顺父母侍奉双亲,并且不谈论个人仪表的详细情况,例如,梳头理发的方式、穿衣戴帽的方式。我认为,对这些事情立法有些无聊多余,成文法是无法对这些习惯加以规定或维持的。无论如何,教育指出的方向很可能决定后半生的品质,这跟同气相求同恶相济的道理一样,直到最后带来一种显著的结果,可能好也可能坏。因此,我本人不主张这些事也用法律来规定。

他说:有理,有理。

我说:但是,现在请注意,关于下列这些事,我们又该怎么办呢?商业交换、买主与卖主之间的来往、技工契约、诽谤与殴打、诉讼案件、公众陪审、收集和交纳必要的市场税和港口税,以及一般关于市场、警察、海关等事件的规章制度,其中任何一项,难道我们都能立法吗?

他说:不能,没有必要强加给有良好教养的人那么多法律条文。这些人会很快地给自己找出所需要的规章制度。

我回答说:是的,我的朋友,假如在上天的恩赐下他们能维持我们曾经叙述过的那种制度。

他同意说:完全是这样。不然,他们就得终生致力于制定许多琐碎的规章制度,不断修改,以求十全十美。

我说:事实上,他们的生活像那些体弱多病的人那样过于放纵,不肯改掉他们的不良习惯。

他说:一点儿不错。

我说:他们过着一种美好的生活。他们求医所得的结果是,病情更加严重,更加复杂,虽然他们一直盼望用某人推荐的各种新奇疗法来治疗。

他说:是的,这是对某种疾病患者的一个深刻的写照。

我说:关于他们的另外一件有趣的事是,他们把任何一个告诉他们实情的人都看成是死敌。如果他们不放弃吃喝玩乐、懒散放荡,任何药品或手术、任何咒文或护身符都将无济于事。

他说道:我认为这种忠言逆耳、报之以怒的行为丝毫不会令人感到有趣。

我说:你好像不喜欢这种人。

他说:我当然不喜欢。

我说:这样看来,你也不会喜欢社会里的这种行为了。你将在某些国家发现与这类病人非常类似的情况。这种国家有一个不良类型的政府,不准公民对体制进行任何巨大变革,违者将被处死;与此同时,却把一切阿谀奉承的人誉为善良正派和格外聪慧的人,这种人是不想对病人施行任何大手术的,他们为人聪明有加,善于察言观色,从而能够欣然投合政府的心意。

他说：两者非常相似，我没有什么可以替他们分辩的。

我问：那些一心一意甘为这些多病国家服务的人是些什么人呢？你不喜欢那些沉着、冒傻气的人吗？

他答道：我喜欢，但是一旦他们受到众人称赞而误认为自己是真正的政治家的时候，我就不喜欢了。

我说道：为什么你不能体谅他们呢？当一个不会丈量的人被一群同样不懂丈量的人告知他身高六英尺的时候，你不能指望他不相信这些人的话。

他说：在这种情况下，我不能指望他这样。

我说：这样说来，就不必太苛求他们了。他们不断地制定和修改他们的各种琐碎法律，一直幻想他们可以找出办法来杜绝商业中以及我刚才所说的其他一切交易中的欺骗风气。他们这样干确实是件很有趣的事。他们没有想到，他们实际上是在斩九头蛇[①]的头。

他说：对，这就是他们所做的全部工作。

我说：我曾认为，具有那样一种秩序的法律和惯例，不值得一个名副其实的立法家去注意，不管国家制度是好是坏。如果这个国家是坏的，那是因为那些法律一无所用，毫无成效；如果是好的，有些法律是任何人都能制定的，其余的则自然而然地从我们已经从事的实践中派生出来。

他问道：这么说，在立法方面我们还有什么可做的呢？

我回答道：要我们做的，没有了；但是，对于德尔斐神阿波罗来说，则有最有价值和最重要的制度必须制定。

他再问：都是些什么制度呢？

我答道：如，建庙宇，供祭品，拜诸神、神人和英雄的仪式，丧葬仪式以及乞求阴世权力的仪式。这些事都是我们自己不了解的，在建立共和国时，明智的办法是，只求国神显灵，不求其他宗教权威。确实，在宗教事务中，这位神明的权威坐在大地中心的宝座上，惠及全人类。

他说：好，我们就这样办吧！

[①] 九头蛇是希腊神话中的动物，据说斩其一头，立即生出两个头，寓意是很难根除的祸害，最后它被大力神赫拉克勒斯（一译赫丘利）所杀。——中译者

第 12 章　国家的美德

英译者导言

　　建立一个理想国家的本来目的是在国内探寻比在个人范围内能够展示的更广泛的公正。柏拉图设想，全部美德有四种主要属性，现在他问，国家的智慧、勇敢、节制和公正在哪里；换言之，以公共身份组成国家的公民，其智慧、勇敢、节制和公正在哪里。

　　处理国家大事的智慧将是审议机构的审慎实践或深谋远虑。只有哲学家统治者才能洞察对整个社会有益的事业。他们将根据当前对各种形式的善的意义的认识得出"正确信念"。助手们将只具有从权威统治者那里接受的一种正确信念。他们的职能是执行而不是审议。

　　国家的勇敢很明显地表现在战斗力上。苏格拉底曾给勇敢下过定义，他认为勇敢是认识什么是真该害怕的，或什么是不该害怕的。他还认为勇敢是一切美德不可分割的一部分，包括明辨什么是真正的善，或什么是真正的恶。如果唯一真正的恶是道德败坏，那么贫穷、疾苦以及他人能加害于我们的一切所谓邪恶，包括死亡本身，就都不可怕，因为它们遇到正气精神，就无法使我们成为坏人。这种认识只有哲学家统治者能充分掌握。助手们的勇敢在于有能力坚持教育给他们灌输的信念。

　　正如我们可能预期的，节制并不是国家的最下层特有的美德。如同自我克制，节制的意思是下级服从上级；但是政府必须取得被统治者的自愿同意，各阶级对谁应当统治、谁应当服从这一问题应达成共识。① 因此节制如同融汇和团结全体人民各部分的和谐那样，是一种团结的原则。《法律篇》(*Laws*)强调不同的和互补的人群要和谐团结，这种美德甚至超过公正。

　　公正是对差异的补充原则，使各部分保持彼此分明。在整个建国过程中，我们已经看到这点，因为公正作为以天才为基础的劳动分工（第 6 章）首次在经济层面出现。"从事自己的工作"目前对于专心致志承担自己在社会中的特殊责任或职能有了更大的意义。"从事和拥有实际属于自己的事"这种观念的范围很宽广，足以涵盖法院的公正，保证每个人拥有他应有的权利。不公正意味着侵犯别人的权利和责任。

　　本章讨论的美德被柏拉图称为"公民的"或"人民的"美德。除了统治者以外，美德并不是直接基于最后对善恶的认识，即智慧，只有在完成哲学家的高等教育后才能得到。

---

　　① 柏拉图《政治家篇》(*Statesman*)276E 中主张真正的国王与专制者不同，前者会使臣民自愿服从他。——英译者

第二部 国家的公正与个人的公正

正　文

我说道：那么，阿里斯顿的儿子①，你的共和国最后就这样建成了。下一步就是用你从各地取得的全部灯火来照耀它，在你兄弟和色拉西马霍斯以及其他人的帮助下我们有望看到，哪里可以找到公正，哪里可以找到非公正，这两者有何区别，哪一种能给人带来幸福，不管诸神和凡人是否知道自己是否公正或非公正。

格劳孔说：瞎说，你答应过，你要亲自去找；你如果不全力支持公正，那将是一种罪过。

我说：你记得对。我一定照你说的办，但是你们大伙也得帮忙。

大家说：我们会的。

我说：好，我觉得，我们可以用这种方式寻找我们所要找的。我认为，我们的国家一旦用正确的办法建成，就是一个真正的美好国家。

格劳孔说：必然是这样。

我说：这样看来，显然它是一个智慧、勇敢、节制和公正的国家。

他说：显然是这样。

我说：看来，如果我们在国内发现了某几种品格，那么其余的就是我们还没有发现的。这就如同我们在某个地方寻找任何四种东西中的一种：如果我们一下子发现了我们要找的那一种，我们就会很满意；而如果我们先发觉了其他三种，这就足以说明我们所需要的是哪一种东西了，只能是剩下的那一种。所以说，我们有四种品格。要寻找所需要的那一种，最好采用那个办法，不是吗？

他说：当然。

我说：那么，就开始吧！在我们的国家看到的第一种品格好像就是智慧，这种品格似乎有些特别。

他问道：特别的地方在哪儿？

我回答说：我认为，我们所叙述的这个国家是真正有智慧的，因为它是深思熟虑的，不是吗？

他同意道：是的。

我说：深思熟虑显然是知识的一种形式，愚昧和无知是不会深思熟虑的。

他说：显然是这样。

我说：但是，在我们的共和国里，有许许多多和各种各样的知识。有木匠或铜匠占有的知识，有提高产量的知识。我们能根据这些手艺人的力量就说国家是聪明而慎重的吗？

他答道：不能，那些技艺只能在打家具、制铜器或种庄稼等方面对国家有用。

---

① 指格劳孔。——中译者

我问：那么，在我们新建成的共和国里，有没有一种形式的知识可以使某些公民不去考虑某种特殊利益而是专就国内外关系考虑整个国家最完善的管理方法呢？

他答道：是的，有。

我继续问：什么样的知识？在哪里可以找到？

他答道：这正是我们刚刚叫做真正的卫士的那些统治者所掌握的那种卫士之术。

我再问：你怎样称呼具有那种知识的国家呢？

他答：称它为深思熟虑和真正贤明的。

我追问：你认为，在我们的国家里，这种真正的卫士比铜匠多呢，还是少呢？

他回答道：我认为少很多。

我说：事实上，比任何一种以技艺种类取名的其他行业都少。

他说：少很多。

我说：那么，如果一个国家是建立在自然的原则上，它的全部智慧将决定于最少数的人的知识，即担任领导和管理其他人的那部分人的知识。这种知识是唯一配得上智慧这个名称的，它好像是由自然协调的，因而有特权掌握这种智慧的阶级应当是人数最少的群体。

他认同道：很对。

我说：看来我们现在大致已发现了四种品格中的一种以及它在共和国结构中所占的地位。

他说：总之，我很满意。

我说：其次，是勇敢。这种品德或者社会中具有这种品德从而使整个社会都可被称为勇敢的那部分人，是不难找到的。

他问：你为什么这样说呢？

我答道：因为任何人说一个国家勇敢或懦弱，他想到的只是能上战场打仗进行防守的那部分人。我想，他这样想的原因是，国家的性质不是由其他部分的人的勇敢或懦弱决定的。

他说：说得对。

我说：那么，勇敢是另外一种品格，社会有这种品格应归功于它中间的某一部分人。社会的勇敢将意味着在这方面，它在各种环境下具有一种保持对理应惧怕的某种东西的信念的力量，这种信念是立法者确定的教育所培养的。这不是你所说的勇敢吗？

他说：我还不大明白。可以再说一遍吗？

我说：我是说，勇敢的意思是保持某种东西。

他说：是的，但是，是什么东西呢？

我答道：就是依法确定的教育所培养的对理应惧怕的那种东西的信念。当我加上"在各种环境下"的时候，我是指永远保持和从不放弃的信念，不管在痛苦或快乐、充满希望或恐惧的情况下。如果你愿意听的话，我可以解释一下。

他说：请讲。

我说：你知道，染匠想把羊毛染成紫色，要先从各种颜色的羊毛当中选择白色的，然后小心翼翼地梳理羊毛，以便使它充分着色，光泽鲜亮，只有这时才把羊毛浸入染缸。这

第二部 国家的公正与个人的公正

样染过以后,羊毛的颜色就会坚固耐久,光泽洗也洗不掉,即使用肥皂也洗不掉。可是,如果染匠不选白的,而选其他颜色的,或者他不重视梳理准备工作,你想会染成什么样子?

他说:是呀,看起来会像褪了色的,十分难看。

我说:这件事可以说明我们选择战士对他们进行身心教育时所力争取得的成果。我们的唯一目标是给他们施加影响,使他们像染上颜色一样着上我们的制度的颜色。这样,通过正确的训练和正确的教育,他们可以牢靠地坚守一种关于应当惧怕什么以及关于其他一切事物的信念,这种信念永远不会由于欢乐和痛苦、希望和恐惧而褪色,而欢乐和痛苦、希望和恐惧比世界上所有的肥皂和漂白剂的威力都强百倍。这样一种力量,即根据我国制度要始终保持的关于应当惧怕什么或不应惧怕什么的正确信念的力量,就是我所说的勇敢。这就是我的观点,除非你有不同的意见。

他回答说:一点没有,如果这信念是可以在奴隶或动物身上找到的那一种——虽然正确,但不是由于受教育而得来的——那么,你就不能把它说成是受我国制度熏陶得来的,你完全可以给它起个别的名字,而不是"勇敢"。

我说:说得很对。

他说:那么,我接受你对勇敢做的解释。

我说:至少要把它应用到对普通公民的勇敢的解释上,这样来接受我的意见就得体了。如果你愿意的话,我们可以另找时间详细谈谈。现在,我们所探寻的是公正,而不是勇敢。关于勇敢,我们已说得够多了。

他说:我很同意。

我继续说:在我们国家里,还有两种品格有待发现,即节制和我们进行全部探讨的目标:公正。我们能够不涉及节制就找到公正吗?

他说:我不知道能不能。假如找到公正意味着我们不必继续考虑节制,我就不希望先来找公正。因此,如果你想使我满意,就先考虑节制吧!

我说:当然,我非常希望使你满意。

他说:那么,继续谈吧!

我说:让我来讲,乍看起来,节制似乎比其他几种品格都更酷似某种协调或和谐。

他问:怎么能是这样呢?

我答道:节制肯定是指一种秩序,是对某种欢乐和欲望的控制。人们用"自己的主人"这个说法来表示,不管这是什么意思,还有人用其他说法来表示同一道理。

他说:很对。

我说:"自己的主人"岂不是一种荒谬可笑的说法吗?一个身为自己的主人的人可能也是自己的臣民,而这臣民又是主人;因为,所有这几个名词都适用于同一个人。

他说:毫无疑问。

我说:可是,我认为,这个说法的意思是指:在这个人的身上,在他的灵魂里,有较好的一部分和较坏的一部分;当生性较好的那部分战胜较坏的那部分时,他就是自己的主人。这当然是一个歌颂赞扬的词。可是,当不良教养或不良交往使较好的部分被较坏的部分压倒,犹如小股力量被多数压倒,这时,就不光彩了。人在这种情况下就被斥为自己的奴隶,就会放任自流,无法自制。

他说:也许就是那个意思。

我说:那么,现在让我们来看看我们新建成的国家,你将发现这里出现了这两种情况中的一种。如果节制有度和自制有方能体现较好的抑制较坏的,你将同意他配称自己是自己的主人。

他说:是的,我明白你说得对。

我说:各种各样的大量的欲望、欢乐和痛苦主要发生在儿童、妇女和奴仆身上以及所谓自由人当中的低级大众身上,这种说法也是真实的;而单纯的和适度的欲望,在理性和正确信念的帮助下,是受思考指导的,这种欲望,只有在少数人身上以及秉性高尚、受过高深教育的人身上才能找到。

他同意道:是的,肯定是这样。

我问:你认为,在你们的共和国里能存在以下这种情况吗:低级大众的欲望将受高级少数人的欲望和智慧所控制?如果有任何一个社会配称为是自身的主人而且能控制娱乐和欲望,那就是我们的国家。

他说:肯定是这样。

我说:那么,根据所有这些论点,我们就可以把它说成是有节制的。此外,在我们的国家里,如果有的话,统治者和被统治者对于谁应当统治国家这个问题将持有一致的信念。① 你认为不是这样吗?

他说:我非常相信这点。

我问:如果他们的想法是这样,那么,节制将在两个公民阶级当中的哪一个身上存在呢? 在统治者身上,还是在被统治者身上呢?

他说:我认为,在两者身上都存在。

我说:这样看来,我们判断节制与某种和谐很相似的做法是不错的。节制不像勇敢和智慧,这两种美德分别存在于一个特定的部分,使国家勇敢无畏和聪明机智。节制的作用则不同,它存在于国家的全部领域,使国家的各种成分,从最弱的到最强的,都能和谐一致,而衡量这些成分的标准可随你任意选定,可以包括智慧、体力、数量或财富。所以,我们把这种协调一致比为节制是完全正确的,或者说把天生优越和低劣的成分在有关两者谁应统治(不管统治国家还是统治个人)的问题上的和谐一致比为节制,是完全正确的。

他说:我完全同意。

我说道:好,我们已经在我们共和国里就我们的判断能力所及找到了四种品格中的三种。还剩一种,需要我们找出,凑成国家的全部美德。这一种是什么呢? 很明显,这一种是公正。

他说:显然是公正。

我说:那么,格劳孔,现在我们该像猎人站在丛林中的隐蔽处那样,全神贯注地防范,

---

① 关于自由的这一原则——经被统治者同意的政府——就这样被认可了。"为所欲为"的"民主"自由在第 31 章将遭到反对。——英译者

不要使公正溜掉消失。它一定就在附近什么地方。因此,要睁大眼睛搜寻这只猎物,如果你先看到,提醒我一下。

他回答说:我希望我能先看到,但是,你最好引导我,并且不要指望我能看到比你指给我的还多。

我说:那么,让我们祈祷好运吧,跟我来。

他说:如果你愿引导我,我愿跟随你。

我说道:这片丛林看来很难穿过,这儿太黑了,不易着手猎取。可是我们必须前进。

他说:当然必须前进。

我在这儿看到一点儿什么东西,喂了一声。我喊道:格劳孔,我相信我们在追踪猎物,猎物一定逃不脱了。

他说:这是好消息呀!

我说道:我们真是愚蠢到极点了。这东西从一开始就一直在我们眼前晃,可是我们从没有看到它。我们就像手里一直握着它却又四处乱找一样糊涂可笑。我们不去正视猎物,却在凝视远方。毫无疑问,这就是猎物脱逃我们视线的原因。

他问道:你这是什么意思?

我答道:我相信我们一直在谈论这件事,可是从来不知道我们是在谈论它。

他说:直说吧,我洗耳恭听。

我说:好,那就听着吧,想一想我所说的对不对。你还记得吧,我们在开始建立共和国时和后来多次订立的普遍原则,即每一个人都应当在这个社会担负一项最适合他性格的职务。我相信,那项原则或者那项原则的某种形式就是公正。

他说:我们确实规定过那项原则。

我说:是的,确实规定过,我们常常听到别人说,公正就是关注自己的事,不干涉别人的事;而且我们自己也常常这样说。

他说:我们说过。

我说:好,朋友,当具备某种形式时,关注自己的事,可能实际上就跟公正是一回事。我为什么这样想,你知道吗?

他答道:不知道,告诉我吧!

我说:我认为这一种品格使我们考虑过的三种美德,即智慧、勇敢和节制,有可能在共和国里取得地位,并且只要这一种存在,它就能保障那三种继续存在,因此,这种品格就一定是剩下来的那一种。我们说过,当这四种品格当中的三种被发现以后,剩下来的一种就是公正。

他说:必然是这样。

我说:现在,如果我们必须决定哪种品格将对我们共和国的至美至善贡献最大,这将是一件很难的事:难说是统治者与臣民间的协调一致;难说是士兵对于规定的"怕什么和不怕什么"的信念的忠诚;难说是统治者的机智;也难说是国家的至善主要决定于每个人,儿童或妇女、奴仆或自由人或手艺人、统治者或被统治者是否遵守以下这一原则:每个人应当从事自己的正业,不干涉别人的事。

他认同道:毫无疑问,这是很难决定的。

我说：这么看来，这项原则在使国家至善至美方面的贡献一定能与智慧、节制和勇敢相匹敌。你不认为，唯一可能与这些品格相比的一定是公正吗？

他说：毫无疑问，我会这样认为。

我说：这里还有另外一件事，可以使我们得出同样的结论。处理诉讼案件是一种责任，你会把这种责任放到你们的统治者肩上，不是吗？

他回答说：当然会这样。

我说：他们判案的主要目的是使双方都不取得属于对方的东西或不被剥夺属于他们所应有的。

他认同说：是的。

我问：因为那样是公正的吗？

他答道：是的。

我说：因此，再次说明，公正显然是指一个人应当占有并关注理应属于自己的东西。

他认同道：实话。

我说：另外，进行工种大调换，如木匠和铜匠互换地位和工具，分别担负对方的工作，甚而一人身兼二职，我认为这对社会没有什么大害处，你同意我这种看法吗？

他说：同意，不会有很大害处。

我说：但是，我想你还会同意，另外一种调换就会贻害无穷了。例如，某人生来适合做手艺人或商人，但由于某种有利条件，比如他有钱或者能控制选票或者身强力壮，从而敢于试图闯入卫士阶层，或者卫士阶层的某些人本来不够资格，但一心想在卫士的参议院里取得一个席位。这样一种改变社会地位和工具的做法或者使所有这几种工作集中在一个人身上的企图会使共和国灭亡。

他说：非常非常可能。

我说：由于有三个阶层，所以，任何身兼数职或者改变阶层的做法都不仅对社会危害巨大，而且还使人据理认为这是极端错误的。因而，你会同意，对自己的社会犯下滔天大罪将是一种不公正的行为。

他说：当然是这样。

我说：这样看来，这就是不公正。相反，让我们再重复一遍：当每个阶层——商人、助手、卫士——在共和国中各持自己的适当职务并从事自己的工作的时候，这就是公正，这就会使社会公正。

他说：我完全同意。

第二部　国家的公正与个人的公正

第 13 章　灵魂的三部分

英译者导言

前边已经说明,国家的公正意味着三项主要的社会职能——审议与管理、执行、生产——层次分明,执行正确。由于社会的品质是由组成社会的个人的品质所决定的,所以我们可以指望在个人的灵魂中找到这三种相应的成分。所有这三种品质在每一个人的灵魂中都存在,但社会的结构是基于下列事实的,即它们在不同的品德类型中将有不同程度的发展。

灵魂的这三种成分或"部分"的存在是通过对动机的矛盾的分析而形成的。一个简单的事例是,想喝酒的人对酒有所渴求,但由于喝酒对人不利的理性考虑就不喝了。两种层次分明的成分必然在此起作用,这种情况源于普通原则,即同一件事不能同时以相反的两种方式行动或受影响。"渴求"的意思只是单纯地想喝东西,绝不能与由于想喝东西而盼望得到好处(如健康或享乐)的欲望相混淆。这种单纯的渴求说"喝",理性说"不能喝"。这种矛盾说明,两种成分在起作用。

第三个因素是"精神的"成分,与我们的"荣誉感"有关,表现形式是愤怒。它站在理性一边,反对欲望,但不能等同于理性,因为它也表现在儿童和动物身上,并且可能遭到理性的批评。

这项分析并不打算成为一个全面的心理学纲要,不能只靠走"一段较长的路"就能实现,它涉及道德行为的因素。在后边(第 33 章),这些因素将被作为欲望的三种形式来表述,每种欲望各有各的特殊目标:智慧、荣誉、收获(作为满足躯体欲望的手段)。在柏拉图的创世神话《提麦奥斯》(*Timaeus*)中,这三部分是潜伏于头脑、胸腔、腹部与生殖器官中的,只有理性是不朽的,它与躯体是分离的。但是第 38 章将说明,这种神话的图景绝不是真的意味着,灵魂像一种物质,可以把它分割成若干构成它的部分加以毁灭。

正　文

我说:我们还不能太肯定。如果我们发现,同一品质在个人身上存在时也能被证明是公正,那么,我们就可以立即表示赞同。没有什么可再说的。如果不是这样,我们就要进一步探寻。现在,我们最好完成最初抱着下边这种想法所进行的那种探寻:如果我们首先能够较大规模地在某种东西里研究公正,那么在个人身上证明公正的性质就比较容易了。我们认为那种较大的东西就是国家,因此,我们着手建设我们力所能及的最美好的国家,因为我们确信,在一个美好的国家里是可以找到公正的。我们在国家身上发现的东西现在必须应用到个人身上。如果我们能证实这一点,那么一切将是令人满意的。但是,如果我们发现个人身上的公正是某种不同的东西,我们就必须回到国家那里,检验我们的新结果。也许,如果让这两种情况像火石和钢板那样互相触击,我们就可以在这两者之间打出公正的火花来,并且借助它们的火光来证实我们自己头脑里的概念。

格劳孔说:是一个好办法。我们就照办吧!

我继续说:如果这两种东西,一个大,一个小,我们用同一个名称来称呼,那么它们在适用共同名称方面就应该是一样的。因此,就公正的性质来说,一个公正的人和一个公正的国家之间将没有什么区别。

他认同道:没有区别。

我说:好,但是,我们认为,当社会所包括的具有三种品性的人各自履行自己的职能时,社会就是公正的;此外,由于这三种类型都具有某种其他的性情和思想,该社会就是节制的、勇敢的和明智的。

他说:是这样。

我说:因此,我的朋友,如果我们把那几种美德放在个人身上是正确的,我们就将发现个人灵魂中包括这三种同样的因素,而且这三种因素和社会的那三种受到同样的影响。

他说:必然是这样。

我问:那么,在这里又出现了一个小问题:灵魂包括不包括这三种因素呢?

他答道:不是个很小的问题,我想。苏格拉底,有价值的东西很少是容易得到的,这句话可能是实话。

我说:显然是这样。让我告诉你,格劳孔,我认定,照现在这个讨论法,一辈子也找不到确切的真理。达到真理的道路更遥远①,更坎坷。不过,也许我们能找到一个答案,接近我们在讨论时一直坚持的标准。

他说:那还不够吗?照现在的情况来说,我已然感到满意了。

我回答说:哎,还不能使我满意。

他说:那么,不要气馁,继续说。

我开始说道:确实,我们必须承认,国家具有的那种成分和性格必然也在我们个人身上存在,这些成分和性格能从别的地方产生吗?如果以为在以强悍性格驰名的民族当中,如色雷斯人(Thracians)和西徐亚人(Scythians)以及一般的北方人中,国家的那种性格不是来自个人成员,那将是荒谬可笑的。同样,如果不把热爱知识主要看成是我们自己国土的美德,或者不把爱财特别说成是腓尼基和埃及的事,也是荒谬可笑的。

他说:当然。

我说:那么,到现在,我们看到了一个不难认识的事实。但是,困难也正从此开始。

---

① 苏格拉底说的"更遥远"的道路是指第23章所谈的。——英译者

第二部　国家的公正与个人的公正

在所有这三种经验当中,我们是在运用我们本身的同一部分还是在每一种经验中运用不同的部分呢?我们用一部分求知识,用另一部分生气,用第三部分追求食欲和性欲等等,不是吗?整个灵魂在每一次冲动和所有这些行为形式中都工作吗?困难在于如何令人满意地回答这个问题。

他说:我很同意。

我说:让我们来处理这个问题,这些因素是彼此不同还是相同呢?很明显,同一种事物针对自身同一部分且涉及同一目的时,不能同时用两种相反的方式行动,也不能同时处于两种相反的情况下。所以,如果在有关的因素中发现那种矛盾的行动或情况,我们就会了解,涉及的不止一个。

他说:很好。

我说:那么,考虑一下我这个问题吧!同一种事物,在同一时间,针对自身的同一部分,能够既静止又活动吗?

他说:当然不能。

我说:我们最好用更确切的词来叙述这个原理,以防以后发生误解。设想一个人立着不动,但是他摇头摆肩。我们不同意任何人说:这同一个人既静止又活动,只能同意他说,这个人的一部分静止,另一部分活动。不是这样吗?

他答道:是的。

我说:不同意这一说法的机灵人可能进一步争论,提出更全面的看法,认为一个陀螺,尖端固定在一点上旋转,或者任何一个物体在一个地点旋转,从全面看来,既静止又活动。可是,我们不能同意这种看法,因为陀螺活动的和静止的各个部分并不是同一件东西。它包括一个轴心和一个圆周:就轴心来说,它不向任何方向倾斜,所以它是静止的;而就圆周来说,则是旋转的;如果在陀螺旋转的时候,轴心确实脱离了垂直线,向四方倾斜,那么,它就绝不是静止的了。

他说:这是实话。

我说:看来,任何反对意见都不会难住我们,使我们手足无措,也不能使我们相信,同一种事物在同一时间,在它的同一部分和同一目标上,能够通过相反的方式起作用或被作用,或者能够成为两种相反的事物。

他说:无论怎样,我都能自己解答。

我说:不管怎么说,我们都不想花费很多时间讨论所有这类不同意见,来证明他们的立论不妥。因此,让我们做这样一个假设,即如果我们的想法变了,根据这种假设所得出的一切结论都将落空。

他说:是的,这是个好提议。

我问:你会把同意与不同意、索要某种东西与拒绝某种东西、吸引与排斥,列为一对对相反的行动或心态(不管是哪一种)吗?

他答道:是的,是相反的。

我又问:你不想把饥饿与口渴、意愿与希望,所有这类欲望,以及我刚才所说的那一对对的肯定的方面列为一类吗?例如,你会说,一个人想得到某种东西,他的灵魂是在追求那种东西,或者在力图把他想要的东西拉到自己身边,或者因为它想使自己的欲望得到满足,他就会同意自己的渴望就好像同意自己内心提出的问题一样。

他肯定道:是的。

我说:在另外一方面,我们会把"无意"、"不想"和"不喜欢"列为作出拒绝和排斥行动的否定的一方。

他说:当然。

我问道:既然如此,我们能说欲望形成一个类别,其中最显著的要算我们称为口渴和饥饿的欲望,能吗?

他答道:能。

我又问:口渴就是要求饮料的欲望,饥饿就是要求食品的欲望吗?

他再答:是的。

我说:那么,口渴,正因为它是口渴,就是灵魂中追求比单纯的饮料更多的任何东西的一种欲望吗?例如,是想喝热饮料或冷饮料,想喝很多饮料或一点饮料,或者一句话,是想喝任何特殊饮料的口渴吗?如果你感到口渴同时又感到热,你就会产生一种喝冷饮料的欲望;如果你感到冷,就想喝热饮料;如果你想大量喝或少量喝,那是因为你渴极了或不大渴。这些情况不是相当真实吗?但是,就它本身来说,口渴或饥饿是一种追求不超过自然目的的单纯的饮料或食物的欲望。

他同意道:是的,每一种欲望,恰恰就它本身来说,只是为了达到本身的自然目的。当目的具有某种特殊性的时候,这欲望就要被相应地加以限定。①

我说:说到这儿,我们必须当心,不然就要碰到这种反对意见,即谁都不想要简单的食品和饮料,都希望拥有有营养的食品和饮料。他们会告诉我们,我们所要求的永远是某种有益的东西;因此,如果口渴是一种欲望,它的目的就像任何其他欲望的目的一样,必定是对人有益的某种东西——饮料或其他某种东西。②

他说:是的,对方的不同意见好像也有相当的道理。

我说:但是,的确,不管你在哪儿碰到两种相关的名词,如果其中一个受限定,另外一个必然永远也受限定,如果其中一个不受限定,另一个也不受限定。

他说:我不懂这是什么意思。

我说:"较大的"是一个相对的名词,"较大的"意思是说比"较小的"大些。如果是大得多,那么"较小的"就小得多了。如果在某一时期,过去或将来,它是"较大的",那么,"较小的"在那同一时期看起来也较小。对于下列这些相关名词,这一原则都适用:"较多的"和"较少的"、"一倍"和"一半"、"较重的"和"较轻的"、"较快的"和"较慢的",以及"热的"和"冷的"等等。

他说:是的。

---

① 下边关于相对名称的微妙辩论的目的在于把单纯盲目地希望得到饮料的口渴跟一种更复杂的、其目的包括喝了以后得到快感或健康的欲望区别开来。这样,我们可以预感到一种反对意见,即一切欲望对于达到它们的目的都是"有益的"(表面的或真实的),并且包括智力的或理性的因素;因此,动机不同的冲突就可以变成一种智力性讨论,即讨论灵魂的同一"部分"中两种矛盾的结局的比较价值。——英译者

② 如果承认这种反对意见,就会得出这一结论:欲望永远要相应地来限定。必须坚信,我们确曾经历过盲目的渴望,这种渴望能跟任何对于渴望的目的的益处的判断分开。——英译者

第二部 国家的公正与个人的公正

我说：或者，拿各门知识来说，不也是这种情况吗？单纯的知识的客体是不受任何限定的可知物——如果这个词是正确的话。而一种特殊的知识都有一种特殊的客体。例如，人们一学会盖房子，他们的技术就要借助建筑术语和其他技术区别开来，因为，它有一个独特的性质，这个性质决定于客体的性质；其他一切技术和知识也可以用同样的方式来区分。

他说：对，是这样。

我说：那么，如果你现在懂我说的，这就是我的意思：有两个相关名词，如果，并且只有其中一个是受限定的，另外一个也是这样。我并不是说，这一个必然跟另外一个一样具有同样的属性——健康和疾病的学问本身就是健康的和疾病的；或者善恶的知识本身就是善良的和邪恶的——我只是说，你一得到一种具有特殊客体的知识，即健康和疾病，知识本身就变成一种特殊的知识了。因此，我们就不再单纯地管它叫知识，因为这种知识由于自己的客体而具有一切可知的东西，但要加上某种限定，管它叫医学学问。

他说：我现在明白了，同意你的说法。

我说：现在回到口渴上来，这不是那些相对名称之一吗？它主要是想喝到某种东西的口渴。

他说：是的，想喝到饮料。

我说：如果希望喝到某一类饮料，口渴将相应地受到限定。但是，仅仅是口渴的渴，不是为了得到其他任何特殊类别的饮料——多或少，好或坏——只是为了得到纯粹的饮料。

他说：很对。

我说：这样我们便可得出结论，口渴的人的灵魂只是由于口渴想喝饮料，除此没有其他欲望，这就是他的灵魂所追求的目的，它是因此而受到驱使。

他说：很清楚。

我说：可是，如果曾有过某种东西在同一时间把他的灵魂向相反的方向推，那种东西必然是灵魂中的一种因素，而不是口渴了并驱使它像野兽一般痛饮的因素。根据我们的原则，同一种事物不能在同一时间内利用本身同一部分抱着同一目的采取相反的方式行事。这就像一个拉弓的射手那样，双手在同一时间既拉弓又推弓，这是不确切的。只能说，一只手推弓，另一只手拉弓。

他说：完全是这样。

我问：那么，有时人渴了，可是又不愿意喝，真有这种事吗？

他答道：真有，常有这类事。

我问：如果不是下边这种情况，我们又该怎样说呢？就是说他们的灵魂中含有促使他们喝水的某种东西，同时又有不让他们喝水的某种东西，而且后者是一种不同的、能压倒前者的东西。

他说：我同意你这种想法。

我问：这种抑制原则的干预在那种情况下永远来自反省，而推动和驱使灵魂的冲动则来源于外部影响和非常状态。这不是真的吗？

他说：显然是这样。

我说：那么，我们将有充分理由这样认为，它们是两种不同的原则。我们可以把灵魂借以反省的那部分叫做理性的欲望,把另外使灵魂感到饥渴并使它受性欲和其他一切欲望左右的那部分叫非理性的欲望,它跟满足某种愿望所得到的乐趣是紧密相关的。

他说:是的,我们有充分的根据这样想。

我说:那么,我们姑且认为,我们现在已经分清了灵魂中的两种因素。使我们愤怒发火的感情因素是什么呢?是第三种因素呢,还是与这两种因素之一在性质上相同呢?

他说:可能与欲望相同。

我说:我比较相信过去听到的关于阿格拉伊昂(Aglaion)的儿子莱昂提乌斯(Leontius)的故事。他从比雷埃夫斯来到北墙外的时候,看到地上躺着几具犯人的尸体,旁边站着一个刽子手。他想去看看,但同时又感到厌恶,因而想转身避开。他内心斗争了好久,用手遮住了眼睛,但最后,他这种欲望变得非常强烈了。他睁大了眼睛,跑到尸体跟前,大声疾呼:"瞧吧,该死的眼睛,把这美景看个够吧!"

他说:我也听过这个故事。

我说:故事的寓意毫无疑问是,愤怒有时跟欲望是矛盾的,就好像是两种不同的原则。我们不是常常发现以下这种情况吗:人受到欲望驱使,违反自己的理性,然后又咒骂自己,并且跟性格中企图约束自己的这一部分发怒动气?这就像两派相争一样,愤怒站在理性一边。但是,我相信,你从来没有注意过,在你本人或任何一个别人身上,愤怒在行动上与欲望都是步调一致的,理性则断言这是错误的。

他说:是呀,确实,我从来没注意过。

我说:此外,拿一个自己发觉自己做错了事的人来说。他的性格越厚道,他就越不会对受过自己伤害的人对自己的任何伤害(比如,饥饿和寒冷)发怒。他承认,那样待人的方式是公正的,如我所说,他这种精神不会使他发怒反对。

他说:这是实话。

我说:现在再看一个认为自己受了委屈的人。他满腹怨气、怒火冲天,站在了他认为公正的一边。他咬紧牙关忍受饥饿、寒冷和他遭受的其他痛苦,公正胜利了;他进行着英勇斗争,不屈不挠,直到取得全胜或身败魂亡;或者直到理性约束的声音响起,像牧童召唤猎犬一样,使它心平气和。

他说:这是一个很恰当的比喻。事实上,这相当于我们的助手和统治者的关系:助手如同猎犬,服从作为共和国的牧童的统治者。

我说:是的,我的意思,你了解得很透彻。但是,你看出来没有,我们是怎样改变看法的?刚才,我们认为这种烈性因素是欲望一类的东西;但是,现在看来,当灵魂分成派别互相斗争的时候,烈性因素就更加准备严阵以待站到理性这边了。

他说:你说得非常对。

我说:这样看来,它与理性因素不同,或者只是理性因素的一个特殊形式,因此灵魂包括的因素不超过两种,即理性和欲望,是这样吗?或者说,灵魂好比国家,国家由三个阶层来维系,即商人、助手和议员,是这样吗?激情,当不受恶劣教育腐化的时候,成为第三种,即理性的天然助手,是吗?

他说:必定是第三种。

我说道:假如我们能说明,它与理性不同,如同我们已经看出的,那么,就一定是第三种了。

他说：这是很容易证明的。你可以在儿童身上发现很多这种激情，因为他们从一出生就富有热烈的感情；但是我可以说，有些人一辈子也没有变得理性，大多数人只是到晚年才变得理性。

我说道：这是一种非常正确的见解，其中的真理也可以从动物身上找到。此外，过去我引证的荷马的这句话，也可以作为证明："他捶打胸膛，大骂自己的心肠。"诗人分明认为，他使人经过反思选择了更好的道路并谴责另外一个没有理性感情的人，从而认为这两种因素截然不同。

他说：我完全同意。

第 14 章　个人的美德

英译者导言

国家的美德就是公民的品质,因而公民被认为是在扮演社会中的特殊角色,而他有资格扮演这个角色,是由于哲学、尚武或商业等精神在他的本质中占主要地位。但是当所有这三种因素在一个人身上都存在时,他便成为社会的微型复制品。在一个完美的人身上,理性在有精神成分做助手时将控制肉体的欲望。自制或节制将是内部和谐的条件,所有各部分都将因得到合法的满足而感到满意。公正最后不再只是一种对别人的对外行为,而是灵魂的内在秩序,从中必然产生正确行为。不公正是内部分歧和不同派别的对立情况。询问公正或不公正是否有较好的回报,如今像询问健康是否比生病更好一样,是荒谬可笑的。

正　文

我说:我们结束了一段惊涛骇浪的航程,终于到达陆地了。我们完全同意,这三种因素在国家存在,在个人灵魂内也存在。

格劳孔说:是这样的。

我说:我们不能马上得出结论说,国家和个人靠同一种因素和同一种方式就能变得贤明或勇敢了吗?两者都将以同样的方式具有任何一种有助于达到完美的品质。

他说:这话肯定是对的。

我说:那么,对于公正来说也是这样的:我们将得出结论说,人是公正的,与国家是公正的是一样的。我们的确没有忘记,国家的公正是指,它内部三种因素的每一种都在从事自己的本职工作。因此,我们以后将记住,只要我们性格中的各部分都完成各自的职能,我们每个人就都将是一个公正的人,能够履行自己的正当职能。

他说:肯定要记住这点。

我说:理性的任务是代表整个灵魂用智慧和远见来治理,精神成分应充当理性的部下并与之结为盟友。像我们早先说过的,把智力训练与体力训练结合起来以后,这两种因素就可以步调一致,因为智力与体力结合以后可以上紧乐器上一根弦,而放松另一根,学习高尚的文学作品可以培养理性部分,和谐与旋律可以驯化野性。当这两者经过这样的培育和训练了解了各自的真正职能时,它们必能控制占每个人灵魂中较大部分的天生贪得无厌的各种欲望。它们必须保持警觉,以免这一部分由于贪求肉欲而恶性发展,从而不能坚守本职工作而想奴化别人,篡夺自己无权掌有的主导权,从而毁掉一个人的整个一生。与此同时,这两者将共同成为整个灵魂和肉体的最佳卫士,抵御一切外来敌人,一个运筹谋划,另一个投身战斗,服从统治者的指挥,靠自己的勇气实现统治者的意图。

他说:是的,这都是实情。

我说:因此,当一个人遭受痛苦或者享受欢乐时仍能坚持执行理性关于应当或不应当怕什么的命令时,我们就可以依据他天性中的这种精神成分把这个人称作勇敢的人。

他说:说得对。

我说:我们根据进行统治和发布命令的那一小部分人的表现称他们是聪明人,因为他们知道什么对这三种因素之一有利,什么对所有这三种都有利。

他说:当然。

我说:此外,当统治因素与其两个下属因素之间没有内部矛盾,而是三者都认为理性应当是统治者时,我们就凭着三种因素的步调一致与和谐无间,称这个人是节制有度的。

他说:是的,不论对国家或个人,这都是对节制的确切描述。

我说:最后,一个人如果遵守我们常说的原则,他就是公正的。

他说:必然是这样。

我说:我们心目中的公正是不是有些模糊不清,使它可能与我们在国家内部发现的公正有所不同呢?

他说:我认为,没有什么不同。

我说:因为,如果我们还存在一点疑问,我们可以拿它跟某些日常概念加以比较来澄清。例如,假使把一笔款项委托给我们国家或者一个具有相应品性和教养的人保管,会有人认为这个人将特别容易挪用这笔款项吗?

他说:不会的。

我说:他不会行窃和偷盗或出卖友人、背叛祖国吗?他不会违背誓言或其他誓约吗?他不会犯通奸罪或不孝敬父母或不敬奉诸神吗?

他说:不会的。

我说:之所以不会,是因为他性格中的每一部分都在各司其职,即司统治之务或被统治。

他说:是的,完全是这样。

我说:那么,你满意这样解说吗,公正就是产生真正的国家或真正的个人的力量?如不满意,我们还要进一步探讨吗?

他说:不必了,我很满意。

我说:看来,我们的梦想实现了,我是说我们稍稍有点明白了,在我们着手建立共和国的时候,我们碰巧发现了公正的基本形式。天生的鞋匠或木匠最好坚守他的本职,这一原则看来是公正的一种轮廓,这正是它帮助了我们的原因。但是,事实上,公正虽然与这个原因明显相似,可是它不是一种外部行为而是一种内在的自我,是照料一个人应当充分关注的事。公正的人不允许自己灵魂中的因素互相侵犯彼此的职能。事实上,他是一个把房屋布置得井井有条的人,靠的是克己自制和严守纪律,使自己心平气和并使那三种因素和谐融洽,就像音阶的各个部位即高低音和中音与所有的中间音程和谐。只有把这三部分和谐无间地配合在一起并使自己成为"一个人",而不是"许多人",他才能准备从事他必须做的任何事,不管他是经商赚钱、满足肉欲还是进行交易或处理国务。在所有这些方面,当他谈到公正的和诚实的行为时,他的意思都是指帮助产生和保持这种思维习惯的行为。所谓智慧,它的意思是指支配那种行为的知识。任何想破坏这种习惯的行动对他来说都是不公正的;支配不公正的概念,将被他称为愚昧和无知的。

他说:苏格拉底,这是千真万确的。

我说道:好,如果我们断言我们发现了公正的人和公正的国家以及公正的所在,我相信,我们就不至于被人认为是完全错误的。

他说:我们绝不会被人那样认为。

我问:那么,我们可以这样断言吗?

他肯定道:是的,我们可以这样做。

我又说道:就这样吧。我想,下一步我们必须考虑不公正了。

他说:显然该这样做了。

我说:这必然是三种因素之间的一种内斗现象,它们彼此干预和侵犯对方的职能,灵魂中的某一部分叛乱,反对整体,企图夺取自己无权掌握的霸权,因为它的天性只适合充当统治原则的仆人。我认为,这种暴乱和反常,我们将视之为不公正、无节制、懦弱、无知,总之,邪恶不义。

他说:一点不错。

我说:我们现在知道公正和不公正的性质了,我们同样可以弄清,什么是公正的行动以及什么是不公正的行动。

他问:你是怎么想的?

我答道:很明显,公正恰恰与有益的活动相似,不公正恰恰与无益的活动相似,有益的活动在体内产生健康,无益的活动在体内产生不健康。同样,公正与不公正的行为分别产生公正与不公正的品德。把有关因素放在统治和附属的自然关系中比照,公正产生于灵魂,犹如健康产生于体内,而产生不公正就像疾病一样,意味着这一自然秩序被颠倒过来。

他说:说得很对。

我说:看,那种美德就好像是灵魂中的健康、秀丽和安康,如同邪恶是疾病、畸形和虚弱。

他说:对。

我说:此外,那种美德和邪恶是由一个人光荣的或可耻的生活方式造成的。

他说:这是必然的。

我说:那么,现在要考虑的只有一个问题了,即什么是更有利的方向:行为正当、生活正派和为人公正(不管别人知道不知道你是个什么样的人),还是行为低劣和为人不公,假如你能逃脱可能使你改过、重新做人的处分。

他说:但是,说实在的,苏格拉底,我认为现在提出这个问题未免有点可笑,因为公正和不公正的性质已经清楚了。有人认为,当身体趋于毁灭时,即使拥有世上一切荣华富贵和财富权势,也无法使生活变得富有意义。我们能相信这种情况吗:当生活所依据的原则混乱和腐化时,他能做他想做的事并愿做其他任何事,除了使自己摆脱邪恶和错误并赢得公正和美德,这样的生活就有价值?

我回答说:不,这是个可笑的问题。

第二部附录　妇女的地位和战争的用途

· Part Ⅱ ·

> 一个男人和一个女人如果都有医学天赋，那么他们就有相同的性格；可是，如果一个男人天生是医生，另一个男人天生是木匠，那么，他们两个就有不同的性格。如果我们发现男性或女性都特别适合从事某种特殊职业，那么，我们可以说，那种职业应当分配给男人或女人。

第二部附录　妇女的地位和战争的用途

英译者导言

　　公正现在已经有了定义,而且被确认比不公正更有好处,因而苏格拉底好像已经回应了格劳孔和阿德曼图斯的挑战。但是,柏拉图不止一次地暗示,辩论一直是在一个表面层次进行的。美德直接或间接地决定于智慧,酷爱智慧就是"哲学";我们还必须学习什么是智慧以及如何获得智慧。这是第三部谈论的主题。同时,我们将回答这样一个问题:理想的国家,不管多么令人向往,能否在人间实现?

　　与此同时,以下三章形成一个插曲,它们补充前面描述过的制度,只是在形式上靠三个"浪头"的比喻与第三部对哲学政治家的叙述联系在一起。

◀ 出征的古希腊士兵。此雕塑发现于意大利卢卡尼亚。

第 15 章　妇女的平等

英译者导言

在进行到中心反论(paradox)，即哲学家国王统治以前，苏格拉底解释了卫士如何共妻共子。在以前的第 11 章，他也曾提到过。卫士的共同生活，现在看来，包括男女接受同样的教育，并且平等地担负一切公职：具有合适天赋的妇女不因性别不同而不能承担最高职能。因此，当最优秀的卫士被选出来作为统治者接受培训时，可能选中一个妇女。在雅典，妇女过隐居生活，不参加政治。这项提议好像是革命性的。这是阿里斯托芬(Aristophanes)①的后期喜剧之一《议会中的妇女》(Women in Parliament)的主题，这说明妇女权利问题自公元前 393 年至今并没有解决。

这个题目好像离了正题。苏格拉底开始描述制度和人类品德衰败的类型，却被打断了，一直到第 29 章才又重新恢复讨论。

正　文

我继续说道：可是，我们现在可以看到最可靠的证据了，能证实我们的结论，我们不应当松动。

阿德曼图斯说：不应当，绝不能松动。

我说：如果你同我站到我们已经达到的有利位置，你将看到各式各样的邪恶，至少可以看到一切值得看的东西。

他说：你前面走，我后面跟，把你看到的告诉我。

我说：我所看到的是，完美只有一种形式，而不完美则有数不清的形式，其中有四种，特别值得注意。

他问：你是什么意思？

我说：看来，品德有许多类型，正如政治制度有各种不同形式一样。

他又问：有多少呀？

我回答：各有五种。

---

① 阿里斯托芬(公元前 448?—公元前 385 年?)，古希腊诗人、喜剧作家，有"喜剧之父"之称。——中译者

第二部附录 妇女的地位和战争的用途

他再问：你能解释一下吗？

我说道：能，有一种制度是我们已经在描述的形式，虽然我们可以用两种名称来称呼：君主制度，即一个人处于其他统治者之上；贵族制度，即统治者不止一个。

他说：对。

我说：那么，我认为这是一种形式，因为只要他们遵守我们的教养和教育原则，不管统治者是一个还是多个，他们将不会怀疑我们共和国的典章制度。

他说：当然不会。

我说：那么，这就是我称之为良好的和正当的国家类型或体制类型，也就是我称之为良好的和正当的人的类型。根据这个标准来衡量，组成一个国家或构成个人品德的其他形式就是坏的和错误的。这种坏形式有四种。

他问：是哪四种呢？

我说：我将在这里按照我认为的它们相互发展的次序叙述这四种形式。这时，坐在离阿德曼图斯不远处的色拉西马霍斯伸出手来，抓住他肩膀上的衣服。他向前欠了欠身，把阿德曼图斯向自己这边拉了拉，跟他耳语了几句，我只听到这么两句：我们怎样对付呀？我们能这样放过吗？

阿德曼图斯提高了嗓门说：当然不能。

我问道：你们不放过什么呀？

他回答说：不放过你。

我问道：为什么特别不放过我呢？

他答道：因为我们认为你想避开问题的一个非常重要的部分，想玩弄花招，叫我们来解释。你说过，人人都必须了解"朋友之间，物物共有"这一名言适合于妇女和儿童。你想，我们会放过你脱口而出的这句话吗？

我说道：那样说不对吗，阿德曼图斯？

他说道：对，可是在这种情况下的"对"，像在其他情况下一样，需要加以界说。共有的方式可能有许多，你必须告诉我们，你所指的是哪种。我们已经等了你很长时间，想听听你关于生育和教育儿童的观点以及你所拟定的共有妇女儿童的全部计划。我们认为，正确管理或错误管理对社会是一件非常重要的大事。而现在，你没有交代清楚就要转到其他某种制度上去。因此，我们作出了你刚才听到的决定，也就是对这个问题你必须像对其他制度一样充分加以说明，否则我们不会放过你。

格劳孔说：我也赞成你们的决定。

色拉西马霍斯补充说：苏格拉底，事实上，你可以把这个决定看做是我们大家一致通过的。

我说道：你们不知道，你们死抓住我不放会带来什么后果。你们想完全重新讨论一个大题目，可是我却高兴地认为，我们已经结束了关于这种体制形式的讨论。如果我脱口而出的话被通过了，我将感到非常高兴。现在，你们要求我来解释，可是你们一点儿也不知道你们将牵出多大一堆问题。我放过这个问题不谈，是因为我预感到讨论起来会带来没完没了的麻烦。

色拉西马霍斯说道：那么，你认为我们到这儿来是为了什么呢？是来玩掷钱游戏①呢，还是来听讨论呢？

我回答说：毫无疑问，你们是来听讨论的，但是有一定的范围。

格劳孔说：有脑子的人都不会认为，一辈子时间太长，长得不够讨论这么重要的问题。但是，不要替我们担心。你自己也不要厌烦。告诉我们，你对这个问题持怎样的看法：我们的卫士如何共妻共子，他们怎样养活从出生到上学这个期间的儿童，这段时间被认为是一生中最艰难的一段。好好给我们说说怎么安排这段人生吧！

我回答说：我希望这件事像你们所想象的那么容易办。安排这段生活甚至比我们至今讨论过的任何一个问题都更容易引起质疑。可能有人会问：这个计划是否行得通；即使能完全行得通，它是不是最好的？因此，触碰这样一个好像是无谓的空想，我有些犹豫。

他回答说：你不必犹豫。我们不是冷酷无情的听众。我们既不轻易相信别人，也不会对人抱敌对态度。

我说道：谢谢你们，我以为，你们这番话是在鼓励我。

他说：当然是这样。

我说道：噢，你们所起的作用恰恰相反。如果我对这些事情有所了解，有一点点信心，你们的鼓励也就很有用了。如果懂得其中的真理，那么，跟明智的朋友们谈论这件最让人关切的事也就无后顾之忧了。但是，如果他自己还在怀疑并进行探讨，就像我现在这样，那么，谈起来就会变得不可靠，有些冒险了。我并不是怕人笑（怕人笑是幼稚的表现），我怕的是，我失足的地方正是我最怕犯错误的地方，从而连累朋友们，跟我一块跌倒。我虔诚地希望，格劳孔，复仇的女神不要因为我要谈论这件事而来追我。因为我完全相信，无意中杀死一个人的罪过比在社会制度的完善和公正的问题上把他引入歧途的罪过还轻些。在敌人面前冒这种险，比在朋友中间冒这种险要好些。所以说，你们的鼓励，用的不是地方。

格劳孔听了我这话笑了。他说：不，苏格拉底，如果你的理论对我们有不良影响，我们受了害也不会怪你。我们可以消除你把我们引入歧途的任何意图。所以说，不要怕。

我说道：噢，当杀人被排除一切故意的时候，法官会宣判他无罪，这个原则可能也适用于我。

他说：是的，既然是这样，你就可以畅所欲言了。

我说：看来，我们必须回到也许我们早就应当在适当时机回到的讨论题目上来。不过，当男人在舞台上表演完了以后，也许该妇女上台了，尤其在你们这样坚持讨论的情况下。像我们说过的那样，出生并受教育的人在什么条件下娶妻养子以及如何对待妻子儿女，照我看，这个问题只有坚持走我们一开始所选择的道路才能被正确解决。我们曾把这些男人放在守护羊群的警犬的位置。设想我们可以采取同样的办法并用同样的方式生育和教育。这样，我们就可以看出，那个计划是否适合我们的目的。

---

① 这种游戏是向着一个目标投钱，谁投的钱离目标最近，谁就把钱收在一起，然后抛向空中，正面朝上的钱则都归他所有。——中译者

第二部附录 妇女的地位和战争的用途

他问：怎样进行呢？

我答道：这样进行。我们认为警犬应当怎样做：女人看守羊群，与男人并肩打猎并参与男人所做的一切事情呢，还是叫她们待在家里，除了生儿育女以外，不干别的，从而把看守羊群的苦活都交给男人呢？

他说：她们应当参加各种工作，只不过我们认为，她们的体力不如男人那么强。

我问：如果不提供同样的教养和教育，你能雇到任何一个动物像男人那样担任同一工作吗？

他答道：雇不到。

我说：那么，如果我们要妇女像男人那样担负同样的任务，就必须叫她们受同样的教育。她们必须受智体两方面的训练，而且还要学习战术；此外，还必须享受同等待遇。

他说：这好像是可能的。

我说：如果这些建议被采纳了，很可能有人会嘲笑，说这些建议有许多伤风败俗的地方。

他说：确实很有可能。

我说：最可笑的想法是，妇女跟男人一起在摔跤学校赤身裸体地操练，你有没有这种想法呢？有的妇女还上了年纪，满脸皱纹，样子难看，她们也跟上年纪的男人一样，而男人们仍然兴致勃勃、爱好操练。

他说：是的，照我们现在的看法，这些建议会被认为是可笑的。

我说：现在我们已经开始讨论这个问题了，千万不要害怕可能对这样一场革命发出的种种冷嘲热讽。这些冷言冷语不仅冲着体育锻炼而发，而且还针对妇女接受智育锻炼而发，碰到她们持枪、骑马，嘲笑之声更不会少。我们既然着手讨论这些规则，就绝不能因为碰到棘手的条款而退缩。我们不妨要求那些正人君子少说些俏皮话，要严肃些庄重些；我们可以提醒他们，这并不是很久以前的事：希腊人像当今大多数外国民族一样，曾经认为男人赤身裸体是件可笑而可耻的事。当体操运动第一次被介绍到克里特岛以及后来传到斯巴达时，大家就乘机冷嘲热讽，加以取笑。但是，经验证明赤身裸体比身围织物更好以后，嘲笑之声便烟消云散了。被理性证实的实践活动不再使人看了发笑。这就说明，不把卑鄙看成可笑却把其他东西看成可笑是多么无聊。有人看到卑鄙和愚昧不觉得荒谬反而认为其他情景荒谬，这种人在严肃的时刻也会制定其他什么标准，而不制定值得尊重的善良标准。

他说：这是千真万确的。

我说：看来，首先应当明确的是，这些建议是否可行。必须让每个人，不管他是幽默大家还是庄重严肃的人，提出以下问题：就人类而论，女性是否能够跟男性一样担任一切职务，或者说，她们什么都不能担任，或只能担任某几种职务；特别是，服兵役的任务由谁承担？好的开始是成功的一半，这不是开始的最好办法吗？

他认同道：是的。

我问：我们要在辩论中站到另外一边，来跟自己辩论吗？我们不想使对方的阵地因为没有防卫者而遭到突击并被攻克。

他回答：我不反对。

我说：让我们替他摆出论据来吧！他会说："苏格拉底和格劳孔，别人没有必要来驳斥你们的论点，因为在你们刚刚开始建立共和国的时候，你们自己就曾同意过，每个人都应当从事适合自己性格的工作。"是的，不错；我想我们曾表示过同意。"男女之间的性格不是有很大差别吗？"是的，当然有。"那种天赋差别不意味着分配给他们的工作也应有相应的差别吗？"是有差别的。"但是，如果是这样，那么，当你谈到男女虽然有完全不同的性格，但应当从事同样的事情的时候，你一定是错误的而且肯定是自相矛盾的。"聪明的朋友，你对这个问题怎么回答呀？

他说：马上找一个答案并不容易。我只能请你站在我们这边谈谈我们的论点，不管论点如何。

我说：格劳孔，前些时候，我曾料到会有好些难以对答的反对意见，这是其中一种。我之所以不敢涉及有关娶妻养子的这些法律，就是这个缘故。

他说：这是一个非常棘手的问题。

我说道：确实是这样，但是，一个人，不管跳到游泳池里还是跳到大海里，都得游水。我们也必须如此，必须试一试，我们是不是能游到岸边，同时也希望碰到救阿里昂（Arion）的海豚①或其他神奇救星，把我们安全带到陆地上去。

他说：我想情况是这样。

我说：那么，让我们看一看能否找到一条出路。我们确实同意过，不同的性格应当担任不同的职业；也同意过，男女性格不同。可是我们现在说的是，这些不同的性格要担任同样的职业。这是对方指责我们的地方吗？

他说：恰恰是这点。

我说：格劳孔，辩论术对人们的影响有多大是令人惊讶的。

他问：你为什么说这种话呀？

我答道：因为他们好像常常不知不觉地陷入单纯的争吵，误认为这种争吵就是理性的辩论，因为找不出论题的特点。因此，他们不用哲学态度交换意见，而是一味追求纯字面上的矛盾现象。

他说：我晓得，许多人都会有这种情况；但是，目前我们是不是有这种情况呢？

我说：绝对有。至少我怕我们不知不觉地陷入字面上的争论。我们一直在拼命坚持我们的原则的字面意义，就是说，不同性格的人不应当从事同样的职业，就好像我们在辩论中占了上风似的。可是，我们完全没有料到，我们所指的是什么样的相同或什么样的不同，以及这些性格和职业在哪些方面被界说为不同或相同。因此，我们很可能这样提问：秃头的男人和多发的男人是否性格不相反？一旦我们承认两者性格不相反，那么，如果其中一个选择制鞋业就不准另外一个当鞋匠了。

他说：这将是荒谬可笑的。

我说：是的，可是，这只是因为我们从来不是指任何一种性格或每一种性格上的相同

---

① 阿里昂，古希腊爱琴海沿岸的音乐家，相传生于公元前600年。他曾经周游西西里和意大利，靠吹笛为生，赚了很多钱。在从意大利回科林斯的路上，水手企图把他推入大海，夺取他的金银财宝。他要求死前再吹一曲，吹完后，跳下海去。据说，当时许多海豚听到他的美妙笛声大受感动，纷纷聚集在船的四周，其中一个把他拖到背上安全送到陆地上。——中译者

或不同,而是指与所谈的职业有关的那一种。例如,一个男人和一个女人如果都有医学天赋,那么他们就有相同的性格;可是,如果一个男人天生是医生,另一个男人天生是木匠,那么,他们两个就有不同的性格。

他说:是的,当然是这样。

我说:看来,如果我们发现男性或女性都特别适合从事某种特殊职业,那么,我们可以说,那种职业应当分配给男人或女人。但是,如果唯一的差别是男人放精生儿和女人受精育子,我们就可得出结论,与我们的目的有关的男女之间的差别还没有产生。我们将仍然认为,我们的卫士和他们的妻子共同从事同一种职业是正当的。

他说:说得很对。

我说:下一个问题是,请对方指出,平民生活中的哪一种行业或职业是为了达到证明妇女的性格与男人不同这一目的。

他说:这是一个很好的问题。

我说:他可能像你刚才回答的那样回答说,立即找出一个令人满意的答案是不容易的,但是,稍微想一想,也并不难回答。

他说:也许。

我说:那么,设想,我们请他跟随我们,看看我们是否能够说服他,使他相信管理社会事务的职业没有一种是特别适合妇女干的。我们可以向他提出这样的问题:当你谈到一个具有从事某工作的天赋的男人时,你是说他感到那种工作容易学,受过一点教育以后能学到更多的东西,而一个没有这种天才的人,学起来感到吃力,甚至教育和实践都不能使他记住学过的东西,是吗? 有天才的人是一个体力欣然愿为脑力服务的人而不是让体力成为脑力的绊脚石,对吗? 这些不是你据以分辨一个人有没有从事任何职业的天才的标准吗?

他说:是的,完全是。

我说:是否存在一种人类职业,男性的从业能力不比女性优越? 比如,纺织、炒菜、烤面包。妇女被认为擅长做这些事;一旦有男人比她们做得更好,她们就被嘲笑。这些例外情况还需要我多说吗?

他回答说:确实,几乎从事每一种行业,某种性别的人都容易被另一种性别的人超过。毫无疑问,许多妇女在许多事情上比许多男人强,可是从整体来看,情况是像你所说的那样。

我说:那么,总体来说,在处理社会事务方面,没有一种职业专属于妇女,或者专属于男人? 天才在两性身上到处都可以找到;就两性的性格来说,每种职业都向他们开放,虽然妇女在达到一切目的方面都是比较弱的。

他说:当然。

我说:这就是一切职业都完全由男人从事的理由吗?

他说:当然不是。

我说:不是这样,因为一个妇女可能具有从事医学的天才或者专攻音乐的天才,而另外一个可能没有。

他说:很对。

我说：一个女人可能有尚武精神或爱好运动，也可能没有尚武精神或不爱好运动，这不也是实情吗？

他说：我想是真的。

我说：此外，一个可能热爱知识，另一个可能憎恨知识；一个可能精神抖擞，另一个可能精神萎靡。

他说：这也是对的。

我说：由此可以看出，一个妇女可能生而适合充当卫士，而另一个就不适合，因为这是我们选择男性卫士所要找的品格。因此，为了保卫共和国，妇女具有与男人同样的性格，只不过她们弱一些罢了。

他说：看来是这样。

我说：由此可以看出，这种类型的妇女必须被选出来，与同类型的男人共享卫士的生活和职责，因为她们够条件，而且与男性性格相近。同样的性格必须给予同样的职业。

他说：是的。

我说：那么，我们就回到原来的论点上来了，就是说，使我们的卫士的妻子享受同样的智育和体育锻炼，与性格丝毫不矛盾。我们提议确定的实践办法并不是不可能或纯属幻想，因为它是根据性格确定的。目前流行的相反的实践办法都是违反天理的。

他说：看来是这样。

我说：哎，我们来问一问，我们提出的计划是否可行，是否是最好的？现在，大家都同意这个计划是可行的。下一步必须解决的是，这计划是不是最好的？

他说：显然是的。

我说：现在，为了培养适合担任卫士的妇女，我们将不专给男人准备一种教育，给妇女准备另一种教育，完全是因为他们的性格是同样的。

他说：这是实话。

我说：你对于一个人比另外一个好这个问题的意见是什么呢？你认为人与人之间没有区别吗？

他说：当然我不认为没有区别。

我说：在我们的共和国里，哪一种人将成为比较好的，是受过我们叙述过的教育的卫士呢，还是被训练从事制鞋的鞋匠呢？①

他说：问这样的问题是没有道理的。

我说：很好，那么，这些卫士将成为全体公民中最优秀的了？

他说：当然是的。

我说：这样的妇女也是全体妇女中最优秀的吗？

他说：是的。

我问：对于一个共和国来说，还能有任何事比在国内培养最优秀类型的男人和女人更好吗？

---

① 第9章谈到的初等教育，全体公民都可享受，但是那些有特殊发展前途的人，还可继续深造（到17—18岁，参见第31章）。——英译者

第二部附录　妇女的地位和战争的用途

他答道：没有。

我再问：采用我们叙述过的智育和体育锻炼的办法就可以取得那种成果吗？

他又答：当然可以。

我说：我们可以得出这个结论，我们所提出的制度不仅是切实可行的，而且对共和国来说是最完善的。

他说：是的。

我说：那么，我们的卫士的妻子必须脱衣操练，既然要穿上美德之衣，她们就必须参与战争，负起卫国的其他社会职责。她们不得从事其他职业。在这些职责中，妇女担任较轻的工作，因为女性体弱力小。嘲笑那些为了最高尚的动机而赤身操练的妇女的男人，就如同一个"摘取不熟的水果"①的人一样，因为他不知道他嘲笑的是什么，或者他所做的是什么。常言道，做好事应当受到尊敬，干坏事应当感到耻辱，再没有比这更情真意切的了。

他认同道：完全正确。

---

①　品达语。——英译者

第 16 章 废除卫士家庭

英译者导言

"朋友间一切共有"这一原则到现在只用于卫士,通过废除个人家庭,组成一个单一家庭。其主要目的是:(1)运用繁育家畜的优生办法培育最高类型的儿童;(2)使卫士免于受到诱惑,喜欢家庭利益而不喜欢公共利益;(3)保证国内最大可能的团结。① 绝不允许妇女儿童成为私有财产,在这种否定的意义下,妻子和子女被看成是公有的,任何杂交都会破坏优生的目的,甚至超过目前允许个人自由选择伴侣对优生的目的造成的破坏。因此,领导者对性交的控制和限制比文明社会至今对它的控制和限制还要严——这是某些粗心读者阅读不确切译文时所疏忽的事实。这给统治者增加了一项令人不快的任务。他们将被保护不受责难,否则人们会说他们有偏爱或个人怨恨,给人的印象好像是靠抽签选择伴侣,事实上他们是在秘密操纵。

柏拉图好像没有很明确地提出婚姻法细节。有些模糊情况将在注释中加以说明。

正 文

我说:那么,在规定妇女地位时,我们完全可以说,我们顺利通过了一项危险的建议,即男性卫士和女性卫士将共同担任一切职务。坚持辩论就是一种保证,促使这个计划完善有益,而且可行。我们像游泳的人一样,已冲过了第一个浪头,没有被吞掉。

格劳孔说:还不是一个小浪头哪!

我说:当你看到另一个时,你就不说它大了。

他说:那么,让我看看另外一个吧!

我说:另一个是这样的:这是一条根据该原则和前边述说的一切所产生的法律,也就是在卫士当中,任何一个男人和女人都不得私自建立家庭,妻子要由大家共有,儿女也由大家共有,父母不认识自己的儿女,儿女也不认识自己的父母。

---

① 希罗多德(Herodotus)iv.104 记载,北方有一个民族叫阿卡赛尔西(Agathyrsi),在那里妇女共有,其目的是让人们彼此都成为兄弟和亲人,互不忌妒和仇恨。柏拉图在《法律篇》739B 中主张全面共产主义,并认为如果能扩展到全国,是最理想的。但他并没有把它作为一项实际建议来实施,甚至对统治者也没有提出。——英译者

第二部附录 妇女的地位和战争的用途

他说：要说服人们，使他们相信这是一个可行的或有益的计划，就难多了。

我说：我认为，只要计划能实现，谁都不会否认共妻共儿的巨大好处。我预料争论主要发生在计划是否可能实现这个问题上。

他说：很可能围绕这两个问题都会发生激烈争论。

我说：你是说，我在这两方面都必然遭到攻击？我希望能躲开，摆脱一个问题。也就是说，如果你同意那是个有益的计划，那么，我就只来探讨那个计划是否可行了。

他说：不，我们已经看穿了这个策略。你必须防守两个阵地。

我说：噢，我必须接受因胆小而招来的处分。但是，请帮我一点忙。让我像一个独自漫步饱尝悠然幻想的人那样，尽情地想一想。在他没有想到如何实现他的愿望的时候，他将撇开那个问题，不去费心算计哪个可能，哪个不可能。他会认为，他的愿望已经实现，并且由于已解决了他当时想到的一切细节问题而沾沾自喜。因此，一个不肯动脑子的人把自己纵容得比过去更懒了。我自己也有这种毛病。我想把这个问题，即如何完成这个计划，拖到以后再谈。暂时，请原谅，我认为这计划是可能的，我要问一问统治者如何把细节付诸实现。我将力主，这个计划，一旦实现，对于我们共和国和国家的卫士来说都是世界上最完善的。这就是我现在想请你帮忙弄明白的，如果你允许我把另一个问题向后拖一拖的话。

他说：很好，我不反对。

我说：好，如果我们的统治者是名副其实的，而且他们的助手也是名副其实的，那么，这些助手就会照吩咐承担工作，而统治者在发号施令时，也会奉公守法，并且在处理我们交给他们决定的细节时忠于法律的精神。

他说：毫无疑问。

我说：那么，如果你作为他们的立法者已选好了男人，现在就该选择在最大程度上具有同样天赋的女人同他们结合。由于这些人都没有自己的私人家庭，而是同吃同住，因此，两性就要生活在一起，不受任何限制地在一起操练，并且在一块儿成长，所以他们一定会由于天性的需要而结合成欢。我想，"需要"这个字眼不过分强烈吧？

他说：对于抑制爱情来说并不过分强烈，因为对于大多数人来说，爱情甚至比数学求证的必要更有说服力，更有推动力。

我说：完全正确。但是，其次，格劳孔，任何像随便结合之类的做法在一个公民过着幸福生活的国家都会成为亵渎神灵的行为。统治者不会允许有这类事发生。

他说：是的，这不对。

我说：那么，很明显，我们必须尽可能地使婚姻神圣严肃，这种神圣性将有助于产生最有益的效果。①

他说：当然。

我说：我们怎样取得最好的效果呢？你必须告诉我，格劳孔，因为我看到你家养着几条猎犬和许多猎鸟，你一定注意到如何使它们配对和繁殖的事了。

---

① 在《法律篇》中，"柏拉图对婚姻的看法远远不只是从肉体方面着眼。他的看法具有道德的，甚而还有宗教的一面"(Barker, *Greek Political Theory*, 329)。——英译者

他问：什么意思？

我问他：首先，虽然这些猎犬和猎鸟都可能是良种，但其中不会有一些比其他更好吗？

他说：有的。

我又问：你会不加选择地繁殖吗？你不会尽可能精心地用最好的来繁殖吗？

他答道：会的。

我再问：是用壮年的育种，而不是用年幼的或年老的育种，对吗？

他说：是的。

我继续问：不然，你的猎犬和猎鸟的后代就要大大变质了，不是吗？

他答道：会变质的。

我再问：驯养马或驯养任何动物也是这样吗？

他说：如果有例外，那才怪呢！

我说道：哎呀，如果人类也是这样，我们就将要求我们的统治者们具有高超的技能了。

他说：对，这话对。但是，为什么他们一定要有高超的技能呢？

我说：因为他们将必须像我们在前边说过的那样开出大剂量的药品。① 对于一个能吃能喝而且不吃药就可以康复的病人来说，请一个普通的医生就完全可以了。但是，如果需要开麻醉药，就需要一个更有能力的医生了。

他问：这是实话，但这如何应用呢？

我说：这可以应用到我们的统治者身上来：为了使公民幸福安康，看来统治者必须给臣民服下大剂量的欺骗之药。你记得不记得，我们曾经说过，作为一种药品，那种办法是有好处的。

他说：是的，这是一个非常可靠的原则。

我说：好，看来，这可靠的原则好像对于结婚和生儿育女可以起不小的作用。

他问：怎样起作用呢？

我说：从我们刚才说过的可以得出结论，如果我们要使我们的卫士成为最精明强干的人，就应当尽量使最优秀的男性和女性结合，尽量少使低能的和低能的成双，并且只应当养育优秀男女所生的孩子。② 此外，除了统治者以外，谁都不得知道这一切情况是怎样进行的，否则，我们的卫士就可能起来造反了。

他说：这话很对。

我说：所以我们必须举办一些结婚节日，把所有的新娘新郎集合在一起。届时，上贡献祭，诗人配合佳节吟诗作曲。结婚的人数由统治者决定。统治者要使公民的人数尽可能固定不变，要考虑到战争、传染病等等带来的伤亡。统治者必须尽最大力量使我们的

---

① 参见第9章第1节。——英译者
② 这话是指"作为卫士教养"。卫士的低劣子女将被"送去当手艺人和农民"（第10章）。《提麦奥斯篇》19A也提到过赛马饲养者培育最好的马驹，但不杀掉其余的。——英译者

第二部附录 妇女的地位和战争的用途

国家不要太大也不要太小。①

我说：很好。我想，统治者将必须定出某种巧妙的抽签办法，这样每配成一对，低能的候补人就可能埋怨自己运气不佳而不会埋怨统治者。

他说：是的，肯定要这样做。

我说：此外，对在战争中和在其他职责方面表现英勇出色的年轻人，除了其他奖励和特权以外，还应当给予他们更多的自由机会与一个妻子同床共枕②。这样做另外的目的是使这样的父亲生养尽可能多的子女，这是一个很好的理由。

他说：对。

我说：孩子一生下来，就交给专职官员照管。专职官员可以是男的也可以是女的，或男女兼有，因为公共事务是由男女两性共同负担的。优秀父母的子女将被送到托儿所去，由保育员看管教养，保育员住在城里另一地方。低能父母的儿女和任何有其他天生缺陷的孩子将以某种秘密的方式③被隐蔽起来。

他说：要使卫士的教养保持纯洁，必须采取这种办法。

我说：这些官员也要负责管理儿童的教养工作。当母亲有充足奶量的时候，官员把母亲请到托儿所来，可是要严防母亲认出自己的孩子；如果母亲没有充足的奶量，官员们就要找奶妈。官员要限定母亲喂奶的时间，而且要把一切繁杂工作和夜班工作交给保育员和仆人来做。

他说：这样就使卫士的妻子生儿育女的天职变得轻松了。

我说：应当这样做。我们继续谈我们的计划吧！我们说过，孩子应当由壮年父母生育。生育期，女人约为20年，男人约为30年，你同意这点吗？女人应当从20到40岁给共和国生养孩子。男人应当从他过了"跑马跑得最快的时候"④开始繁育子女，一直到55岁为止。

他说：这种年龄肯定是男女体力和智力最旺盛的阶段。

我说：如果男人超过或低于适当年龄乱为共和国生育子女，我们将认为他做了不敬天神、违犯人间法律的事。他给国家生的孩子将是在极端淫乱和私通的情况下孕育的。孩子的降生，如果没有被人发觉，将得不到在每次结婚节日上进行的祭祀和祷告的认可。

---

① 柏拉图好像忘掉了这些规则只适用于卫士。如果人数多得多的第三等级毫无限制地生育，那么，人口大量增加就会造成部分卫士暂停生育，这对种族将有恶劣影响。不过，柏拉图怕的是出生率降低，而不是出生率上升。（《法律篇》里叙述的国家，永远要保持5040个公民，每人各持一份固定不变的土地。）"结婚的次数"包括每次结婚节日允许的候补人数和结婚节日的次数。但是，很可能，结婚节日每年举行一次，这样上次节日以后已经生育的妇女就可以再次结婚了。如果是这样，那么，在每次结婚节日上，就可以动员未婚的一对对来参加，包括上次节日以来一切年满25岁的男人和年满20岁的女人。有些或者全体男女成双成对或与年龄大些的配对成双。这些配偶将在结婚节日期间同居共处，这个节日据说可以延续一个月。接着，婚姻生活就此结束，各对伴侣恢复独身生活，直到下一届结婚节日为止。从本章可以看出，结婚以后每一批孩子都将在结婚节日举行以后7至10个月出生。——英译者

② 不是同时有多个妻子，但被允许更经常地参加定期的结婚节日，每次不必然是另外一个妻子。——英译者

③ 杀害有缺陷的婴儿的事，曾在斯巴达发生过；但是，这里的模糊说法并不意味着低劣卫士的所有孩子都要被消灭。没有缺陷的将被降到第三等。从第三等提升孩子的情况在第10章有所规定。——英译者

④ 这里引证的一句诗，从原文上下文来看，可能是指一匹赛跑的马到了停止比赛的时候，就被作为种马饲养了。——英译者

行礼的时候,一般是男女祭司和全社会公民祈祷,祝福未来的孩子要成为比他们的父母更精明、更有用的公民。

他说:你说得对。

我说:任何一个男人在法定结婚年龄内与一个同样达到结婚年龄的女人,如果还没有经统治者给他们配婚,就发生肉体关系,也受此项法律约束。我们将认为他给共和国生了一个私生子,这个私生子得不到法律或宗教的认可。

他说:完全对。

我说:不过,当男女超过法定生育年龄以后,我们将让他们自由寻找配偶,但男人不得娶自己的女儿或孙女或母亲或祖母;女人不得嫁给自己的儿子或父亲或孙子或祖父。在允许他们自由寻找配偶之前,我们必须提醒他们注意,不要这样做。如果已经受了孕,就把孩子生下来;或者如果无法避免生产,就要在不抚养的条件下加以处理。①

他说:这也是合理的。但是,他们怎样识别父亲和女儿以及你所说的那些其他关系呢?

我说道:他们无法分辨。但是,从男人当新郎的那天起,他将把第 10 个月或第 7 个月后生的孩子都称为儿子和女儿,而这些儿女都称这男人为父亲。这些孩子的子女又将被他称为孙子孙女,这些孙子孙女将称他这一辈人为祖父母。父母生育期间所生的所有孩子都互称兄弟姐妹。这种情况将可限制我们所说的那种联姻;但是法律允许兄弟姐妹共同生活,如果命中注定如此并且德尔斐神谕也允许的话。②

他说:很好。

我说:那么,格劳孔,你们共和国的卫士共同占有妻子和儿女的方式就是这样。下一

---

① 这种非官方主持的结合可以白头到老。唯一作为乱伦而被禁止的结合是父母和儿女结合或祖辈与孙辈结合(因为,如果妇女不能嫁给他的祖父,男人不能娶自己的孙女,那么所有这些情况就都包括在内了)。由此好像可以看出,柏拉图并不认为,更可能发生的兄弟姐妹之间的结合是乱伦现象。如果是这样的话,他就会认为没有理由反对亲生兄妹的合法结合,因为他们并不知道他们有这种关系。这种结合在埃及是名正言顺的。某些权威人士否认这种结合对种族有恶劣影响。希腊法律允许兄弟和异母姐妹联姻。——英译者

② 最后一句涉及两个不同的问题:(1)避免上边界说的乱伦通婚;(2)兄弟姐妹的合法婚姻。

(1)因为主持非官方婚姻的年长者不知道谁是他们的父母或子女,他们必须避免与所有可能与自己有血统关系的人结合。如果法定的结婚同居生活只限于结婚节日期间并且任何父母的子女从而必然属于父母结婚的任何一个结婚节日以后第 10 个月或第 7 个月所生的一批,那么这就容易避免了。(大多数古代权威人士都否认第 8 个月能生孩子。)如果做一个记录的话,就可以告诉男人一切有关的日期,而不必告诉他谁是他的亲生儿女。

(2)柏拉图解释了对待某一辈人,例如他的父母或子女或祖父母或孙子女,如何避免乱伦以后又说,所有在"他们的父母们(并不知他的父母)生育期间出生"的人都将被称为他们的"兄弟姐妹"。如果亲生兄弟和姐妹的结合不是乱伦,那么,这一条就与避免乱伦无关了。除了名义上的父母、子女、祖父母和孙子女的定义以外,这里只增加了一个关于互称"兄弟姐妹"的那些人的定义,不管他们是否真有这种关系。也许这意思是指,这些人是同年代(在一种模糊的意义上)出生的全体卫士。由于没有乱伦问题存在,所以这些人将永远用不着问结婚日期和出生日期,如果他们想结合的话。

有人认为,柏拉图把那种婚姻就称作乱伦,因而神谕就要谨防这现象发生。但是,统治者也许了解全体卫士的关系,也许不了解。如果(看来好像)他们确实知道,他们就可以在安排婚事时避免这种现象,以免神谕否定他们的提议。如果他们不晓得(虽然如果想避免任何乱伦而不做记录是愚蠢的),那么,神谕又怎么能知道呢?假定柏拉图认为兄弟姐妹通婚不算乱伦,统治者有时就可以有意安排那种婚姻了。他们可能一劳永逸地请求神谕批准婚姻法的全部计划,不然在每次结婚节日上就可能都要正式请求了。如果神谕不反对,统治者就可以受到保护,不被任何人告发,说他破坏宗教法律。——英译者

步,我们要不要提出一些论据来说明这个方案与我们的其他制度一致而且还是最好的方案呢?

他说:是的,当然要。

我说:我们最好先来问问,立法者确定一国体制时所要获得的最高利益是什么,可能出现的最大弊端又是什么? 然后,我们才能考虑,我们的建议是否符合那种利益,是否反对那种弊端?

他说:一定要这样办。

我说:国家的最大弊端是四分五裂,失去统一,而对它最有利的莫过于团结一致,万众一心。不是这样吗?

他说:说得对。

我说:公民要靠同甘共苦被维系在一起,大家有福同享,有难同当。一旦那种感情不复存在,那种联系也就要破灭。但是,任何一种公共事务或个人事务都会使某些人高兴,使另一些悲伤。不是吗?

他说:当然。

我说:当社会中的人对于同一种事物不共同用"我的"和"不是我的"、"别人的"和"不是别人的"表达的时候,就要面临这种分裂纷争。在秩序井然的国家里,绝大多数人以同样的内涵使用这些词儿,从而绝大多数人近于万众一心,形同一人。当我们中间有一人手指受了伤,整个肢体所连带的各个部位由于都以灵魂为中心并由体内管理因素所统一,就都要有所感觉并共同担负患处的疼痛,因此,我们说,这个人手指疼痛。当他的其他部分因受伤而感到疼痛或因伤痛缓解而感到快慰时,情况也是这样。

他说:是的,我同意,组织最严明的社会都接近那种情况。

我说:所以,这种社会将把幸运或不幸的公民看成是自己的一部分,并与他同甘共苦。

他说:如果社会体制是健全的,情况也就必然是这样。

我说:现在,该回到我们自己的共和国了,看看这些结论是否对它比对其他类型的国家更适合。一切国家都有统治者和普通人,他们都彼此互称同胞。

他说:是的。

我说:但是,在其他国家,对统治者还有另外一种称呼,不是吗?

他说:是的,在大多数国家,人民称统治者为主人;在民主国家里,只叫政府。

我问:在我们这里呢?

他答道:人民把他们的统治者看成是保存者和保护者。

我又问:我们的统治者又怎样看待人民呢?

他答:把人民看成是他们的支持者和薪俸的供给者。

我再问:其他国家呢?

他回答:看成是奴隶。

我再问:在其他国家,统治者互相称呼什么呢?

他说:互称同僚。

我又问:我们呢?

他答道：卫士同事们。

我问：在其他国家，统治者不会把一个有利害关系的同僚称为朋友而把一个没有利害关系的同僚看成是外人吗？

他说：会的，那种事常有。

我说：但是，你们的卫士不这样吗？卫士从来不把卫士同事们看做外人？

他说：肯定不会的，他一定会把他碰到的每个人都看成是兄弟或姐妹，父亲或母亲，儿子或女儿，孙子孙女或祖父祖母。

我说：很好。但是，这里还有一个问题。你不是要求他们不仅使用这些家庭称呼，而且要表现得像一个真正的家庭那样吗？如果希望得到诸神或凡人的任何恩情厚意，他们不是一定要对被他们称为"父亲"的一切人都表示礼节上应有的尊敬、关怀和服从吗？因为，逆道而行是违背神法和人法的。全体公民不应当从孩子幼年起就经常反复告诉他们，在对待他们的父亲或其他亲人时应当遵守传统的行为准则吗？

他说：他们应当这样做。如果对亲人的称呼仅限于口头上而没有相应的行动，那将是不成体统的。

我说：那么，在我们的社会里，最要紧的事是，大家将都用同样的意义使用"我的"这个词，并说明，他和他的境况都很顺利或不顺利。

他说：说得很对。

我说：像我们所说的，这种说法和想法表现出一种不分彼此的感情，所以，我们的公民共同分享每个人认为是自己的利益的利益，从而将具有同甘共苦的情感。

他说：肯定是这样。

我说：这应归功于我们的制度的结果，特别应归功于我们的卫士共有妻子儿女所带来的结果。

他说：肯定是这样的。

我说：但是，你要记住，当我们把一个秩序良好的国家与一个躯体各部位同祸福的身体相比的时候，我们就可以看出，这种举国团结的情况可以使国家享受最高的福利。因此，结论是，我们的共和国所以能享受最高的福利应归功于国家的共有妻子儿女的保卫者。

他说：是的，是这样的结论。

我说：此外，这个结论与我们的下列原则是一致的：他们不私有房屋或土地或任何其他财产，而由其他公民供应生活，以此作为他们的工资，并且共同消费。只有这样，他们才能保持他们的真实品质。我们现在所提的这项建议将使他们更能成为真正的卫士。他们不会把"我的"这个词用到各种不同的东西上面去，也不会随便把什么东西都搬到自己另立门户的家里去，形成独享清福和自受苦难的中心，从而使社会陷入四分五裂。相反，他们将尽可能同呼吸共患难，朝着同一目标迈进，因为他们相信，他们的一切利益都是一致的。

他说：说得很对。

我说：此外，如果人的躯体是他唯一的私产，那么，诉讼案件就将绝迹，他们就可以摆脱有私有财产和维持家庭关系所造成的种种争吵纠纷。甚至行凶斗殴引起的诉讼事件

第二部附录 妇女的地位和战争的用途

也被认为是不正当的,因为我们认为,人为了防御同龄人的攻击而自卫是正当的,这样他们将被迫把身体练好。

他说:这将是一种健全的法律。

我说:这种法律还有另外的优点,如果人的怒气能通过这种方式消除,那么,一时的感情冲动就不至于发展成不共戴天的争吵。

他肯定道:对。

我说:但是,一个年长者享受权威,有权管教所有年轻人;年轻人当然不敢殴打年长者或冒犯年长者,除非某一统治者下达命令这样做。年轻人还不得对长者有任何不敬的举动。畏惧和尊敬的心理是卫士的两种精神力量,足以抑制年轻人越轨:尊敬的心理可防止他冒犯父母,惧怕的心理使他惧怕那些作为儿子或兄弟或父亲的人前来援助和报复。

他说:是的,会有这种效果的。

我说:这样看来,我们的法律将保证这些人和睦相处,融洽无间。如果他们本身从不互相争吵,那么也就不必惧怕社会其他成员发生分裂,反对他们或互相反对。①

他说:不会的。

我说:他们要避免其他一些忧虑,这些忧虑都是微不足道的小事,因而我几乎不想说出来,比如:穷人献媚富人,为了成家立业和挣得糊口收入遭受困难和忧患;有时向人借钱,有时欠债不还;千方百计攒钱供妻子和仆人花费。这些无聊琐事是司空见惯的,不值得多说。

他说:这是司空见惯、无人不知的。

我说:摆脱了所有这些烦心琐事以后,他们就可以过上比奥林匹克优胜者更令人羡慕的日子了,优胜者的幸福生活远远赶不上我们的卫士。卫士们的胜利更加崇高,因为,由于他们取得胜利,整个共和国就得到保全。他们得到的公费生活回报更加完善充足,因为他们的奖品将包括自己和子女所需要的各样生活日用品。他们活着的时候,国家尊敬他们;他们去世以后,将享受国家给予的隆重葬礼。

他说:是的,他们将享受丰厚的回报。

我说:那么,你记得不记得,有一个人,不说他的名字,曾责备我们没有使我们的卫士生活得愉快,说卫士们一无所有,虽然他们的同胞的全部财富都掌握在他们手里。② 当时,我们是这样回答的,如果将来再碰到这个问题,我们会考虑他的这种不同看法,因为,当时我们要做的是设法使我们的卫士成为真正的卫士,把共和国塑造成一个享受最大幸福的国家,不只是国家中的某一部分人享受,而是全体人民都享受。

他说:是的,我还记得。

我说:噢,现在看来,我们国家的这些保护者的生活将比任何奥林匹克优胜者的生活都美好,都光荣,我们不能把他们的生活同鞋匠或其他手艺人或农民的生活同等看待。

他说:我想不应当同等看待。

---

① 参见第29章:"革命总是由于统治阶级内部的纷争而爆发。"——英译者
② 这是阿德曼图斯在辩论时所说的。参见第10章。——英译者

我说：可是，在这里应当重复一遍我当时所说的话：如果一个卫士想使自己过上那样一种幸福生活，以致使自己不再是一个卫士的话，如果他不满足我们认为是最好的生活方式，即适当而安全的生活方式，反而产生某种幼稚而糊涂的幸福观，使自己把权力变成吞并全体公民财富的手段，那么，他就要领会到赫西奥德那句名言的智慧了，即一半比全部还多。①

他说：我坚持认为，他应当保持自己的生活方式。

我说：这样说来，你一定同意，妇女应当与男人一样充分享受教育，教养子女和保卫其他公民；不管她们在家或出外打仗，她们都要像警犬一般，负责看守羊圈或出外打猎，就体力所及参加各种各样的工作。这种事并不是妇女不能干，相反，她们的参与会锦上添花，而且符合男女两性的自然伙伴关系。

他说：对，我同意这种看法。

---

① 出自赫西奥德代表作《工作与时日》(Works dnd Days)第40节。"不知道一半比全部多多少，也不知道锦葵与水仙(我们认为是最普通的两种花，即毛茛与雏菊)多么幸福的人，是傻瓜。"——英译者

第 17 章 战争的用途

英译者导言

柏拉图建议减少战争,其主要动因是希望希腊民族团结。他与对手伊索克拉底(Isocrates)①等人的一致看法是希望消除希腊各城邦之间的分歧,使之联合起来共同对付波斯人。他没有表示把人道同情心扩展到希腊境外,但是他是最早主张各独立国家之间实行国际法的人之一。

正 文

我说:还要问问,那种伙伴关系,能不能像在动物之间一样,也在人类之间建立起来?如果能,如何建立?

格劳孔说:我正想提这个问题。

我说:就打仗而论,看他们怎样出征作战,是容易办到的。

他问:怎样打仗呢?

我答道:男人和妇女将一同出征作战②,而且还随身带领身强力壮的孩子,让他们学习打仗,像其他行业的孩子一样,教他们注意观看长大以后必须从事的行业。除了观看以外,他们还要替父母拿刀持械,照看战时所必需的一切用品。必须注意,例如,在陶器业,孩子们在运用旋盘以前必须长期观看并伺候父辈操作。我们的卫士在训练孩子观看并熟悉他们的职责时,不应当那么仔细认真吗?

他说:应当,不那样是可笑的。

我说:此外,任何动物在幼子跟前时,打起仗来都会更勇更猛。

他说:是这样的。但是,打败仗是常有的事,这时他们的孩子就有跟父母同时牺牲的危险。这样,国家就永远无法弥补损失了。

我说:对,但是,你认为我们必须首先保证他们永远不会碰到任何危险吗?

---

① 伊索克拉底(公元前 436—公元前 338 年),古希腊雄辩家、教育家,苏格拉底的学生,曾呼吁马其顿国王领导希腊各城邦反对波斯帝国,希腊丧失独立后绝食身亡。——中译者

② "像苏罗马代(Sauromatae)人一样,妇女和男人一道骑马打猎、作战,并且穿同样的制服。"参见 Herod, iv. 116。——英译者

他说：不，绝对无法保证。

我问：好，如果他们有机会去冒险，一旦战事顺利，安然无恙，这对他们会不会反而有利呢？

他答道：当然是。

我又问：即将当战士的人应当从小亲自观看打仗，这不重要吗？要当战士不值得去冒冒险吗？

他说：是的，很重要。

我说：那么，设想儿童作为观察者亲自奔赴疆场，如果我们能保障他们安全无恙，那就大吉大利了。首先，他们的父辈，就人的观察力所及，将很快看出，哪个战役有危险，哪个战役安全。他们会小心翼翼地不使孩子遇到危险。他们还会把孩子托付给年长、阅历丰富的军官带领和照顾。

他说：是的，是个妥当的办法。

我说：意外突发事件也会时常发生，要预防意外。我们必须注意，让孩子从小就长翅膀，能在必要时逃脱。

他问：你说长翅膀是什么意思？

我答道：我指的是骑马，尽量从小就教他们骑马。而且，当大人带他们到战场观战时，马匹千万不要性子暴的，而要尽可能找奔跑最快和最容易驾驭的。这样，他们可以完整看到他们将来所要担负的事业，必要时他们还能跟随年长的指导者一同安全撤退。

他说：这好像是一个万无一失的计划。

我说：关于战时纪律、士兵之间的相互关系以及士兵与敌人的关系，我认为，任何人如果胆小如鼠，作出比如开小差、弃武器的事，就应当被降到手艺人和农民的阶级；如果他们被敌人生俘，就要把他们送给敌人当礼品，随他们当战利品任意处理。我这种想法对不对呢？

他说：当然对。

我说：对于勇敢超众立有大功的英雄，又该怎样对待呢？首先，应当在战场上由随军的青年和儿童轮流给他们戴上桂冠，不应当吗？

他说：当然应当。

我问：他们可以同他握手吗？

他答道：可以。

我说：毫无疑问，你会同意这几点。我相信，你不会同意他跟他们一一相互亲吻，对吗？

他说：我完全赞成，真的，我还想在法律上加上这一条款：只要他们从军出征，他们想跟谁亲吻都可以，谁都不能拒绝。这一规定可以使任何一个碰巧爱上一个青年或女孩的士兵更加热切地争取勇敢奖了。

我说：很好，我们已经说过，勇敢者被选出结婚的机会比其余的人多，这样，他就可以生育尽可能多的孩子。但是，除此以外，还可以照荷马所提的办法奖励勇敢的年轻人。

第二部附录 妇女的地位和战争的用途

当埃阿斯（Ajax）①在战场上立了大功的时候，他"荣获了几条全长的牛脊骨"。对于一个强壮的青年英雄来说，这是一个适当的礼品，同时这份礼品还可以增强他的肌肉。

他说：这是个极好的主意。

我说：那么，至少在这一点上我们要学荷马。我们将在献祭宴会和所有类似集会上，根据功劳大小，奖励勇敢的战士，不仅给他们唱歌并赐给他们刚才说过的特惠，而且还要准备"光荣席位、肉类食品和美酒"。这样，既可以褒奖青年男女的英勇行为，又可以增进他们的体质。

他说：再好不过了。

我说：好。关于在沙场牺牲的人，我们认为所有光荣捐躯的人都是黄金种族的人。这些人一旦牺牲，会"生活在大地上，他们圣洁慈祥；他们保卫我们，使我们不受伤害"②。我们不相信赫西奥德的这番话吗？

他说：我们相信。

我说：那么，我们先问问神谕该用什么特殊仪式来埋葬这些超人，然后就照他的指示办理。我们将永世拜敬他们的坟墓，把他们奉为神人来崇拜③。因年迈自然死亡或因其他原因死亡的其他人，如果他们的一生确是特别高尚的，也将同样受到尊重。

他说：这很公正。

我问：其次，我们的士兵怎样对待敌人呢？

他反问：在哪一方面？

我说：首先，关于奴隶问题。希腊各城邦把希腊人出卖为奴隶，这对吗？他们不应当尽可能废除这种做法，代之以宽恕本族人的风俗，以防沦为外族的奴隶吗？

他说：再没有比这办法更好的了。

我说：这样看来，他们绝不能把任何希腊人当成奴隶了。他们还应当劝告其余的希腊人也这样做。④

他说：当然，看来，他们更有可能互不干涉，把力量用来共同反对外邦人。

我说：第二个问题是，打了胜仗以后，除了收缴死者的武器以外还剥夺他们的其他东西，这种做法合适吗？这只能给胆小鬼一个借口，不去抗击活的敌人，好像他在名正言顺地搜查死者的尸体。由于这种抢夺军风，许多军队溃不成军。抢劫一具死尸是一种爱财如命、卑鄙下贱的行为。当灵魂，即真正的敌人已经崩溃，只留下打仗使用的武器时，还把死尸当成敌人看待，那将是一种女人的褊狭气度。这种做法无异于一只狗朝打到自己的石头狂吠乱叫而不顾扔石头的人。

他说：很对。

我说：因此，我们将不剥夺被杀者的一切，而且不禁止同伴埋葬他们。我们也不向神

---

① 埃阿斯，希腊神话中围攻特洛伊的英雄。——中译者
② *Works and Days*, 122. ——英译者
③ 在柏拉图生活的年代，曾在安菲波利斯（Amphipolis）为斯巴达将军布拉西达斯（Brasidas）举行过英雄膜拜祭礼。——英译者
④ 公元前406年，斯巴达攻克麦锡姆纳（Methymna）以后，卡刺克拉提代斯（Callicratidas）宣布：只要他能防止，就不得把希腊人当做奴隶(Xen. *Hell*. i. 6, 14)。——英译者

庙贡出缴获的武器,如果我们想对其余的希腊人表示友谊义气,就更不会贡出所有希腊人的武器,我们更怕把本族人的战利品拿到神殿去而玷污了神殿,神谕如有指示另当别论。

他说:这样做很对。

我问:至于毁坏希腊田园、烧毁房屋,你怎样看?你们的卫士在这方面应该如何对待敌人?

他说:我希望听听你的意见。

我说:我认为,这两件事,他们都不应当干,只能把一年的收成运走。我要不要把原因告诉你呢?

他说:请讲。

我说:我认为,根据可能发生争端的两方面,即国内或国外、同族与外族之间,战争与内乱有本质的不同,如同二者的名称不同。战争是指与外国敌人打仗;当敌人是族人时,我们称之为内乱。

他说:这是一个合理的分法。

我问:全希腊人是一个民族,都属于同一个种族,与外邦的外国人是不同的。这样说不也合理吗?

他说:合理。

我说:那么,希腊人与外国人动干戈的时候,我们就说这是战争,那些外国人,我们可以称之为希腊人的天然敌人。但是,希腊人生来就是希腊人的朋友,当他们之间动武的时候,就意味着希腊陷入不和,应当叫做内乱。

他说:我同意这种看法。

我说:那么,要注意,在大家共同称为内乱的情况发生时,也就是我们希腊城邦之一分裂相争时,任何一方如果毁坏对方的田园或烧毁对方的房屋,都将被认为是一种滔天罪行。没有一个热爱祖国的人敢于糟蹋生育和养育他的田园。战胜者运走战败者的收成但并不毁坏田园,被认为是公平的。他们应当记住,战争不会永远打下去,有朝一日,他们定会言归于好的。①

他说:这个想法文明多了。

我问:那么,你正在建立的这个共和国不是希腊的国家吗?它的公民不是善良的和文明的吗?

他说:完全是。

我又问:热爱希腊的人会把整个希腊都当成是自己的家,他们在那里与其他希腊人一道信奉一种共同的宗教,是吗?②

他说:千真万确。

---

① 七贤之一拜阿斯(Bias)有句名言:"把一个朋友当做将来的敌人,把一个敌人当做将来的朋友。"杰布(Jebb)在索福克勒斯的《埃阿斯》(*Ajax*)附录中曾引证培根(Bacon)《科学的进展》(*Aug. Sci.*),viii. 2;蒙田(Montaigne)《论文集》(*Essais*),i. 28;拉布吕耶尔(La Bruyère)《品格论》(*Caractères*),4,§§ 55,56。——英译者

② Herod.,viii. 144,称雅典人在普拉蒂亚(Plataea)宣称,希腊在血统和语言、宗教和文化方面是一个整体。——英译者

第二部附录　妇女的地位和战争的用途

我说：因此，希腊人既然均属同一个民族，那么内部发生争吵就不能叫做战争。那只能叫做内乱，他们是指望有朝一日言归于好的。所以，他们不能像对待外国敌人那样，一心想奴役对方或者毁坏对方的房屋和田园，而只是想利用善意的规劝使对方明白道理。作为希腊人，他们将不毁坏希腊的田园或烧毁家宅房屋，也不允许把任何一个城邦的全体居民，包括男人、女人和儿童，都当成敌人，而只是把挑起争端的少数人当成敌人。大多数人都是朋友，因此他们不允许把居民的家宅田园统统毁掉。只有当无辜的受难者迫使挑起内乱者悔悟赔礼以后，争吵才会结束。

他说：对我来说，我同意我们的公民应当这样对待敌方，同意他们对待外国人的方式也像希腊人现在互相对待的方式一样。

我说：看来，我们应把这点给我们的卫士制成法律：卫士不得毁坏田园或烧毁房屋。

他说：是的，我们应当这样办。这条法律像我们的其他一切法律一样是令人满意的。

第三部　哲学家国王

> 除非哲学家们在自己的国家当上国王，或者现在被称为国王和统治者的那些人充分真正地渴望得到智慧，就是说，除非政权与哲学结合在一起，并且现在那许多目标不同、各行其是的人中的许多人被迫不再这样做，否则国家就不会摆脱灾难。我相信，全人类也不会摆脱灾难，我们所想象的这种共和国不到那个时候也不会诞生和壮大。

第三部 哲学家国王

英译者导言

理想国能实现吗？苏格拉底最后碰到了这个问题，他提出了《理想国》的中心反论：促使社会发生革命的最小变革也要依靠哲学家掌握社会。第三部分将解释"哲学家"是什么意思，以及他如何在一个改革后的国家产生和受教育。

哲学家在人类社会中寻求和推崇的智慧是什么？苏格拉底的理论，即美德就是知识，意思是，如果不清楚地了解什么是人生值得追求的，人们就不能实现自己的最大价值，从而无法获得幸福。柏拉图的知识就是美德的概念非常非常广泛，不仅包括对人生目的或善良要有所了解，而且包括对善本身的了解，即宇宙中所有善良的东西及其存在的最终原因。很少有人，如果有的话，能被期望达到这个目标并变成所有时间和所有存在的旁观者。但是，只有他们才真正适合去统治，其余的人必须接受他们的教育，接受"大众的"或"平民的"美德，这种美德不是基于眼前的知识，而是基于正确的信仰。

◀ 古希腊政治家伯里克利的雕像。

第18章　反论：哲学家必须当国王

英译者导言

苏格拉底受到挑战，被迫说明理想的国家能否存在，因此他首先宣称，一种理想并不因为在人间尚未实现而不好。理论比实践更接近真理或现实，这一主张是柏拉图哲学所特有的。理想的国家或理想的人是真正的国家或真正的人，因为如果事实上总是不完美的人能达到完美，那么他们只能实现他们的本性所打算达到的一切和可能想象的一切。此外，理想的王国是真实的世界，它永不变化、永世长存，可以靠思维来了解。可见的和可摸的东西一般被称为真实的，它只是一个瞬间闪现的王国，其中理想以各种不同程度近似不完全地表现出来。这种差别将在第19章加以说明。

一种理想对于实践具有不可缺少的价值，因此，要按照那种思维为实现正确目标而付诸行动。所以说，虽然在此不证明理想的国家或理想的人能存在，但也足以发现，在可能的范围内，最起码的变革会使现实的国家最接近理想。这种变革将会在同样一些人中实现政治权力的联合和对智慧的热爱，从而填平思想的人与行动的人之间的鸿沟。这个鸿沟从伯里克利（Pericles）①时代以来一直在扩大。个人的相应变革就是，理性，即人的神圣成分的地位，高于我们人性的其余成分的地位。

正　文

格劳孔继续说：但是，真的，苏格拉底，如果叫你总这样说下去，我担心你会把你前边放下的那个问题忘掉了。那个问题就是，这样组成的一个社会究竟能不能实现？如果能，如何实现？毫无疑问，如果这样的社会真能存在，那么，各种好的事物都会随之而来。我甚至还能补充一点你所忽略的。人们既然互相承认是父亲、儿女或兄弟，而且永远互相使用这些称呼，永不背离，他们就会以无敌的勇气跟敌人作战；如果他们的女性同胞跟他们一同出去作战，不论在前线或在后方威吓敌人，在必要时担任后备军，我相信，所有这些就会使他们战无不胜，攻无不克。在国内，也是一样。我觉得还有许多优点，你没提

---

① 伯里克利（公元前495—公元前429年），古希腊政治家，民主派领导人，后成为雅典统治者。他统治期间，雅典处于文化与军事全盛时期。——中译者

第三部 哲学家国王

到。但是我承认我们的共和国一旦产生,就具有所有这些优点和其他无数优点,所以你就不必进一步详细叙述了。我们现在所要做的只是我们要相信,这样的共和国能够实现并思考应如何实现。

我说道:这是一次突如其来的进攻,我在踌躇不定,你对此毫不留情。也许你不了解,我好不容易逃脱了前面两个浪头①以后,你现在又给我带来了第三个浪头,这是三个当中最厉害的一个。当你看到这浪头的气势和听到我的答复以后,你就会原谅,我之所以不敢提出那样一个似非而是的悖论来讨论是出于自然的惧怕心情。

他说道:你越是那样说,我们就越不愿意放手让你不谈如何实现这种体制;所以,你最好不要再浪费时间了。

我说道:好,我先来提醒你们,我们之所以想谈这个问题,是由于我们要探讨一下公正与不公正的性质。

他说:对,但是探讨什么问题呢?

我说:只有这样一点:假设我们确实弄清了什么是公正②,我们还要不要要求公正的人要有一种在各方面都完全符合公正的理想的品德呢?或者说,假如他尽可能地接近那种理想并且比世界上其他人都有更多的那种属性,我们就满意了吗?

他说:这会使我满意。

我说:如果是这样的话,那么,当我们着手去发现公正与不公正的主要性质以及高度公正和极度不公的人(假定这些人是存在的)的真相时,我们的目的是要利用他们作为理想的典型,因为我们要去观察每种人所表现的快乐或不快乐的程度,并作出必要的推论:我们的命运将酷似与我们最相似的那个人的命运。我们并不想去说明这些理想事实上是能够存在的。

他说:那是对的。

我说:那么,设想一个画家一丝不苟地画了一张合乎理想的漂亮人像,你能因为他不能把人画得像存在一样美,就认为他不够格吗?

他说:不,我不会那样认为。

我说:好,我们在谈话中一直在构建一个理想的国家的典型。如果我们不能证明这样组建的国家实际上是可能建立的,我们的理论就不好了吗?

他说:当然不是。

我说:看来,这就是问题的真相。但是,如果为了使你满意,我要尽力说明在什么条件下,我们的理想会得到最好的实现机会,那么我必须再一次请你承认,上述原则在这里也同样适用。理论能够在实践中充分实现吗?行动不如思维更接近真理,在现实中不是这样吗?人们可能不这样想,但是,你同意不同意呢?

他说:我同意。

我说:那么,你千万不要一个劲叫我说明,我们在思想中探求的结构事实上能够被完

---

① 指妇女平等(第15章)和废除家庭(第16章)。浪头的比喻见第16章。——英译者
② 公正,作为一种"平民的"品德,已经在第12章和第14章里谈过。但是关于聪明人基于知识的美德,还要继续加以叙述。——英译者

全付诸实施。你必须承认,如果我们能发现严格地按照我们的描绘建立一个国家的方法,我们就将找到一个办法来满足你对实现理想的要求。这还不能使你满意吗?对我来说,这就够了。

他说:对我来说,也够了。

我说:那么,看来,我们下一步必须指出,现存的国家中的工作有哪种缺点使它们不能被这样组织起来,可以使政府变成这种类型的最小变革是什么;如果可能的话,就用一种变革或者两种变革;总而言之,我们必须使变革尽可能少,尽可能小。

他说:一定。

我说:好,有一种变革,我认为我们能够证明,可以带来这种革命。当然,不是一个小的变革,也不是轻而易举能实现的,但是它是可能的。

他说:是怎样的变革呢?

我说:我现在必须面对我们称之为第三级的也是最大的浪头。但是我必须谈谈我的似是而非的论点,即使这浪头狂笑着向我劈头袭来,把我不光彩地淹没。现在请你注意我所要说的。

他说:说下去吧!

我说:除非哲学家们在自己的国家当上国王,或者现在被称为国王和统治者的那些人充分真正地渴望得到智慧,就是说,除非政权与哲学结合在一起,并且现在那许多目标不同、各行其是的人中的许多人被迫不再这样做,否则国家就不会摆脱灾难。亲爱的格劳孔,我相信,全人类也不会摆脱灾难,我们所想象的这种共和国不到那个时候也不会诞生和壮大。这就是我一直以来想说没说的话。我知道,这是一个什么性质的似是而非的论点,因为很难看出,无论对国家或对个人来说,除了这条路再没有其他的幸福路。

格劳孔大声说:苏格拉底,发表了这种议论以后,你必须料到会有大批地位并不低下的人反对,他们会脱下上衣,拿起手边的武器,杀气腾腾地向你冲来。如果你找不到反驳的论点把他们驳倒并脱身,就将饱尝被人轻视和嘲笑的滋味了。

我说:噢,使我陷入这种困境的是你呀!

他说:是的,这也是一件好事。不过,我不会把你丢在危险的境地,袖手旁观。你将在适当的地方得到我的善意鼓舞。也许你会觉得我在回答你的问题时比某些人更亲切、得体些。你必须要在我的支持下设法说服那些不相信这种论点的人。

我说:我会的,因为我现在有你这样一个有力的贤友。

第三部 哲学家国王

第19章 哲学家的定义 两个世界

英译者导言

"哲学"这个词的原始意义是好奇(curiosity),也就是寻求新经验的欲望,比如促使梭伦①出外旅行和观赏世界的欲望(Herod. i. 30),或者比如伯里克利所说的,追求智力文化,"我们培育智力而不失去气质"(Thuc. ii. 40)。必须排除下列这种意识:统治者不应是艺术上的外行,也不仅仅是艺术的业余爱好者。他们应当追求全部有关真理和实在的知识,从而追求本质形式世界的知识,这与现象世界的知识不同。

这里更明确地提出了形式的学说。与两个世界相对应,智力(mind)有两种功能,即实在的知识和对现象(doxa)的信念。功能只能由下列因素区分:(1)功能产生的智力状态;(2)功能的客体境界。可以通过两种试验看出知识与信念的不同:(1)知识是实在的(没有虚假的知识);信念可以是真正的,也可以是虚假的。(2)从定义上看,知识是唯一的、不变的客体。恰恰在这方面,形式酷似近代自然科学早就明确的自然规律:规律是一种看不见的可理解的原则,是一种强调相似现象的无限多元的统一,并被认为是不可改变的。然而形式不是现象的连续或共存的规律,而是理想或模式,它具有独立于我们的智力②的真实存在,其在现象世界被称为许多个体事物,如同影像或映象。如果我们想跟亚里士多德一起否定柏拉图的形式或理想在可见世界"脱离个体事物而存在",我们就应当记住学说的要旨是这种信念:善与恶、是与非、真与假、美与丑之间的区别,对于个人或社会团体的习俗或爱好或欲望而言都是绝对的,而不是"相对的"。我们能了解它们或者(如同普通情况那样)不了解它们,它们不能随时随地变化或改变。这种信念曾经而且正被许多在表面意义上不能接受柏拉图表达方式的人所持有。

一种形式,比如美,本身不包括它的对立面丑,它永远不能是丑或变成丑。但是,任何特定的美的东西在某些方面或在某些情况下可能是丑的:它可能不再是美的,从而变成丑的。对我来说可能是美的,对你来说则可能是丑的,它必须及时开始和停止存在。这种事物不能构成知识的客体。我们对这许多变化中的事物的理解在此处被叫做信念。它可以与梦中经验相比,既不是完全真实的,也不是完全不存在的。信念通常用"意见"来诠释。此处,"信念"更适合对应于一个动词,它不像"提意见",是常被使用的。但是,

---

① 梭伦(公元前 638—公元前 559 年?),古希腊政治家、诗人、执政官,实行政治改革,修改宪法,制定法典。——中译者

② 大多数评论家都避免用"理念"(idea)这个词,虽然这是柏拉图的专用词,因为此处提出一种只存在于"我们的智力中"(in our minds)的思想。——英译者

这两个词都是不合适的。信念与它的同源词表达的是我们对任何"似乎"的东西的理解：(1) 似乎存在的东西，可感觉的表象、现象；(2) 似乎真实的东西、"意见"、"信念"，不管它是真正真实的还是假的；(3) 似乎正确的、法律的和审议的决定，以及关于当今道德（见本章末尾）的"许多常规概念"，这些都是随时随地变化的。艺术的业余爱好者和政治家都生活在这些多变的信念的朦胧境界中。

正 文

我继续说：现在，如果我们要避开你所说的那些进攻的人，我想我们必须向他们说清楚，我们所说的那些爱好智慧者都指的是谁。那么我们敢说，爱好智慧者应当是我们的统治者。只要对他们的品德有清楚的认识，我们就能捍卫我们的观点，办法是指出某些人天生适合把哲学学习与政治领导结合在一起，而世界上其他的人则应当接受他们的领导，不必去过问哲学。

格劳孔说：是的，现在该说清楚了。

我说：那么，我有这样一点想法，可以帮助我们作出一个令人满意的解释。要不要我再提醒你这一点呢？就是说，只要我们明确了对于他所爱好的东西来说，他是爱它的全部，而不只是爱它的一部分，他就配称作这种或那种东西的爱好者。

他说：看来你必须提醒我，因为我不明白你的意思。

我说：格劳孔，这个答案不应当出自你，而应当出自一个不像你那样容易有爱好的人之口。你不应当忘掉，任何一个青春焕发的男孩子都会激起你这类热情的人的感情，而且好像都值得注意。这不是你对待你所喜爱的人的态度吗？你会把一个狮子鼻的男孩夸成很有风趣，把鹰鼻子的孩子说成是有帝王风度，而把一个直鼻子的孩子评为长得匀称端正。你说，黝黑的人具有大丈夫气概；你说英俊漂亮的人是神的后代；你认为乳白色（honey-pale）这个词，如果不是情人的妖娆说法，又能是什么意思呢？因为情人对青年人脸上的淡黄色找不出什么可挑剔之处。总而言之，你对于一个风华正茂的人肯定会竭力炫耀夸大而不愿加以否定。

他说：如果你坚持拿我当例子来说明情人的行为，为了便于辩论起见，我是同意的。

我说：此外，你看不出爱喝酒的人也有这同样的行为吗？他们为了喝到各种各样的酒，喜欢找出各式各样的借口。有些人追求荣誉，他们如果不能做将军，做排长也可以；如果他们得不到显要人物的青睐，就喜欢得到无名小卒的尊敬，因为他们必须有人尊重。

他说：很对。

我说：那么，当我们谈到一个人喜爱某种东西的时候，我们说他对那一类中的任何东西都毫无区别地爱好，你同意这一点吗？

他说：同意。

我说：因此，哲学家由于喜爱智慧，就将是一个喜爱一切智慧，而不仅仅是喜爱其中一部分的人；如果一个学生对自己的学习内容很挑剔，尤其当他还很年轻，不知道哪些有

第三部 哲学家国王

用哪些没用时,我们将认为,他不是一个爱好学问或爱好智慧的人。正如他如果对吃很挑剔,我们应当说,他并不是真正饥饿或者真正喜欢吃,而是食欲不振。只有喜欢各种各样的知识并且永不满足、好奇地追求知识的人才能被称为哲学家。我说得不对吗?

格劳孔回答说:这么一说,就要涉及各式各样不相称的人了。我想,有人喜欢看戏时可看到一切,听音乐时可听到一切,是由于他们好奇,是由于他们能从求得新经验中获得乐趣。但是把他们算到哲学家里边去,将使他们成为一伙怪人,因为他们永远不会参与任何关于哲学的讨论,虽然他们跑遍城乡所有的酒神节(Dionysiac festivals),就好像他们受契约约束,非去看看听听各项表演不可。好奇心能使所有这些热心家,还不要说二三流艺术的业余爱好者,被称为哲学家吗?

我说:当然不能,虽然他们有某种虚假的相似点。

他问:你所指的真正的哲学家是哪些人呢?

我说:是指那些喜欢了解真理的人。

他说:肯定是这样,但是请你解释一下,行吗?

我说:对每一个人进行解释是不易办到的,但是你,我相信,会同意我要说的前提。

他问:什么?

我说:由于美与丑是对立的,所以它们是两件事。因此,其中每一个都是单独的。公正与非公正,好与坏,以致所有的本质形式也都如此:每一个都是单独的个体,但是,它们本身表现在与行动、与物质以及彼此之间的结合中,这些结合纷繁复杂,各种各样,所以,每一个人好像是许多个。①

他说:这是对的。

我说:根据这个前提,我就可以把你说的业余艺术的爱好者和从事各种活动的人与我们所谈的哲学家区别开来,这个哲学家是唯一配称为哲学家的。

他问:你的区别在哪里?

我答道:你所说的爱看热闹或爱听音乐的人喜欢听悦耳的声音,喜欢看美丽的颜色和漂亮的形状以及具备这些形式的艺术作品,但是他们没有思考力来鉴别和欣赏美本身的本质。那种领悟美和看到美的真实面目的能力实际上是极其少见的。

他说:说得十分对。

我说:如果某人认为美的东西是存在的,但不认为美本身是存在的,而且他又不能服从指导使他得到关于美本身的知识,那么,他不是生活在梦乡中吗?试想,人,不管他是醒着还是睡着,做梦不是意味着把一种相似的东西误认为是实在的吗?

他说:我当然把那种情况叫做做梦。

我说:但是,与这个人相反,有人认为,有美本身这样一种东西,并且能够分辨美的本质以及兼有美的品质的种种东西,而且从来不把这一个跟另一个混淆。你说,他是在做梦,还是生活在清醒状态中呢?

他说:他非常清醒。

---

① 第26章等处有所解释,说明感官中关于对立属性的混乱印象如何引起反省,去分离并界说相应的共相或形式。——英译者

我说：因此，我们可以说，他是理解这个道理的，而另外一个人则只是相信表象。我们可以把他们的智力状态称为拥有知识和信念吗？

他说：当然可以。

我说：但是，只有信念而没有知识的那个人可能很不服气，并且向我们的说法提出挑战。有没有法子消消他的怒气，婉转地劝他改变想法而不公开地告诉他，他的想法是不对的呢？

他说：我们一定要试试看。

我说：好，考虑一下，我们要跟他说些什么。或者我们要不要问他一个问题，告诉他，我们非但不嫉妒他可能有的知识，而且非常高兴看到他的确知道某些事。但是，我们可以说，告诉我们：当一个人知道时，那一定是指他知道某些东西吧，不是吗？格劳孔，你能替他回答吗？

他说：我的回答是，一定是的。

我说：真实的东西还是不真实的东西呢？

他说：真实的东西，一种非真实的东西怎么能被人知道呢？

我说：那么，不管从多少角度来检验这一点，我们都会对它感到满意吗？就是说：完全真实的是完全可以知道的，完全不真实的就是完全不可知的。

他说：我很满意。

我说：好。现在，如果有某种东西是这样形成的，以致它既存在又不存在，它不是介于纯粹真实的与完全不真实的之间吗？

他说：是介于其间的。

我说：那么，既然有知识适应于真实的，无知必然适应于不真实的。因此，为了适应这种中间的东西，我们必须在有知识与无知之间寻找某种东西，如果那样一种东西存在的话。

他说：当然要去找。

我问：没有我们叫做信念的一种东西吗？

他答道：当然有。

我又问：是与知识不同的一种能力还是与它相同的一种能力呢？

他说：不同的能力。

我说：那么，知识和信念一定根据各自的能力具有不同的客体。

他说：是的。

我说：知识具有实在作为它的自然客体，即了解关于实在的真理。可是，在进一步探讨以前，我想我们需要下一个定义。我们能在"官能"①这一总名称——或其他任何东西——之中区别我们从事力所能及的事的那些能力吗？比如，视力和听力，就是我称之为官能的东西，如果它能帮助你了解我心目中的那类东西。

他说：是的，我了解。

我说：那么，让我告诉你，我对它们的看法。在一种官能中，我看不出有任何颜色或

---

① 这里的希腊文只使用普通词代替"能力"（power），但是柏拉图是在界说我们用"官能"（faculty）所表达的特殊意义。——英译者

形状那类的属性，那些属性像在许多其他情况下一样，使我们能区分这一种东西与那一种东西。我只能注意官能的客体的范围和客体产生的思想状态，并且认为这两种标准足以证明哪些官能是相同的，也足以把一种官能跟那些具有不同范围和产生不同状态的官能区分开来。这是你开展工作的方式吗？

他说：是的。

我说：那么，让我们回到知识上来。你把它列为一种官能吗？

他说：是的，我认为它是一切官能中最有力量的。

我问：信念也是一种官能吗？

他答道：它不可能是别的，因为它是一种给我们相信的力量的东西。

我说：但是，刚才你曾同意，知识和信念不是相同的东西。

他说：是的，把不会错的和全错的①等同起来是毫无意义的。

我说：答得好。这样，我们就十分清楚，知识与信念是不同的东西了吗？

他说：是不同的。

我说：如果是这样，那么，其中每一个具有一种不同的能力，就一定有一个不同的客体范围。

他说：这是必然的。

我说：知识的领域是真实的，知识的能力就是认识真实的真面目的能力。

他说：是的。

我说：而信念，我们认为，是相信的能力。它的客体跟知识所了解的相同吗？同样的东西可能同时是知识和信念的客体吗？②

他说：如果我们坚持我们所共同赞成的原则，那就不可能。如果不同的官能具有不同范围是本性，如果知识和信念又都是官能，而且像我们所说的，又是各不相同的官能，那么，我们就可以得出结论，同样的东西不可能是两者的客体。

我说：所以说，如果真实的东西是知识的客体，那么，信念的客体就一定是真实的东西以外的某种东西。

他说：是的。

我说：它能够是非真实的东西吗？或者甚至对于信念来说，它也是一种不可能的客体吗？试想，如果某人有一种信念，他头脑里必有某种东西，他不能够信仰不存在的东西，你说他能吗？

他说：不能。

我说：看来，他是信仰某种东西，可是非真实的东西只能被叫做子虚乌有。

他说：肯定是这样。

我说：现在，我们认为，愚昧一定相应于非真实的，知识相应于真实的。所以，他所相信的不能是真实的，也不是非真实的。

---

① 这显示两种智力状态之间的一种区别。此外，即使真正的信念，也不同于知识。它(1)是靠说服而不是靠教育产生的；(2)它不能对自身"做出叙述"；(3)它能被劝说而动摇(*Timaeus*, 51 E)。——英译者

② 如果"信念"表示的是普通的意义，那么，我们可以回答说，是的。但是从上下文看，它主要是对表象的信念。它包括依靠感官获得的感知，而这类感知根本无法感觉到思维的客体，比如美本身。——英译者

他说：说得对。

我说：看来，信念既不是无知，也不是有知。

他说：似乎是这样。

我说：那么，它处于这二者之外或超出二者吗？它比知识更清楚和更肯定呢，还是比无知更不清楚和更不肯定呢？

他说：不，都不是。

我问：你是不是认为，信念是一种比知识暗淡，但不像愚昧那样黑暗，从而处于这两个极端之间的官能呢？

他答道：很对。

我说：好，我们在前边说过，如果我们能发现一种客体存在同时又不存在，那么，那种客体就处于完全真实的和完全不真实的中间；相应的官能就既不是知识也不是无知，而是一种处于两者之间的官能。

他说：是的。

我说：我们在这两者之间所发现的就是我们称之为信念的那种官能。

他说：对。

我说：那么，看来，有待发现的是那种可以说既存在又不存在而又不能被确切地叫做纯粹真实的或纯粹不真实的客体。如果那种客体能被发现，我们就可以公正地把它叫做信念的客体，因此，给中间的官能以中间的客体，而两个极端的客体将属于极端的官能。

他说：是的。

我说：根据这些假定，我将请我们的朋友给我一个答案，因为他不承认美本身是存在的，或者说不承认任何一种永远处于同一状态而不变的可以叫做美的本质形式是存在的，虽然他很愿意承认美的事物作为一种多重性的存在——这个热爱各种事物的人不愿听任何人说美是一类，公正是一类，等等。我将跟他说，请你告诉我们：在所有这些美的东西中，有没有一个不像是丑的呢？或者，在许多公正的或非正义的行动中，有没有一个并不像是不公正或不正义的呢？

格劳孔说：没有，它们必然在某一点上既是美的又是丑的，你的问题所涉及的其他一切名词也都是这样。

我说：此外，许多双重的东西恰恰像它们是双重的那样，又是它们的一半。我们称为大或重的东西也可以被称为小的或轻的。

他说：是的，任何这样的东西都永远会兼有两种相对的名称。

我说：那么，不管我们说这许多东西中的任何一种是什么，你能说它绝对是这个，绝对不是那个吗？

他说：这些东西使我想起，人们在宴会上提出的双关语谜语或者孩子们关于宦官打蝙蝠是用什么东西打的以及蝙蝠栖息在什么东西上的难题①。我们现在说的这些东西也

---

① 谜语是这样的：一个人又不是一个人（宦官），看见又没看见（没有全面看见），一只鸟又不是一只鸟（蝙蝠），栖息在又不是栖息在树枝上（是芦苇），用一块石头又不是石头（浮石），打了它又没打着它（对准了，打空了）。——英译者

具有模糊不清的性质,我们对它们没能形成任何固定的概念:存在或不存在,两者都是或两者都不是;或者以上两种情况都不是。

我说:除了把它们放在实在与非实在之间,你能想出更妥当的处理办法吗?因为,我认为,它们不会比非实在的东西显得更暗淡和更不真实,也不会比实在的东西更清楚和更真实。

他说:很对。

我说:看来,好像我们已经发现,人类大多数关于什么是美的或光荣的或公正的等等常规概念都是飘摇在纯粹实在与纯粹不实在之间的一种朦胧状态中。

他说:我们已经发现了。

我说:以前,我们曾同意过,如果任何一种那样的客体被发现了,就应当把它叫做信念的客体,而不是知识的客体。它摇摆在中间地带,要被介于二者之间的官能所占领。

他说:是的。

我说:所以,当人们注意许多美的东西或公正的行动或任何东西,但未能注意美或公正本身,也未能跟随愿引导他们看到它们的向导,这时,我们将认为,他们所有的一切都是信念,他们对于自己所信仰的客体没有任何真正的知识。

他说:必然是这样。

我说:但是,关于那些认为实在本身永远处于同样不变的状态的人又是什么样的呢?我们能不能说,他们不仅有信念而且有知识呢?

他说:这也是必然的。

我说:此外,他们爱好知识的客体,而另一些人则爱好信仰的客体。你记得吧,喜欢美丽颜色和悦耳声音而不愿听人说美本身是一种真实的东西的人就是他们这些人。

他说:我记得。

我说:所以,我们可以公正地叫他们是信念的爱好者而不是智慧的爱好者——事实上,不是哲学的,而是爱好信念的(philodoxical)。他们听了这番叙述会勃然大怒吗?

他说:如果他们听了我的规劝就不至于大动肝火。谁都不应当对真理发火。

我说:那么,哲学家这个名称将保留给在各方面都把感情放在实在上面的人了。

他说:当然。

第20章　哲学家适合统治国家

英译者导言

　　上边对哲学家的界定可能提供了一个不切实际的渺茫领袖,从而不适合管理国家生活。但是,当时间和教育使他的天性达到完美无缺的程度时,对统治者来说最珍贵的条件将自然而然地随着早先(第10章)描述的那种天生对真理的酷爱而产生。

正　文

　　我说:最后,格劳孔,经过一段漫长而疲惫的道路,我们终于弄清了,谁是哲学家,谁不是哲学家。

　　格劳孔说:我怀疑,这条路是不是还可以缩短些。

　　我说:显然不能缩短。可是,我想,如果这是我们唯一要讨论的题目,我们就可能得到一个更明确的看法。但是,如果我们想要发现公正的生活如何比不公正的要好,我们就要讨论许多其他问题。

　　他说:那么,现在我们要讨论哪些问题呢?

　　我说:当然要按次序,讨论下一个。既然哲学家能够领悟永存的和不变的情况,那么,不了解这些而且迷失在复杂多变的迷雾中的那些人就不是哲学家了。这两种人当中,哪一种应当统领国家呢?

　　他说:我不晓得,怎样解决才合理。

　　我说:任命他们作卫士,要看这两种人中的哪一种能够保护社会的法律和社会的生活方式。

　　他说:对。

　　我说:好,一个要监护各种事物的卫士需要眼光敏锐还是需要双目皆盲,这已不是问题。有些人完全没有任何关于实在的知识,他们不像画家画像时眼盯着模特那样,灵魂中对于他们可能仔细研究和经常借重的完美的真理没有一个清楚的印象,因而不能在世俗制度中提炼公正、荣誉和善良等概念,也不能以卫士的身份来保存已制定的那种制度。这种人不正是双目皆盲的吗?

　　他肯定道:当然是,那种情况非常像双目皆盲。

第三部　哲学家国王

我说：那么，我们将任命这种人当我们的卫士而不任命下列这些人当卫士吗？他们除了具有关于实在的知识以外，在经验和至美品德方面都不亚于那种人。

他说：如果哲学家不缺乏其他一些条件，那么，不选他们当卫士将是一件可笑的事，因为哲学家的最大优点可能是他们有知识。

我说：那么，我们必须解释的是，这些条件如何能在同一个人身上与哲学结合起来。

他说：当然。

我说：我们一开始说过，第一件事是要充分认清他们的天性。① 我想，如果我们同意这一点，我们就会同意哲学与那些条件相结合是可行的，这样，我们也就没有必要再进一步寻找适合管理共和国的人选了。哲学家性格的一个特点，我们认为，是他一贯热爱任何向他揭示某种能持久而且永不兴而复衰的实在的知识；此外，我们认为，他们的愿望是了解那种实在的全部情况，他们不肯把任何存在的一部分看成是比较小的或比较不重要的，就如同我们在前边把他们比作情人和比作追求荣誉的人时所说的那样。

他说：很对。

我说：是不是还有另外一种特点呢？也就是说，我们所寻找的性格不能没有真实，真实就是热爱真理，仇恨虚伪，不容忍任何形式的不真。

他说：是的，这样期待是很自然的。

我说：一个人生来热爱任何一种东西，都应当把这种爱好扩展到与那种东西密切相关的一切东西，这不仅是自然的，而且是完全必要的。与智慧密切相关的莫过于真理。因此，同一种性格不能既爱智慧又爱虚伪，真正热爱知识的人必须从年轻时起全力以赴追求全部真理。

他说：我完全同意。

我说：现在，我们很清楚，一个人把欲望主要放在一方面时，他对其他方面的欲望，如同一条分流到另外一个河床的河流那样，强度就要变小了。因此，当欲望的方向趋向知识以及类似的一切时，它就要弃掉肉体方面的乐趣，只关切灵魂所享受的乐趣——也就是说，他真正热爱智慧，而不只是伪装热爱智慧。因此，这样一个人将是一个节制有度的人，而不是一个爱财如命的人；他将最不关心使人拼命追求财富和挥霍无度的种种事情。

他说：这话说得对。

我说：此外，要弄清哲学家的性格，千万不能忽视气量狭小的点滴影响。对于一个经常想抓住全部事物（包括神圣的和人间的）的人来说，再没有比气量狭小对他更不利的了。

他说：很对。

我说：你认为一个高尚纯洁而且能掌握整个时代情况和全部事物存在情况的人会把人的生命看成是非常重大的事吗？

他说：不会的，他不会那样想。

我说：这样看来，对于这样一个人来说，死亡是无所畏惧的。

他说：没有什么可怕的。

---

① 这是本章的主题。下边就解释了为什么经验和品德需具备的其他条件常常是缺乏的。——英译者

我说：那么，一个小气而胆怯的人就不能真正追求智慧了。

他说：我想是不能的。

我说：如果一个人节制有度，不爱钱财，气度不小，不自命不凡，而且胆子不小，那么，这种人是不难相处的，也不会是不诚实的。所以，分辨哲学家性情的另一个标记，即从年轻时起他是不是一个公正、宽厚和随和的人。

他说：肯定是。

我说：也不要忽视，他学习时学得快还是慢。我们不能指望任何人都从心里喜欢一种费力大而收效小的课题。如果他记不住他所学的，健忘就将使知识在他脑子里无立足之地，所以，如果费力大而无所获，他只会厌恶自己，厌恶自己的无益职业。这样看来，我们千万不要认为一个健忘的人适合从事追求智慧的工作。我们必须要找一个记忆力强的人。

他说：当然。

我说：此外，有些人的性格粗野，行为不雅，这只能造成气度不够，不相称，而相称与真理是密切相关的。因此，除了我们上边所说的那些要求以外，我们还将寻找一个生来就有气度和高雅的人，这种人从天性方面来讲容易掌握各种实在东西的真实情况。

他说：是的。

我说：那么，既然我们已经列举了一个要充分了解实在情况的人的各种条件，你对于这些条件的不可缺少和必须相辅相成还有什么疑问吗？

他说：没有任何疑问了。

我说：那么，如果一个人生来不能很快学会东西和记住东西，为人不高尚，不厚道，不是真理、公正、勇敢、节制的友人和亲人，他就绝不会得心应手地从事这种工作。你还有什么异议吗？

他说：没有了。莫摩斯（Momus）①也找不出漏洞来。

我说：那么，当时间和教育把这类人锤炼到炉火纯青的地步时，你还会把你的共和国交给其他某个人来管理吗？

---

① 莫摩斯是挑错的神，是赫西奥德《神统记》（Theogony）中奈特（Night）的子女之一。——英译者

第 21 章　为什么哲学家性格在现存社会中是无用的或腐败的

英译者导言

阿德曼图斯提出反对意见，他认为，上述具有成为统治者的一切天赋条件的有思想的人，只是一种理想。事实上，较优秀的哲学家对国家是无用的，其他有天赋的人也都是道德败坏的。

苏格拉底回答说：较优秀的哲学家所以无用是因为民主国家不需要像苏格拉底和他的伙伴（包括柏拉图）这样的人；天性有希望的人的腐败，像亚西比德（Alcibiades）①，归根结底是公众造成的错误。

苏格拉底受审是因为被控告"腐化上层年轻人"。这些年轻人与伯罗奔尼撒（半岛）战争②时期的反民主运动有牵连。公众认为他与诡辩派同流合污，双方被认为损害了传统道德和对法制不忠。诡辩派是些游走的讲学人，他们迎合对先进教育的日益增多的要求，在私人家里对有钱交学费的年轻人进行教学。苏格拉底从不在私家讲学，也不收取学费，他与所有来者公开交谈。诡辩派这个名称原本是指任何艺术方面的专家，及在实际生活中或思维理论方面有特殊才能的人。但是柏拉图认为，他们已经吸取了一些现代意义，倾向于一种反对苏格拉底的哲学。高尔吉亚（Gorgias）③把许多诡辩派教授的修辞学界定为影响公共会议的艺术，其中没有任何关于是非的真正知识。诡辩派完全生活在表象的世界中，它只反映公众的常规概念，教导有雄心的年轻人如何靠吹捧和哄骗伟大的野兽（Great Beast）来生活。这种讲学的极端后果在色拉西马霍斯的生活观中有所表现。

因此，无私追求真理被那些天性有前途的人所抛弃，腐败的影响已使他们转而靠阿谀奉承去追求权力。哲学成了进行无价值追求的牺牲品。（人们不明白哪种人成了"秃顶蠢货"的典型，见本章末尾。）少数忠实的人，像苏格拉底和柏拉图本人，必须退避三舍靠边站，无权为社会效劳，因而只能拯救他们自己的灵魂。

---

① 亚西比德（公元前 450? —公元前 404 年），古希腊政治家。——中译者
② 公元前 431—公元前 404 年，古希腊以斯巴达为首的伯罗奔尼撒同盟与海上强国之间的战争，以斯巴达获胜告终。——中译者
③ 高尔吉亚（公元前 483? —公元前 376 年?），古希腊哲学家，智者派代表，主张无物存在，即或有物存在，亦不可知，即或认识某物，亦不可言传。著有《论非存在或论自然》等，仅存残篇。柏拉图著有对话集《高尔吉亚》。——中译者

正 文

阿德曼图斯在这里插进来说：苏格拉底，没有一个人能否认所有这些。但是，每当你说这样的话的时候，听者就感到疑惑不解。他们认为，由于他们对于你的问答方式没有经验，因而每个问题都使他们更加莫名其妙。直到最后，这一点点的小分歧就形成一种严重的错误，他们发现当前的观点与自己原来的看法相左了。正如下象棋一般，技术较差的棋手最后被挤上死角，进退维谷，寸步难行。同样，在这个以语言代替棋子的游戏中，情况也是这样，他们感到自己被困，陷入哑口无言的境地。但是，这并不能真正证明他们是错的。我说这一点，是针对目前的情况而言的。现在，任何一个人都可以说，对于你在这儿所提的每个问题，没有人能提出反对意见，但是，有一个明显的事实，即学哲学的人，如果没完没了地学下去，而不是把哲学作为一般文化的一部分，小时候学一些，然后中止，他们就会几乎没有例外地变成非常古怪的人，还不要说变成一文不值的人。甚至最可尊敬的人也会因为从事你所称颂的这种职业而变得异常无奈，以致对社会一无所用。

我回答说：好，你以为那种说法不真实吗？

他回答说：我不知道，我希望听听你的意见。

我说：你就会知道的，我想那是真的。

他说：你怎么能说，如果国家不由我们现在认为对国家没用的哲学家来统治，天下就不会免于灾难，这样说对吗？

我回答道：这是一个需要用比喻方式来解答的问题。

他说：没错，不过，你是从来不擅长用比喻的呀！

我说道：哎呀，你把这样一个难以证明的命题强加在我头上，又来取笑我，是不是？不过，你不要在意，听我谈谈比喻。你会再一次看到，我为了找出一个比喻费了多大劲。优秀的哲学家在有关国家事务方面处于这样一种悲惨的境地，以致就性质来说，没有一种东西能像这样。我只能像一个画半羊半鹿或其他杂交怪物的画家那样，从多方面搜集比喻的材料①，才能为他们辩护。

我继续说：试想，一条船或许多条船的管理情况。船长比任何一个船员都高大，都粗壮，可是他有一点聋，有一点近视，而且他的航海术也不高明。水手们为了争夺掌舵之位而互相争吵，每个人都认为自己应当驾驶这条船，虽然他从来没有学过航海，而且也说不出学徒时的任何一个师傅。此外，他们声称，航海是一种根本不能学的东西，并且准备让任何一个说能学的人粉身碎骨。接着，他们包围了船长，要求他马上把掌舵的责任交给他们。有时，当另外一些人的话被船长听到并重视时，他们就把这些人处死或者把他们

---

① 这可能暗指阿里斯托芬的喜剧，如《骑士》(Knights)，描写粗壮的城邦平民和一伙向他争相求宠的无耻政客；又如《云》(Clouds)把苏格拉底描写成了一个观星的幻想家。在柏拉图的比喻中，船长是指城邦平民，船员是指政客或蛊惑家，后者不懂得统治者需要道德训练或知识训练。——英译者

第三部 哲学家国王

扔到大海里去。一旦他们用烈性饮料灌醉这高贵的船长或用麻醉剂使其失去知觉以后,就控制了全船,然后任意动用船上物资,可以想象这帮人还会把航行变成一个大吃大喝、狂欢醉酒的场合。除此以外,他们还将把任何一个能帮助说服或强迫船长派他们掌舵的人夸成是老练的航海家和航海能手。而其他任何一类人,则被他们贬得一无所用。他们不懂,真正的航海家所以能管理一条船只能靠研究四季、天时、星辰、风向以及与航海有关的一切;他们不知道,有了航海科学知识以后要通过学习或实践才能获得掌舵技术,不管其中某些人喜欢不喜欢。如果一条船照这种方式来经管,难道船上的人不会把航海专家叫做一个终日闲聊、无所事事并且对他们毫无用处的观星者吗?

他说:他们肯定会这样想。

我说:我想,你明白我的意思了。用不着解释这个比喻,你就会懂得这个比喻如何说明现存的各个国家对真正的哲学家的态度。

他说:很对。

我说:你说过有个批评家听说哲学家不受他们国家尊重而大为吃惊,现在,用这个比喻来为他开脱一下吧!首先,你可以试着告诉他,如果他们受到尊重,则更加使人吃惊了。你还可以告诉他,他说最优秀的哲学家对国家一无所用是对的,但是,哲学家之所以无用,应归咎于那些不使用哲学家的人。舵手要求船员听从他的命令和聪明人伺候在富人门口一样是不合情理的,那个警句①的作者说错了。合乎情理的事是,病人,不管他富或穷,都必须在医生门前等候,一切需要被管理的人都应当寻找能够管理他们的那种人。他不能要求他们接受他的统治,如果他真的对人有所帮助。但是,我们现在的统治者们完全可以被看做我们比喻中所说的水手们;一无所用的幻想家,就如同政治家对他们的称呼,完全可以被看做航海的真正主人。

他说:很对。

我说:在这种情况下,最高尚行业的从业者就无法受到那些生活方式与之相反的人的重视。但是,对哲学进行最恶毒的指责的是那些自称也是搞同一行业的人。毫无疑问,当你的批评者把所有的哲学爱好者几乎都贬成不值一文的卑贱人,并且把其中最优秀的哲学家看成一无所用的人的时候,他心中是想着这帮人的。我同意过这是实情,不是吗?

他说:是的,你同意过。

我说:我们已经解释了优秀哲学家为什么没有用处。我们现在要不要继续谈谈为什么大多数人不能免于一文不值的卑贱情况,要不要试着说明一下,如果我们能的话,这儿发生的错误仍然与哲学无关?

他说:当然要继续谈。

我说:在我们讨论之前,先回忆一下我们在描写形成一种高尚品德所必要的天性时的出发点。你如果记得的话,最主要的特点是真实。这一点,你必须随时随地尊重,不然,就将成为一个骗子,与真正的哲学一点儿也不沾边了。这是人们当前评价哲学家与

---

① 海罗(Hiero,叙拉古的暴君,但他提倡学术,奖励诗人和学者写作)的王后问西摩尼得斯(古希腊抒情诗人、警句作家):当一个聪明人好呢,还是当一个富人好? 他回答说:当富人好;因为聪明人可以在富人家里找到。——英译者

我们大不相同的一点。

他说：是这样。

我说：但是，我们说过，真正热爱知识的人是一种生来追求实在的人，他不停留在人们相信是真实的各种各样的事物当中，而是怀着一种不减不退的感情坚持自己的道路，直到他利用他那部分能了解实在的灵魂（由于灵魂与实在相近）掌握每种事物的本质。当他利用这种办法接近真正的存在并与它相结合的时候，这种交合的后果就是明智和真理。因此，最后，由于发现了知识和真正的生活和养料，他就可以免于痛苦，得其所哉了。我们不能公正地为这种说法辩护吗？

他说：再没有比这种辩护更公正的了。

我说：那么，这样一种人不会不痛恨虚伪，不会不热爱真理。当真理领先时，我们就有希望在他后面发现一种健全的美德，而不是一大堆这样那样的缺点，那时，节制将随着公正接踵而来。我们再没有任何必要重新证明其他一系列品性一定属于哲学性格，因为你会记得，他是多么勇气可嘉，宽宏大量，学习敏捷和记忆力强。接着，你会反对：虽然大家都一定会承认所有这些，可是，如果把注意力从理论转到现实上去，他就会发现，现实中的人有些是一无所知的，而且大多数都会犯各种可能的错误。我们现在寻找这种指责的根据，因此先问一问为什么大多数人都有这些缺点。针对这个问题，我们曾再次界说过真正的哲学性质所不可缺少的品行。

他说：是这样的。

我说：其次，我们必须研究腐蚀且在许多情况下彻底毁灭这种性格的种种影响，虽然有少数人幸免于难；他们，像你说的，是一无所用的但并不是一文不值的。然后，我们考虑那些虚伪的性格的品行，这些人喜欢从事过高过好而不适合自己的职业，并且由于他们的多种错误把你所说的声誉加在全世界的哲学家身上。

他问：这些起腐蚀作用的影响是什么呢？

我答道：我要尽可能叙述一下这些影响。我想，每个人都会同意，一个具备完善哲学家所应具备的一切品质的性格是一种稀有的生长物，是人间少见的。

他肯定道：非常少见。

我说：那么，试想，有多少极度危险的东西要毁掉这少数人呢？最令人奇怪的是，我们所同意的那些品质中的每一种即勇敢、节制以及所有其他品质都想毁掉它自己的占有者，并让他的灵魂远离哲学。

他说：这听起来确实令人感到奇怪。

我说：除了这点，人生的一切善良事物，像人们所称呼的那样，例如美丽、财富、力量、强有力的关系等等都会使灵魂腐化和错乱，你了解我所指的是哪类东西。

他说：是的，但是我希望你解释得更详细点。

我说：这件事会一清二楚的，当你领会到我刚才所说的根本原则时，你就会觉得我所说的不那么奇怪了。我们知道，任何一粒种子或生长物，不管是植物还是动物都有这种情况，就是说，如果它得不到适当的养料或气候或土壤，那么，它越强壮，就越需要它应当具有的那种品质。邪恶对善良比对伪善更凶恶，因此，很自然，不良的营养条件对最高尚的性格特别不适宜，并且在那种条件下，最高尚的性格将比那种较差的性格变得更坏。

第三部　哲学家国王

他说：是这样的。

我说：这个原则对灵魂来说，不也是适合的吗，阿德曼图斯？就是说，如果他们的早期教育不健全，那么，最有天赋的人也会变成最坏的。滔天罪行和邪恶不端是前程似锦者由于不良教养而被毁掉的后果。没有个性或个性较弱的人，从来不会贻害四方，也不会造福人间。

他说：说得对。

我说：那么，我们给哲学家所设想的这种品质也是这样的，就是说，如果给予正确的教养，美德之花定会朵朵盛开，但是如果把这棵花草种在并让其生长在一块不相宜的土壤上，它就会向相反的方向即缺点发展，除非用某种魔术加以挽救。公众的意见认为，各地的某些年轻人由于受了某些诡辩家的私人教育而道德败坏，你也这样认为吗？这种影响会加大吗？这些大众不是所有诡辩家当中人数最多的吗？他们把年轻的和年老的，把男的女的都教育成自己所希望的最完美的品德典型。

他问：什么时候会发生这种事呢？

我答道：每当人群在任何一个公共场所，比如全民大会、法院、剧院或营地集会时，坐在那里对任何一件正在被讨论或进行的事大嚷大叫，表示同意或者不同意，都是过分的。此外，他们还采取讥笑和喝倒彩的方式，直到岩墙石壁发出回声，全场乱叫，喧闹不已。在那种情况下，你认为年轻人是个什么思想状态呢？如果他不全盘接受他们的是非观念，像他们那样行事，完全执行他们一贯的为人标准，那么试问哪一种私人教育能给他们一种力量，使他们抵挡那种潮流或使他们免于卷入洪流呢？

他说：是的，苏格拉底，那种影响势必是不可阻挡的。

我说：我还没谈到最有力的说服办法，即这个智慧学校的教师们在语言不发生效果时所使用的。你知道，他们的办法是通过剥夺公民权、罚款和判死刑来惩罚这种顽固不化者。

他说：他们的确是这样干的。

我说：任何一个诡辩家的私人学校又怎能抵挡得住他们这种办法呢？即使抵挡也是非常愚蠢的，因为旨在与他们所进行的教育背道而驰的理想的教育，从来没有，将来也不会培养出一种不同类型的品德；这是在一般人性的水平上说的，对于超人的情况我们必须永远另当别论。你可以确信，在目前的社会状态下，任何人要想逃避并变得善良都只能靠某种奇异的排解办法来实现。①

他说：我非常同意。

我说：我还希望你同意下面这一点。每一个靠个人教学为生并被公众称为诡辩家、视为对手的人，除了传授公众在集会上发表的意见和信仰以外，再没有什么新鲜东西可教了。这就是他称之为智慧的东西。他就好像是驯养某种大而壮的动物的人一样，研究动物的情绪和欲望，观察如何才能最容易地接近它和控制它，研究它什么时候最凶猛或

---

① 对这句话曾经有过各种不同的解释。亚当(Adam)解释说："城邦不是实在的就是理想的。在理想的城邦里，教育不会去培养与公共意见相反的品德，因为公共意见本身就是通过教育形成的。在实在的城邦里，教育，如果要存在下去，就必须符合同样的标准。"照这样看来，柏拉图提出（有时是带讽刺性的）他们像诗人和预言家一样，受一种非理性的天才或者"神圣"的灵魂的启示，借以说明一个清正廉洁的政治家是偶然出现的。——英译者

什么时候最温顺，其原因何在，它的各种叫声都表示什么意思，哪些声音腔调可以消除怒气或者刺激动怒。经过长期相处，掌握了以上这些习性以后，就把这种本事叫做智慧，加以系统化从而形成一个学派。他一点儿也不了解这些情态和欲望中哪些是好的，哪些是坏的，哪些是正确的，哪些是错误的，可是他却想把这些名词根据巨兽的好恶加在它头上，并且把它所喜欢的叫做好的，把它不喜欢的叫做坏的。至于这些名词的意义，他什么都说明不了；他认为任何行动只要是在必要情况①下完成的，就都是"公正的"、"正确的"。因为他愚昧无知，因而说不出"必须是"与"应当是"之间的真实差别究竟有多大。这样一种人所能提供的教育将是稀奇古怪的，不是吗？

他赞同道：实在是这样。

我说：另外有一种人认为，研究参加会议的群众的情绪和嗜好，就是一种智慧，不管是关于绘画、音乐或政治。这种人与我们刚才所谈的那种有什么不同吗？可以肯定，一个人如果要打入那样一个复杂的团体，把一首诗或一件艺术作品，或者把想给国家的某种贡献提交大会品评，拐弯抹角地把公众当作自己的老师，那么，他就不能不陷入一种生命攸关的必经之路，即向他们献出他们喜欢的东西，并从事他们同意的事情。但是你听说过任何一种认为他们所喜欢的就是真正美的或者他们所同意的就是真正好的论点不是荒谬可笑的吗？

他说：没听说过，我也不希望听到这种论点。

我说：考虑过所有这些情况以后，现在再回忆一下我们先前对于美本身与多种多样美的东西之间的区别。人民大众有没有可能相信与美的许多表现形式不同的任何真正的本质是存在的，或者说有没有可能倾听任何一个人主张确有那样一种实在的论点呢？

他说：当然不可能。

我说：如果是这样的话，人民大众就永远不会成为哲学家。这样一来，他们就必然不赞成所有追求智慧的人。当然，同这帮人交往并一心取得他们的欢心的个别人也会持同样的看法。

他说：这是很明显的事。

我说：那么，你认为有没有希望让哲学家坚持自己的追求直到达到目的为止呢？想一想，我们曾经同意过：天生的哲学家有一种特点，那就是理解力强、记忆力好、勇敢无畏、宽宏大量。由于具有这种天赋才能，他从小在伙伴当中就与众不同，高出一头，特别是如果他的体力和智力不相上下，都很充沛，长大以后，他的朋友和同胞都将毫无疑问地为了自己的目的想利用他。他们将采取各种方式来奉承他，向他提出种种要求，恭维他将来前途无量，并且预先替他吹嘘，说他有朝一日必将有权有势。

他说：是的，这种事是屡见不鲜的。

我说：一个青年人处在这种情况下将怎么办呢？尤其是如果他是一个大国的成员，门第高贵、家财万贯并且体格高大、少年英俊。他不会野心勃勃、志在远方，自以为能够

---

① 从苏格拉底下边的谈话来看，这里是指必须迎合野兽的性情。——英译者

第三部 哲学家国王

处理国内外大事,从而骄傲自大、飘飘然目空一切吗?①

他说:毫无疑问。

我说:假设他陷入这种思维状态,有人来到他面前,悄悄地把真情告诉他,说他不学无术,没有知识,唯一可以获得他所需要的知识的途径就是像奴隶一般地努力学习。试想,他身受这种恶劣影响的包围会轻易倾听这种意见吗?

他说:当然不会。

我说:可是,也许由于善良性格中蕴藏着某种反映理性声音的东西,他可能感受到一种力量,把他引向哲学,并开始顺从哲学。但那时他的朋友们将看到他们有失去他的危险,害怕他不能继续为他们那一伙效劳服务。在他被争取过去以前,他们不会不对他本人或者他的顾问使用强迫手段和说服方式,从私人阴谋到法院控告无所不用。他怎能变成一个热爱智慧的人呢?

他说:他永远也成不了那种人。

我说:那么,你看我这话并没有说错,就是说在某种情况下,构成哲学家性格的基本品质如果受到不良教养,就可能变成他背离哲学行业的根源,其可能性不亚于财富和其他一切所谓优点。

他说:是的,你说得对。

我说:看来这些情况就是威胁品格最高尚的人(不过这种人是少见的)并使他们变坏、不能从事最高尚行业的危险。在这种类型的人当中,有一些可能给社会、个人带来巨大灾难,或者,如果世态潮流向另一方面转变,则会给社会和个人带来最大好处。可是,一个头脑简单的人为社会和个人既带不来巨大好处也带不来巨大坏处。

他说:很对。

我说:这样看来,哲学被人冷落遗弃,沦落到孤独凄凉的境地,就好像一个少女被最亲的人抛弃一样。当这些背信弃义者沉迷在一种实际上并非真正的生活中时,少女由于失去了本来的保护者,会遭到下流无耻之徒的玷辱。这帮人一起对她进行你一再提到的指责,说与她来往的人都是下流无耻、一文不值的,并且说其中大多数人应当受到严惩。

他说:那是人民大众所说的。

我说:这是十分自然的。这时,任何一个在机械技术方面显得聪明能干的弱小人物都会看到,这里是一块夸夸其谈、大肆炫耀的空旷阵地,并且愿意越出自己那种小行业的监狱,到哲学的神殿里逃难。与其他职业相比,哲学,即使在目前的情况下,仍然享有较高的威望,这种威望足以吸引大批小人物,他们的心灵一生受到苦役的折磨和伤害,可以肯定地说,这与他们由于坐着做工而腰弯体斜的情况是一样的。他们活像一帮秃头的拙匠,曾经赚了一点点钱,刚刚从监狱里出来,痛痛快快地洗了个澡,穿上新衣服,把自己打扮成新郎一般,准备迎娶主人的孤苦伶仃、无亲无友的女儿。这样一种结合所生的后代,除了是些生来低贱的可怜虫以外,还能是什么呢?同样,哲学跟一些没有文化的人的不

---

① 这段描述适合于亚西比德的情景。苏格拉底的敌人认为,亚西比德的悲惨遭遇应当由苏格拉底负责。在《亚西比德Ⅰ》(*Alcibiades* Ⅰ)对话中,苏格拉底责备他得意忘形,野心勃勃。在《饮酒篇》(*Symposium*)中,亚西比德本人叙述了他对苏格拉底品质的景仰以及他的忠言的智慧。同时,柏拉图本人在这里也联想到了自己的青年时代,深深感到处于苏格拉底的影响与他的政治友人的强求之间非常为难。——英译者

相称结合,会产生什么样的理念和主张呢?这绝不是智慧的真实产儿,唯一的正确名称就是诡辩术。

他说:很对。

我说:所以说,阿德曼图斯,配与哲学结亲的人确实是凤毛麟角。也许有些品德高尚和教养高深的人由于流放没有受到恶劣影响,从而没有损害坚守自己事业的天然动力;或者,也许这是一些出生于小国的伟大人物,他们不关心国家大事;也可能是少数天资聪慧的人,他们有理由摈弃其他某种行业,转到哲学方面来;此外,还有些人,像我们的友人塞亚格斯(Theages)那样没有改变,他曾受到种种放弃哲学改从政治的诱惑,但因健康状况不佳而作罢①。至于我本人,没有什么需要说的。在我以前,受到神启示的情况,如果有的话,我敢说不多。② 人参加了这个小团体并且亲身体验到他们应有的快乐以后,就会看到群众的疯狂状态,并且看到政治生涯行为不正,在任何地方都找不到一个同盟,借以使行为公正的战士能有望逃避毁灭。他反而好像落入野兽群里,如果不同流合污、为非作歹,而又不能单枪匹马、孤单抵抗群众的狂热,就注定要在为国家或友人效劳以前灭亡,这对自己或对任何一个人都没有好处。人考虑到所有这些以后,就会保持沉默,各行其是,独善其身了,犹如一个旅行者遇到狂风吹来的砂石和冰雹跑到墙下躲避一样,看到的是到处无法无天,于是感到,如果今生能够摆脱种种罪过,能够安详地怀着美好的希望离开人间,就心满意足了。③

阿德曼图斯说:那确实是了不起的作为。

我说:是的,但是,如果他命中注定生在一个适合他性格的社会里,从而能充分发展个性,并能拯救自己和国家,那么,这种作为,与他可能达到的成就相比,就显得小巫见大巫了。

---

① 塞亚格斯是苏格拉底的学生,热爱哲学。他因身体不好无法参与政治,因而不得不从事哲学。从此有"塞亚格斯笼头"(the bridle of Theages)的谚语出现。——中译者
② 苏格拉底曾受到一种神奇的暗示,不让他从事超过必要的政治活动。在《辩解篇》(*Apology*)31D 中,苏格拉底说:"反对我参与政治的就是这种启兆。这对我有好处,因为你可以确信:如果我参加政治,我早就离开人间了,并且对你或对我自己都没有好处。"——英译者
③ 最后一句话暗指柏拉图本人放弃早年从政的希望而在学园培养哲学政治家以后的处境。——英译者

第22章　哲学家当统治者并不是不能实现的

英译者导言

上一章的悲观情况现在有所转机,出现了一线希望。如果我们能使公众明白热爱智慧是什么意思,并能培养一个能依照只有他才知道的模式改造人类品格的人,那么,公众就可能接受哲学家的统治。

柏拉图也许在第一次游历意大利南部和锡拉丘兹(公元前388—公元前387年)以后产生并提出了这一观点,即由开明的暴君从上到下或由学园(柏拉图创立的学校)培养的哲学家政治家从上到下对社会进行改革。但是,哲学家国王不像普通的专制统治者那样可以"为所欲为",相反,他好比一个艺术家,时刻依据一个不变的模型进行工作,不可逆转地决定工作的纲要和工作的基本原则。

正　文

我继续说道:那么,如果你没有什么再补充的,关于对哲学家的偏见、哲学为什么存在以及哲学多么不好,我们已经说得够多了。

阿德曼图斯说:没有了,关于那个问题,没有什么要补充的了。但是,有没有一种现存的社会形式,你认为是与哲学相宜的呢?

我说:我说不出来。这正是我的苦恼所在,因为在现存的政体中没有一个配得上哲学的性质,这就是哲学性质遭到曲解和失去特性的原因。正如一颗种子种在一块异乡土壤上,受到环境的影响,蜕变成了当地的变种;这种哲学性质现在不能保持哲学本来的美德,而是堕落下去,染上了一种外来的性质。如果能发现理想的社会形式,像它自己那样完美无缺,那么,我们将看到实际上它是神圣的,而其他一切性质和生活方式都只是人间的。毫无疑问,你下一步还会问我,这种理想的社会是什么样的?

他回答说:你想错了,我要问的是,你所指的是否就是我们已在建立的共和国?

我说:是的,除了一点以外,其他都是——这一点就是,我们的国家必须永远有某种权威,他对国家政体的看法与你制定国家法律以前的看法相同。事实上,我们在前边曾经谈到过这一点,不过不十分明确。你提出了不同看法,使我大吃一惊。你的看法说明,解释工作是一件费时而困难的事。最难的还在后面呢!

他问：是什么呢？

我答道：是一个国家如何研究哲学而不遭受灾难的问题，因为一切大规模的尝试都是冒险的。这则谚语太对了：做有价值的事永远不会是容易的。

他说：不管怎样，这一点必须澄清，以便完成你的叙述。

我说：如果我说不清楚，不是因为我缺乏诚意，你会亲自看到，我将尽最大力量。为了证明这一点，我将立即大胆地提出，国家应当研究这一行业，研究办法并不像现在这样，而是恰恰相反，采取相反的办法。照常情来讲，凡是专注于此者都是刚刚结束童年。在成家立业和开始赚钱以前，他们就涉及了最困难的部分（我是指深奥的讨论），之后在他们完成这点时，他们的哲学教育就算完成了。接着，一旦他们接受邀请去聆听那样一个讨论，他们就会认为这是多余的，因为这个讨论被他们认为是一种消遣。年纪一天天大了，在大多数情况下，除了一些例外，光亮比赫拉克利特（Heraclitus）的阳光①熄灭得更快，因为它再也不能被点着了。

他问：正确的计划将是什么样的呢？

我答道：恰恰相反。儿童和青年应当接受适合他们年龄的自由教育，他们长大成人以后，就应当把身体练好，准备为哲学服务。年纪一天天增长以后，思想逐渐成熟。这时，应当加强智力培训。最后，当体力衰退时，他们就完成了公民的和军事的义务。他们可以自由处理一切，除了哲学以外，不参与任何严肃的事，因为他们的生活将是幸福愉快的，死后在阴间将得到一种适当的命运。

他说：苏格拉底，你真的好像在尽最大努力。但是，我认为，你的大多数听众可能在另一方面比你更认真。他们根本不打算同意你的看法，色拉西马霍斯是其中最不肯妥协的。

我说：在我们刚刚成为朋友（这不是说过去我们是仇人）的时候，不要在我与色拉西马霍斯之间制造纠纷。咱们两个人要不遗余力地说服他和他那一帮人，也许他们与我们在来世还会进行这类讨论。

他说：那是一个相当遥远的未来呀！

我说：在整个过程中，那只不过是弹指一挥间。不过，大多数人不相信我们的建议，这不足为奇，因为他们从来没见过我们的话实现过。他们听到的是高谈阔论，能言善辩，所用词句不像我们使用的是不加雕琢的自然词句，而是充满对称辞藻和矫揉造作的词句。② 但是，一旦能有一个人品德非常完美，在言行方面都可以称得上是美德的典范，统治一个像他自己那样完美的社会……这样的人，他们还没有见过一个。

他同意道：他们还没有见过。

我说：他们也不愿意认真地聆听那些坦率而高雅的讨论，因为这种讨论完全是为真理而求真理，丝毫不考虑法院或讲坛使用的那些只想说服别人或只想打赢官司的特殊辩论技巧。

他说：说得很对。

---

① 赫拉克利特说，"每天都有一个新太阳"，因为一切事物都在变，没有同样的事物。——英译者
② 指伊索克拉底的政治演说，他的培养未来政治家的学院与柏拉图的学园是对立的。——英译者

我说：这就是我在下列情况下所预见到的障碍，真理强迫我声明（尽管我心中有些担心），在某种良好环境下迫使那些未陷入腐败但现在被称为一无所用的少数哲学家负责（不管他们喜欢不喜欢）管理将受他们支配的国家以前，或者，在国王和统治者或他们的子孙受到神圣感化而喜欢真正的哲学以前，永远不会产生一个完美的国家或政体，也不会产生一个完美的人。如果上边所说的一种情况不可能或两种情况都不可能，我们就理应被人嘲笑并被视为无谓的梦想家。但是，我认为，没有理由这样说。因此，如果在过去或将来任何时候甚至今天，在天涯海角的某一外部区域，在哲学方面有大才大智的人不得不出面管理一个共和国，那么，我们就坚持认为，我们所叙述的政体已经实现，或者当哲学女神一旦变成一个国家的女主人，那种政体就将要实现，因为，那种情况是可能发生的。我们的计划是难于实现的（我们也承认），但并不是不可能的。

他说：我同意这种说法。

我说：但是，你又要说，公众并不这样认为。

他说：也许。

我说：亲爱的阿德曼图斯，你千万不要这样一概否定公众。如果你不争吵，慢慢地、婉转地消除他们反对爱好知识的偏见，他们会改变看法的。我们重新谈谈哲学家的性格和他的追求吧，他们听了就会明白，你所指的不是他们想象的那种人。让其他本来不怀恶意和怨恨的人怀有这种恶意的完全是一个人的恶意和怨恨。我先告诉你，公众，除了少数以外，一般都不是顽固不化的。

他说：是的。我同意你这一说法。

我说：如果对哲学有恶感，就必须斥责那些总是互相谩骂、恶意攻击和吵个不休的侵犯者，这些行为是哲学家最不屑于干的，你也同意这种看法吗？阿德曼图斯，我敢说，一个把思想集中于真正的实在的人没有空儿去管人间的是非，没有空儿去参与争吵，没有空儿去接受他们的嫉妒和怀恨。他所期待的是一个秩序不变、人们和谐相处的世界。在那里，理性统治一切，无人犯法，无人受害；像一个想模仿自己仰慕的朋友的人一样，他肯定能照那个朋友的一举一动行事。所以，经常与世界的神圣秩序为伍的哲学家将在他自己的灵魂中建立那种秩序，就人类所能做到的，他将变得像神一般有理想；虽然在这里，像在其他地方一样，还有可能存在诽谤。

他说：说得有理。

我说：那么，假使他发现自己不得不改造除了自己以外的其他人的品格并且按照他的理想去规定公共生活和个人生活的方式，那么他不会没有技能来培养那样一个具有节制、公正以及一般人所能具有的一切美德的人。当公众看到我们的描述名副其实的时候，就会服从哲学家，不再不相信我们的这种说法了；就是说，只有当国家的轮廓由一个依据神圣图样工作的艺术家来勾画时，才能国泰民安、人民生活美满。

他说：是的，他们一旦明白这一点，就会和解了。但是，这个艺术家怎样着手工作呢？

我说：他将把社会和人类的品格当做他的画布，先把它擦干净。这并不是一件轻而易举的事。但是，你知道，跟其他改革家不同，如果不供给他一块干干净净的画布或者他自己不先把它擦干净，那么，他是不会同意描绘个人或国家，不会草拟法律的。

他同意道：很对。

我说：接着，他将草拟政纲。然后，在进行工作时，他将经常参照他的模式，即公正、善良、节制等理想以及其他事项，并且拿这些与他想在人类社会中创造的那些品质相比较。就像画家调色一样，把社会生活中的种种成分集合起来，根据神圣的模式，重新创造真正的人类面貌，如同荷马称为神一般的人那样。他将擦去并重新画上这种或那种特点，直到尽可能制造出一种上天赞许的人的性格类型。

他说：再没有比这个画面更美的了。

我说：你说过，当我们称赞哲学家并建议让他治理国家的时候，那些敌对者会猛攻我们，现在我们这番话能不能使他们回心转意呢？我们已经告诉他们，我们所指的是一个艺术家，他将利用这种方式靠自己的技艺设计一种政体。他们听了会平静下来吗？

他说：如果他们有一点常识的话，他们应当平静下来。

我说：是的，还有什么要争论的问题吗？否认哲学家热爱真理和实在，或者否认他的性格，如同我们所描写的，与完美近似，或者还否认，给予正当教育以后，没有人能像他那样十全十美和精明强干，都将是荒谬可笑的。他们不会把优先权让给那些被我们排斥出去的骗子。

他说：当然不会。

我说：因此，他们再不会因为我们说下边这种话而对我们发火了：如果哲学家不执政，不论国家或个人都不能幸免于灾难，而我们所设想的共和国就永无实现之日。

他说：也许不会发那么大的火了。

我说：我认为，如果我们进一步设想，他们的心气完全安定下来并且心服口服了，那么，也许他们会很难为情地同意我们的看法。

他说：当然可能。

我说：那么，假设他们能心服口服，就没有人跟我们在下列论点上争论不休了：国王和世袭的统治者所生的儿子可能具有哲学家的性格，可以想象，这样的人可能免于腐化堕落。我们承认，不使他们腐化堕落是不易办到的，但是，谁又能说，永远没有一个能免于腐化堕落的人呢？

他说：当然没有人能说这种话。

我说：那么，如果他的公民服从他，他就足以实现目前看来不可思议的这项改革了。因为，当某个统治者①制定了我们所描述的规章制度以后，可以肯定，公民会同意贯彻执行那些法律和制度并不是不可能的。如果其他人也像我们这样想，那就没有什么可奇怪的了。我相信，我们已经充分说明了，我们的计划，如果可行，是最完美的。因此，我们得出结论：我们的制度，如果能实现，就是最完美的；而付诸实现，虽然有困难，也并不是不可能的。

他说：是的，这就是我们的结论。

---

① 在《法律篇》709E 中，柏拉图又一次提出立法者与有智慧、能自制的年轻暴君进行联合。——英译者

第三部 哲学家国王

第 23 章 善是知识的最高目标

英译者导言

假如有可能产生一个哲学家——国王,那么如何对他进行培训?本书第三部其余各章叙述的是未来的统治者在完成第 9 章的基础教育和两年或三年的加强体育训练以后,在 20—35 岁(第 28 章)要接受的高等数学和高等道德哲学教育。叙述的情况也可被看做是学园的一种理想学习计划。

柏拉图首先介绍了最高目标,即获取关于善的知识。对社会的拯救者来说,首先需要的是对价值有一定的和首要的认识,即个人或社会的全部生活应当实现的目标。柏拉图(*Charmides*,173,*Euthydemus*,288D)和亚里士多德(*Ethics*,I,i)把社会生活描写成一个领域,其中"艺术"或专门技艺的一切形式都有多种被呈现的领域,各有各的特殊目的:医学提供健康、战略战术提供胜利、商业提供财富,等等。在它们之上是皇家艺术或政治艺术(政治学),这些特定的目的被看做是达到生活的最终目的或终极状态(telos),即人类安康或幸福、"人的善"的手段或要素。如果这一目的设想得不对头,即如果一个政治家,比如,认为他的国家的目的是皇室控制一切或掌握无限财富,或者如果个人认为金钱、权力或安乐足以使他幸福,那么一切努力就将走上邪路,走向错误的方向。柏拉图首先认为,知识的最重要的目标就是这种"人类的善"。他不认为大众的信念就是享乐。更精确的观点是"知识"(洞察、智慧)可归属于柏拉图早期对话所描述的苏格拉底。他认为,人的幸福在于充分实现他的个性美德和功能(第 4 章),而他的美德作为理性的存在,是清楚地洞察生活的真实目的,即"关于善的知识"。这样的知识一旦被掌握,必能决定意志和行动。

但是在本章较后部分,"善"容纳了比柏拉图自己的形式("理念")所持的理论广泛得多的意义。在希腊文中,"善"通常与"善本身"是同义词。这是最高级的形式或实质,它不仅表现在特殊类型的道德善良、公正、勇敢等等中,而且表现在所有的天性中(因为每一种生物都有自己的"善"),特别是表现在天体(第 34 章)的美丽与和谐的秩序中。幸福所依赖的善的知识如今将包括对整个宇宙的道德的和物质的秩序的理解。作为在世界中运行的神圣理性的目的的客体,这种最高级的善使世界有知识,当我们看到它被设计以提供服务的目的时,作为人类技艺的工作,善就变成知识。这也阐明和说明了宇宙的理性部分;善类似太阳,太阳作为光源成为视觉和可见性的起因,也是一切凡人存在的起因。

苏格拉底拒绝界定最高级的善。不妨认为它是一种只能继续进行长期文化培训(第

28章)的启示。无论是格劳孔还是《理想国》的读者都没有这种准备。柏拉图也从没有把他的最深刻的思维付诸写作中(*Epistle*,vii.341c)。

正　文

我说：那么，我们已经克服了一个困难。不过，还要问一问，我们怎样才能保证得到那些保卫我们的政体的人呢？他们必须学习些什么？在多大年龄开始学习各门学科？

格劳孔说：是的，这就是下一个问题。

我说：我本想把娶妻养子和指派统治者这两个棘手的问题推迟到以后再讨论，看来我是白费心了。因为，我知道理想的计划会让人不满，而且不易执行，不过我仍然要加以讨论。我们已讨论了妇女儿童问题，但是我们还必须重新研究统治者的培训问题。你记不记得我们曾经说过：如何通过逆境和顺境来考验他们对祖国的热爱；如何把他们对祖国的热爱变成一种信念，即任何劳苦或危险、任何命运的变化都不会使他们动摇变节、背离祖国。① 经不起考验的人都将被淘汰，只有完美无缺的人，如同烈火金刚一般，才能成为统治者，他们在生前和死后都享受特权和回报。谈完这些以后，我们的话锋转了，好像故意给话题蒙上了一层薄纱，隐隐约约，避开了我们现在碰到的危险问题。

他说：说得很对，我还记得这事。

我说：是的，我现在所说的这番大言不惭的话，当初是避而不谈的。但是，现在我们已经大胆提出，我们的卫士，严格来讲，必须是个哲学家。② 既然这样肯定了，你就必须想一想，能选上的人是多么少。我们所需要的天资才赋很难集中在一个人身上，而常常是分散存在的。

他问：你这是什么意思？

我答道：类似理解力强、记忆力好、聪明机智、伶俐敏捷以及勇敢无畏、豪爽宽厚这样的性格，很少会产生享受循规蹈矩、恬静安详的生活的愿望。机智聪明的人通常是不够稳重而喜欢到处乱走的。另一方面，稳重可嘉的人具有泰然自若的性格，他在战争中临危不惧，可是又不易接受别人的教育。这种人遇到需要动脑筋的时候就昏头昏脑，除了打哈欠以外什么都干不了。

他说：这是实话。

我说：但是，我们坚持认为，如果没有这两方面应有的正面品性，谁也不配接受最高级的教育，或者说，谁也不配当统治者来执政。兼备这两种品性是非常难得的。因此，除了用经受艰苦和危险以及享乐诱惑来考验以外，我们还可以再加上这样一条：他是否有学习最高级知识的毅力和耐性，并且不像其他人那样，在接受体力考验时畏首畏尾？

---

① 参见第10章。——英译者
② 前边(第10章)谈到的要求全体卫士忠于信念，对于将要成为其余人所服从的统治者的少数人来说是不够的。他们必须掌握哲学家关于善的必要知识。——英译者

第三部 哲学家国王

他说：一定要这样做。但是，你管哪种学习叫做最高级的教育呢？

我说：你记得吗？我们曾把灵魂分为三个部分来界说公正、节制、勇敢和智慧。

他说：如果我忘了，我就不配再听了。

我说：我先前曾经提醒过你①，为了尽可能最清楚地认识这些品性，我们应当多走些路，多研究研究，虽然我们当时能够像对付先前的论点一样作出更肤浅的叙述。你还记得这番话吗？当时，你说，那样就可以了，因此，我们就采取了我认为并不十分确切的方式。这种做法你是否满意，你表示一下意见吧！

他说：我们都以为你已经恰如其分地把真理的准则向我们交代清楚了。

我说：任何一条准则，只要稍微偏离整个真理，对于这样重大的事件都不会是十分恰当的。虽然人们有时认为，我们已经做得足够了，没有必要再进一步追究了，可是不完善的东西永远不能作为准则。

他说：是的，惰性是一种常见的现象。

我说：但是，对一个共和国的卫士和法律执行者来说，最忌讳的莫过于此了。因此，他要走一段更长的路，并且在学习中要和锻炼身体一样，刻苦努力。否则，他就永远也达不到求得与他休戚与共的最高深的知识的目的。

他说：噢，难道公正和我们讨论过的其他美德不是应得到的最高深的知识吗？还有更高深的知识需要学习吗？

我说：有的。关于这些美德，我们只勾画了一个粗略的轮廓，凡是画面画得不全面的都不会使我们满意。如果我们对不重大的事物花大力气来判明和澄清，而对最重大的事物反而不要求高度精确，这该是多么可笑啊！

他说：当然可笑。不过，你所说的最高深的知识是什么，涉及什么东西呢？这个问题，你不能指望回避。

我说：我没有打算回避。你可以亲口来问我。事实上，我已经告诉过你好多次了。不过，在目前来说，不是你不动脑筋，就是我怀疑你想逼我陷入困境。因为我常跟你说：知识的最高目标就是善的本质，一切良好的和正确的东西都是从这儿给我们带来价值。现在，你一定想叫我说明这一点，并且想叫我加上这么一句：我们对它还不充分认识。我没有必要告诉你，缺乏这种知识，不管你对其他事情了解得多么透彻，对我们来说都是毫无价值的，正如同我们拥有某类东西而没有得到其中的精华是同样无用的。如果样样保全独无精华，或者样样通晓独对其中精华与真髓一窍不通，又有什么好处呢？

他说：一点儿好处也没有。

我说：那么，你还应知道，大多数人都把善②视为快乐，而更开明的人则认为善是知识。

他说：是的，当然是这样。

我说：此外，后一种人没给我们解释清楚他们所指的知识是什么，从而最后被迫说出是"关于善的知识"。

---

① 参见第13章。——英译者
② 这里的"善"显然是指"人类的善"或人生的目的。——英译者

他说：这看法是可笑的。

我说：是可笑的，他们首先责备我们不懂得善，接着又告诉我们，"善"就是关于善的知识，好像他们一说到"善"我们就明白那个词的意义似的。

他同意道：很对。

我说：那些把善界说成是快乐的人是些什么人呢？他们的思想是不是也同样混乱呢？他们不得不承认，享乐有时是坏的，由此可以得出结论：同一事物既是好的又是坏的。

他说：很对。

我说：看来，这显然是一件很容易引起争论的事。同样明显的是，虽然很多人都满足于从事似乎是公正或光荣而实际并不是公正或光荣的事，虽然他们满足于看到具有这些属性的假象，可是一旦碰到好东西的时候，就没有人满足于貌似良好的东西了：在这里，大家都不要假象而要实在。

他说：肯定是这样。

我说：那么，这是每个灵魂作为自己全部行动目标所追求的一件事。它模糊地看到了它的存在，但是恍惚迷离，不能像处理其他事情那样明确而可靠地抓住它的本质，从而失掉其他事物可能具有的价值。总之，这是一件非常重要的事，是关系到我们整个共和国的命运的卫士不能不了解的。

他说：肯定是这样的。

我说：不管怎样，我认为，一个人如果不了解正确的和恰当的典章制度或风俗习惯好在哪里，他就不配当一个有效地捍卫那些典章制度或风俗习惯的卫士。我猜想，这样的人不能充分认识到这些典章制度和风俗习惯是正确的和恰当的。

他认同道：毫无疑问是这样的。

我说：因此，我们共和国的礼法，只有交给一个确实有这种知识的卫士来维持，才能完善地制定出来。

他说：是这个道理。但是，苏格拉底，你对善的看法是什么呢？它是知识或快乐或其他什么东西吗？①

我大声说道：说得对！我到底看出来了，你不准备同意其他人的想法。

他说：好，苏格拉底，你对这个问题已经下过不少工夫了，可是你总是想重复别人的意见，而不表示自己的看法，这似乎不大合适吧！

我说：一个人如果把自己不知道的事当成知道的事来谈，你认为这合适吗？

他说：不，不懂装懂是不合适的，不过他可以就自己的想法发表自己的意见。

我说：在不懂的情况下发表意见总是肤浅的，难道你没有注意过这一点吗？充其量是瞎说一通。持有真实的信念而不知其所以然，犹如盲人碰巧走对了路，不是吗？

他说：不错。

我说：那么，当别人跟你滔滔不绝、高谈阔论时，你还叫我扮演这种可怜的瞎跛子角色吗？

---

① 从这里开始，讨论的范围已不仅限于"人类的善"，而是扩大到最高形式"善本身"了。——英译者

第三部　哲学家国王

他说：苏格拉底，真的不是这样，你千万不要看到目标还半途而废。向你对我们叙述公正和节制以及其他美德那样来叙述善，我们应当感到十分满意。

我说：亲爱的格劳孔，我应当更满意！不过，我担心，我不能胜任，勉为其难，只有使自己丢脸，被人嘲笑。让我们暂时把善的真正意义的问题先搁下来，要达到我所认为的那种程度，还需要付出巨大努力，而付出这种努力不是我们这种探讨所能实现的。不过，只要你愿意听的话，我想把自己对善的子孙后代以及对与善极为酷似的东西的看法告诉你。

他说：好吧，把善的子孙后代的情况告诉我们吧！不过，你以后还得给我们讲讲做父母的情况。

我说：但愿我能胜任这个叙述，也愿你能听得进去，加以接受。不过，你现在必须只能满足于谈利息①；你千万要当心，在叙述善的子孙后代时，我不会一时疏忽，把伪币当真币骗你。

他说：我们会仔细盯着你。说下去吧！

我说：首先，我们必须取得谅解。让我提醒你，我们在前边提出过并且在其他场合②经常提到的区别，这区别就是被我们称为善或美或其他任何东西的总和与善本身或美本身等等之间的区别。根据这许多东西中的每一组，我们相应地照我们对它们的称呼假定它是单一的形式或真正的本质。

他说：对，是这样的。

我说：此外，这许多东西，我们认为，是可以看见的，但并不是理性思想的客体；而形式则是思想的客体，不过，这些形式是看不见的。

他说：是的，当然。

我说：我们用眼睛看东西，正如我们用耳朵听声音，或者一般来说，正如我们用感官觉察一切可感觉的东西一样。

他认同道：自然是这样的。

我问：那么，你注意过以下这点吗——设计感官的发明家在使我们的眼能看并使眼的客体被看到的时候，曾经大肆挥霍过物质材料？

他说：我从来没有注意过这点。

我说：好了，这样考虑一下吧！听力和声音并非不需要任何第三种东西，没有这第三种东西，耳朵就不能听，声音就不能被听到。③ 我认为，对于其他大多数感官来说，不说所有其他东西，也是同样的。你能想出一种东西，的确需要这类东西吗？

他说：不能，想不出来。

我说：但是，就视力和它的客体来说，就有这种需要。你的眼睛里有视力，并想利用视力。客体可以有颜色。但是，如果没有专供人看东西和分辨颜色的第三种东西，视力将看不到任何东西，颜色也就不能被人看到。

---

① 希腊文 tokos 具有双关意义，即"利息"和"稀有金属的产物"。——英译者
② 《理想国》第 19 章曾提到这点。——英译者
③ 柏拉图认为，声音是靠空气振动听到的(*Timaeus*, 67B, 80A)，但是空气与光不同。——英译者

他问：你是指哪种东西而言？

我答道：当然，我是指你叫做光的那种东西，如果光是一种有价值的东西，那么视觉与看到东西的能力是被一种非常宝贵的媒介联系在一起的，而这种媒介是不把其他感官同光的客体联系在一起的。

他说：没有人能说，光不是一种宝贵的东西。

我问：在所有太空的神①当中，有没有一种神，它的光首先专门负责使我们的眼睛看清东西并使客体被看清呢？

他说：毫无疑问，你当然指的是太阳。

我又问：光与这个神的关系是怎样的呢？视力以及拥有视力的眼睛都不是太阳，但是在所有的感官当中，光是最酷似太阳的；此外，它具有的力量是太阳发射出去的，犹如一江春水在眼中泛滥。②其次，太阳并不是视觉，而是视觉的来源，并且还被它本身造成的视觉看到。

他答道：是的。

我说：那么，当我谈善在视觉世界生育的子孙时，我所指的就是太阳，它与视力和可见物的关系如同善本身在可知世界中与智力和可知客体的关系是同样的。

他问：这是怎么回事？你必须进一步解释一下。

我答道：当事物的颜色不再被日光照耀，而只是被夜间星月的微光照耀时，你认为会出现什么情况呢？这将造成：当你看这些东西时，视线模糊不清，几乎像盲人一般，好像失去了清晰的视力，但是，当你观望太阳照耀的东西时，同一对眼睛则看得清清楚楚。这就说明，眼睛确有视觉能力。

他说：当然。

我说：那么，把这个道理应用到灵魂上去。当灵魂注视一种被真理和实在照耀的事物时，灵魂就得到知性和知识，并且完全具有智力。但是，当灵魂观看那些生而覆灭的事物的朦胧世界时，它的光就变得黯淡了，只具有变化无常的意见和信念了，这时它就好像成了一种没有智力的东西。

他同意道：这是实情。

我说：赋予知识的客体以真理并赋予了解这些客体的人以了解力的东西，就是形式或善的本质。它是知识和真理的本源。因此，当你认为它是知识的客体时，把它当作超越真理和知识的东西，并且认为它除了与真理和知识同样宝贵以外，还具有更高的价值，你就做对了。正如在我们的比喻中，光和视觉被认为类似太阳但并非与它一样，真理和知识也被认为像善，但把其中任何一个认为是善就错了。善必须享有更高的光荣地位。

他说：如果善是知识和真理的源泉，而且它本身在价值方面超过它们，那么，你就赋予它特别光荣的地位了。你肯定不会认为善就是快乐。

我大声说道：绝不会的。但是我想进一步做个比喻。你会同意这个说法：太阳不仅

---

① 柏拉图认为，天体是永生不死的动物，即神。——英译者

② 柏拉图的视觉理论包括三种火或光：(1) 日光，即太阳射到空气中的一团纯火；(2) 视流或"视觉"与日光相似，是一种纯火，含在眼球里并且能够发出一道光，投射到被看到的客体上；(3) 外界物体的颜色，"来自每一个物体的一道火，具有与视流分子相称的分子"，当两道河流相遇并汇合的时候"产生感觉"(Timaeus, 45B, 67c)。——英译者

使我们要看的东西可以被看到,而且使那些东西存在并使它们生长,供给它们养料。可是,它并不是与"存在"(existence)相同的一种东西。① 知识的客体也是这样,它们从善那里不仅取得被了解的力量,而且还取得了它本身的存在和实在;善不是与"存在"(being)相同的东西,它甚而超越存在,在威严和力量方面都超过它。

他高兴地大声说:你把善捧得太高了!

我回答说:这是你的错,你迫使我谈看法的。

他说:是的,千万不要停在这里。无论如何,如果还有可说的,就把它与太阳的相似之处谈完吧!

我回答说:我要说的还有很多呢!

他说:那就让我们接着听吧,不要遗留一点儿。

我说:我担心必须有许多要省掉。不过,如果可能的话,我尽量不在这时候把该说的省掉。

他说:请不要省掉。

---

① 创生(genesis)这一双关语很难表达出来。太阳"赋予事物以创生"(生殖或生育),但是它"本身不是创生"(生成即生而复灭的事物的即时存在,与智力世界的永生事物相反)。——英译者

第24章 知识的四阶段 界限

英译者导言

第19章对比了可感觉的现象和变化的信念领域与(我们现在知道的)善所主导的永恒的和不变的形式领域。哲学家是把感情放在关于真实世界的知识上的人。卫士在文学和艺术方面所受的初等教育主要限于现象和信念世界,虽然这个世界在觉察道德理想的"影像"方面达到了高峰,道德理想的影像的美可能会激起每个人存在于灵魂里的爱(第9章)。目前要描述的较高级的智力培训,是把智力与现象和个体分开,并使它超出两个世界与一直到达善的视野之间的界限。因此,它相当于戴奥提玛(Diotima)在《宴饮篇》(*Symposium* 210)中说的"更大的神秘"。在那里,厄洛斯爱神离开个人客体,进入美本身的视野(善认为这是欲望的客体)。下一章将对此进程做寓言式描述。

这里用一个图表表示以下寓意。一条线被分成两部分,其差异象征可见世界的实在和真理比可知世界的程度低。每一部分又以同样的比例被分割(如 A+B:C+D=A:B=C:D)。两个主要部分相当于两种认识,它们在清晰度和可靠性方面不同。这种差异将在各节重复叙述。

较低部分(A+B)起初叫做"可见的",但后来,前边(第19章)解释过的广义的信念的范畴涵盖了关于道德(第19章末尾)的"众人的许多常规观念",并象征"喜爱现象的人"所理解的物质世界和道德世界,他们不承认柏拉图称之为"真正"的绝对理想(第19章)。

	客体	智力状态
可知世界	善 依靠善而知名的形式 不是这样而知名的形式,如数学	智力(noesis)或 D 知识(episteme) C 思维(dianoia)
现象世界	可见事物 影像	B 信念(pistis) A 想象或猜想(eikasia)

(A) 最低层次的认识形式叫做想象(eikasia)。这个词不易翻译,这是柏拉图给予特殊意义的当代名词之一,要从上下文推断。在词源上,它与 eikon 有关,等于"影像"、"相像";与 eikos 有关,等于"好像",意思是"相似"("表现")或"比作"("比较")或"估计"("猜想")。也许"想象"是合适的译法。这好像是全部未开化的智力状态,这一状态在表面价值上有可感觉的现象并具有当前的道德观念——在后面的洞穴寓言中的未释放囚徒的

状态,他们看到的只是影像中的影像。

(B) 较高层次的部分代表关于一般被叫做实物的可见的和可摸的东西的实在的、常识性的信念(pistis)。在道德领域中,它包括"没有知识的正确信念"(第23章),比如年轻的卫士要学习掌握的信念。真正的信念是对行动的充分指导,但是在掌握理性知识开始行动以前,它是不稳固的(Meno,97)。较高层次的教育得以摆脱现象这一牢房,靠的是培训智力,首先是数学,然后是道德哲学。

(C) 可知世界的较低层次描述的是数学科学的方法(第24章)。数学程序的两个特点表现为:(a)使用可见的图表和模式,作为对纯思想的客体和真实的不完善的表达。这好似一座桥梁,使智力从可见事物到达可知的实在,这必须通过学习加以区分。(b)数学的每一分支都是从无异议的假设(假定、公理、定义)开始并用演绎方法推理。前提可能是真实可靠的,随后可得出结论,但是,整个结构悬空,直到假设本身显示出要依靠一种无条件的原则。(这种情况可能被推测为是统一本身,即善的一个方面。)与此同时,智力状态是思维(dianoia),即表示"思想"或"思考"的普通词语,在这里表示一种理解的程度,而不是完整的知识(第26章)。思维使人联想到推论的思维或从前提到结论的推理,而智力(noesis)始终可比之于视觉的即时行动,从而使人想到对客体的直接感知或理解。

(D) 较高级的方法叫辩证法,这个词从黑格尔起引发了令人误解的联想。在《理想国》中,这个词的意思仅仅是哲学谈话(对话)的技术,参加的人有问有答,力求提出或得到对方对某一形式(一般是道德形式),比如在本对话中的公正的"陈述"(逻各斯[logos]①)。在这个阶段,可见的图示不再存在,运动起初并不向下推移,即根据前提演出结论,而是向上推移,检查各种前提本身,并寻求它们都依靠的最后原则。有人提出,如果智力曾经向上升到能掌握最高形式,那么它就可能确定道德知识与数学知识的整个结构,并进行演绎而下降。思想状况被叫做智力或理性的直觉(noesis)和充分意义的知识(episteme,第27章)。辩证法的程序将在第27章进一步表述。

正　文

我说:那么,考虑一下我所说的两种力量,即主宰整个可知领域的善以及主宰可见世界的太阳或者我所称的天。你只会认为我在显示舞文弄墨的伎俩。不管怎样,你的思想里已清楚地有了这两种事物的次序,即可见的和可知的,有没有呢?

格劳孔说:有。

我说:现在,我们划一道线,分出两个不相等的部分,一部分代表可见的,另一部分代表可知的,然后再以同样的比例把这两部分分开,表示比较清晰或比较模糊的程度。可见世界的两个部分之一(A)代表影像。影像的意思,我认为,首先是指影子,然后指水中或光滑细腻的表面的映象以及各种类似的东西,懂吗?

---

① 逻各斯,意为世界的普遍规律,或理性、理念。——中译者

他答道:是的,我懂。

我说:第二部分(B)代表与第一部分相似的实在的东西,即我们周围的生物和大自然或人工制造的一切作品。

他说:就算是这样吧!

我说:你还把区分可见世界的比例看成是相当于实在和真实的程度,从而相似物代表原物的比例与现象和信念的领域同知识领域之间的比例是一样的?

他说:当然。

我说:现在,考虑一下,我们如何分离出代表可知世界的那一部分。这个世界有两个部分。在第一部分(C)里,智力把本身在可见世界中具有影像的实际的东西当作影像,它被迫从假设出发,继续前进,不是寻求原则,而是求得结论。在第二部分(D)里,智力从另一方向前进,从假设走向一个并非假设的原则,它并不利用另一部分所使用的影像,而是只利用形式,并且完全根据它们的方法进行探讨。

他说:我不大明白你的意思。

我说:那我就再试着说说,我们刚才说的可以帮助你了解。(C)当然,你知道,研究几何和算术这类学科的人开始时如何假定奇数和偶数或者各种各样的数字和三种角度以及每一学科中的其他那类材料。他们认为,这些材料是已知的,一经认为是假设的,他们就不愿对自己和对别人做解释说明,而是把它们当作自明之物。然后,他们从这些假设出发,一直到采取一系列坚定不移的步骤得到他们立志探求的一切结论。

他说:是的,我知道这点。

我说:你还知道,他们怎样利用可见的图样并加以讨论吗?虽然他们心中想的实际上是这些图样成为影像的本原,但他们并不是在,比如,推论他们所画的这个特定的方形和对角线,而是推论方形本身和对角线本身,其他情况也都如此。他们所画的图案和所做的模型都是实际的东西,这些东西可能在水里映出自己的影子或影像,但是现在它们却又成了影像,而研讨的人想看到那些只有思维才能了解的实在物。①

他表示同意说:对。

我说:这就是我所说的可知的那类东西,但是,它具有两种属性:第一,智力在研究它们的时候,被迫使用假设,并且因为它不能超越这些假设,因而不能前进到第一原则;第二,智力利用这些实在的东西作影像,而这些实在的东西本身在它们之下的那一类里具有自己的影像,并且与那些影子和映象比起来,被认为更能被触知,从而更有价值。

他说:我明白你是指几何的和同类艺术的程序。

我说:(D)关于可知世界的第二部分,你可能理解为指靠辩证法进行一切独立的理性理解,当它处理假设时,不是把它作为第一原则,而是作为真正的假设,也就是"准备"一组阶梯一直通往某种并非假设的东西,即一切事物的第一原则;掌握了这一点,即可回头,并掌握依赖它的结果,最后得出结论,永远不利用任何可感觉的实体,而只利用形式,从一个形式到另一个形式,最后,形成形式。

---

① 相反,数学家可以利用可见的客体作图示,这说明数学的实在和真实得到体现,虽然可见的和可触觉的世界不完全一样,而道德形式的实在性只能靠思想看到。——英译者

第三部 哲学家国王

他说道：我明白了，虽然明白得还不全面。因为，你所描述的程序听起来像一项艰巨的任务。但是，我认为，你是想辩明靠辩证法研究可知的实在的境界的可靠性和真理性，比把他们的假设当作第一原则的"艺术"的主题（像它们被称谓的那样）更强。研究这种艺术的人确实被迫运用思维去思考感官所不能看到的客体，但是因为他们从假设出发而不回到第一原则，你就不会认为他们真正了解那些客体，虽然客体本身与第一原则联结时是可知的。我想，你不会把研究几何和其他类似艺术的思想状况叫做智力，而是叫做思维，把思维视为介于智力与单纯接受现象之间的东西。

我回答说：你已经很了解我的意思了。现在，你可以把这四种思想状况与那四部分对应了：最高的是智力；第二是思维；第三是信念；最后是想象。① 你可以把这四部分按比例排列次序，赋予每一部分一定程度的明确性和肯定性，以对应它们的客体所具有的真实性和实在性。

他说：我明白了，而且同意你的说法。我将照你的说法来排列。

---

① 柏拉图从不死用技术名词。这里所提的四种名词并没有被最后界定或严格使用。——英译者

第 25 章 洞穴的寓言

英译者导言

现在用著名寓言来说明，把现象世界比作地下洞穴，智力从最低级的愚昧状态上升到对善的认识的过程。在恩培多克勒（Empedocles）①的宗教诗作中，引导灵魂再生的神灵说道："我们已经来到洞穴的洞顶下。"影像大概来自洞穴中或代表地下世界的黑暗房间中的神秘景象。在洞穴或黑暗房间中，进去的候选人被一道亮光引导，得以见到神圣客体的显现。柏拉图把躯体是监狱房间的理念归因于俄尔甫斯神秘宗教现象，即灵魂由于过去的恶行而被判入狱的理念。

寓言的一个教益显然是从黑暗突然转向光明所造成的痛苦。诡辩派和苏格拉底本人早期提出的不要使未受训练的头脑陷入道德问题的讨论（第 22 章），进一步由于困惑的囚徒被拖入阳光中的图景而被加强。柏拉图的十年纯数学课程的目的是要在道德理念被提出以前（第 28 章）使智力习惯于抽象推理。

正　文

我说道：其次，这里有一个寓言，可以用来说明我们的本性可以开化或不开化的程度。设想，一些人住在一种地下洞穴之类的囚室里，那里有一个朝向光亮的入口，还有一段通往地洞的长通道②。在这里，他们的腿和脖子从小被铁链锁着，不能动弹，只能看到眼前的东西，因为铁链使他们无法扭头。远处的上边有一个在他们背后燃烧的火炉，发出亮光。犯人与火炉之间有一段路③，沿着这段路搭设了一块帷幕，就像木偶戏里的帷幕一样，当表演者在顶上表演的时候，帷幕就挡住了表演者。

格劳孔说：我明白。

我说：设想，在帷幕后边，人们拿着各种各样的仿造物品，其中包括木制的、石制的或其

---

① 恩培多克勒（公元前 450—公元前 430 年），古希腊哲学家、诗人、医生，认为万物皆由火、水、土、气四种元素组成，动力是爱和憎，爱使元素结合，恨使元素分离。——中译者

② "进入"囚室的通道的长度是一个关键的特点，可说明为什么没有日光射到那里。——英译者

③ 这段路以直角形式穿过通道深入洞穴，处于沿着它所搭设的帷幕之上。——英译者

他材料制成的人体或动物体,这些物品投射到帷幕上。当然,其中有些人说话,有些人不说话。①

他说:这是一个奇怪的图景和一些奇怪的囚犯。

我回答说:就像我们自己一样,首先,这样被囚禁的犯人除了能看到火光投射到对面洞墙上的影子以外,看不到自己,也互相看不到。你以为他们能看到吗?

他说:如果一辈子不准他们扭头,他们就看不到。

我说:他们也很少看到别人经过时所拿的东西。

他说:当然。

我问:如果他们能互相交谈,他们不会认为他们的话题只能涉及他们所看到的那些掠过的影子吗?②

他答道:必然会的。

我说:设想,在他们的监狱中,他们对面的墙发出回声又怎样呢?当在他们身后经过的人谈话时,他们只能认为这声音是来自他们眼前掠过的影子。

他说:毫无疑问。

我说:那么,不管怎么说,这些囚犯除了只能把那些人造物体的影子当作实在以外,不会把任何东西当作实在。③

他说:这是必然的。

我说:现在考虑一下,如果松开他们的锁链,消除他们的无知,又将怎样呢?设想,释放其中一个,并突然强迫他站起来,转动头部,一边抬起眼来观望光亮,一边走路。所有这些行动都将使他痛苦难受,他会眼花缭乱,无法辨明他习惯看到其影子的物体。如果有人告诉他,他从前看到的是一些毫无意义的幻影,而现在由于更接近实在,转向更实在的东西,他正看到一种更真实的景色,你想他会说些什么呢?此外,设想,把刚刚拿过去的每种东西拿给他看,并且让他回答问题,说出每种东西是什么,他不会迷惑不解并且认为现在让他看的东西并不像他从前看过的东西那样真实吗?④

他说:他会觉得相差很远。

我说:如果强迫他看看火光,他的眼睛不会觉得疼痛以致疼得想躲开,回头去看他能清晰看到的东西,而且深信这些东西实际上比现在叫他看的东西更清楚吗?

他说:是的。

我说:设想有人用力把他拉到高低不平的高处,而且非把他拉到阳光下边不可,这时他不会感到这种对待他的方式使他感到痛苦和苦恼吗?当他来到阳光之下,会发现他的眼睛充满光芒,以致看不到一点点现在告诉他是真实的东西,不会这样吗?

---

① 近代的柏拉图把他的洞穴比作一座地下电影院,观众在这里观看影戏,影像是被他们身后的光线照射的影片所投射的。影片本身只是影院外边的世界中的"真实的"事物和事件的影像。柏拉图用一架由人头顶着的一串人造物品构成的比较粗陋的机器来代替影片,这些人本身只是机器的一部分,他们移动物品并发出声音,囚犯们可以听到回声。帷幕用来防止这些人的影子投到洞穴的墙上。——英译者
② 这是亚当的版本和解释。囚犯由于只能看到影子,而看不到任何别的东西,所以无法设想在他背后经过的物品的话语。对他们来说,影子(影像)是唯一的实在体。——英译者
③ 在上一章的智力状况栏中把这称为想象(eikasia)。——英译者
④ 苏格拉底提问的初步效果是混乱的,参见第二章导言。——英译者

他说：他肯定不会一下子看到这些东西。

我说：那么，他需要先习惯一下，然后才能看到上层世界的东西。① 起初，最容易看出的东西是影子，然后是水中映出的人影和物影，最后是东西本身。其次，在夜间观看天体和夜空，观望月光和星光，比在白天观看太阳和阳光容易。

他说：是的，当然是这样。

我说：最后，他将能够观望太阳并思考它的性质，这并不像它在水中或被其他任何外界媒介反映时所表现的那样，而是像它在自己的范畴中所表现的本色。

他说：没有疑问。

我说：那么，他会开始得出以下结论：太阳是形成一年四季和全年行程并控制可见世界的一切事物，以及，在某种意义上来说，是构成他及其同伴们惯于看到的一切事物的本源。

他说：很明显，他最后会得出这样的结论。

我说：那么，如果回想一下同他一起坐牢的同伴们并回想一下先前居住的地方被认为是寻求智慧的所在，他一定会为自己发生的变化而高兴，为他的同伴们难过。他们可能曾经互相尊敬并互相称赞过，把奖品发给某个人，因为他最先看到掠过的影像并对影像掠过的先后次序记得最清楚，从而能准确地推测出哪些影像即将出现。被释放的囚犯会迫切想得到这些奖品或者嫉妒在洞里享受荣誉和权力的人吗？他不会像荷马的阿喀琉斯那样有这种感觉吗："宁愿在人间作一个无土地的人家的雇工"或者宁愿忍受一切不幸而不愿恢复旧信念，照老样子生活？

他说：他将宁肯遭到任何不幸而不愿过那种日子。

我说：设想，如果他重新下洞坐在老地方，会有什么后果呢？突然离开阳光，他的眼睛将充满黑暗。当他视力还很弱，处在不稳定状态，需要一段时间习惯于黑暗时，他可能再一次被邀请对那些影像发表意见，同那些从未被释放过的囚犯比赛。他们会笑他出去了一阵，说他上去以后只是把目力搞坏了，上去一趟实在不上算。如果他们能抓住那个想释放他们并引导他们上去的人，他们会杀掉他。②

他说：是的，他们会这样干。

我说：亲爱的格劳孔，这个比喻的每一点都符合我先前的分析。监牢相当于通过视觉显示给我们的地带，里边的火炉亮光相当于太阳的热力。你可以把升到上边的世界去看事物这件事比作灵魂进入可知地带的旅行，然后你就可以明白我所推测的事了，因为那就是你希望我告诉你的事。上天知道它是不是真的。但不管怎样，这是它在我面前所显示的情形。在知识的世界里，最后要看到的而且只有费很大力气才能看到的东西是善的真正形式。一旦我们看到善的真正形式，必然得到这种结论：对一切事物来说，这是一切正确的和善良的东西的来源。在可见世界里，它产生光和光的主宰，而它本身则是可知世界的君主，是智慧和真理的双亲。谁看不到这种形式，谁就不能明智地行动，不管是处理自己的私事还是国家大事。

---

① 这里所得出的教益是，在讨论道德理念和通过这些理念达到善的形式以前，研究教学的习惯是必要的。——英译者

② 暗指苏格拉底的命运。——英译者

他说：就我所能了解的，我同意你的想法。

我说：那么，你可能还同意下边这一点：如果有人达到这种高度，他们就不大乐意管理人间事务了，这是不足为奇的。如果我们的比喻还能再一次奏效，他们的灵魂将希望把全部时间消磨在那个高级世界里。以下这一点也完全不奇怪，就是说一个人对从思索神圣事物到处理人类生活的苦难会表现得不知所措，令人发笑，因为这时他的视线还模糊不清，还不习惯黑暗，他被迫在法院或其他地方迷茫地与他人争论公正的影子或投射那些影子的影像，并且对于在从没有看到过公正的人的头脑里什么是公平正义这一思想进行争论。

他说：完全不奇怪。

我说：头脑清楚的人会记得，眼睛可能被两种情况所迷惑——从亮处转到暗处，或者从暗处转到亮处。他会承认，灵魂中也可能发生类似情况。当他感到灵魂出了麻烦，不能清楚地辨认任何东西时，他不会无意识地笑，而会问，他的不习惯的视力从一个比较明亮的地方出来，是不是被黑暗蒙蔽了？在这种情况下，他将感到这一处境很值得羡慕，他的生活是幸福美满的。或者他还会问，灵魂从无知的深处出来，是否会由于光亮过强而感到眼花缭乱？如果是这样，他将感到闷闷不乐，或者如果他倾向于嘲笑，那么还不如去嘲笑从光亮中出来的灵魂。

他说：这是一个精辟的论述。

我说：如果这是真的，那么我们就必须得出结论，教育不像某些人所说的那样，他们自称把知识输入没有知识的人的灵魂里，就好像他们能把光亮输进盲人眼里一样。相反，我们自己的论述说明，每个人的灵魂都有学习真理的能力，并且都有用以看到真理的器官；还说明正如人可以把整个身子转过来，使眼睛可以看到光亮，而不是看到黑暗，整个灵魂必须背向多变的世界，直到他的眼睛能思辨实在的和被我们称为善的最高光辉。因此，很有可能存在一种艺术，其目的是要做到这件事，即用最快的办法改变灵魂，不过并不是把视力放入灵魂的眼睛，因为那里早已有了视力，而是保证做到：不要从错误的方向去看，而是要转向应当转向的方向。

他说：是的，很可能是这样。

我说：那么，看来智慧与那些普通的美德不一样，那些美德与肉体的属性相去不远，因为它们在一个从一开始没有那些属性的灵魂里可以靠习惯和运用得到。智慧好像一定是具有某种神圣天资的美德，这种美德从不失去其力量，虽然它被用来干好事或干坏事，决定于它转向的方向。你一定已注意到，有机智名声的不诚实的人眼中闪烁着阴险狡诈的光芒，他能清楚地看到达到目的的方法。他们的视力本身并没有什么可挑剔的，但是它被迫去干坏事，因此视力越敏锐，干的坏事就越多。

他说：十分正确。

我说：可是，如果这样一种性格从幼年时代就被调教，摆脱了吃喝玩乐和穷奢极欲，像尘世姻缘的沉重负担纠缠着灵魂，眼睛朝下看；如果摆脱了这些牵累以后，把灵魂转向真正的实在，那么这些人的同样视力就会像看到目前转向的客体一样，敏锐地看到真实的情况了。

他说：是的，很可能是这样。

我说：谈过这些以后，下边这种情况是不是也很可能或者说非常可能呢？就是说，没有受过教育、根本不懂真理的人或者被允许一辈子学文化的人永远也管不好国家。因为前一种无知的人眼前没有应有的目标去处理，不管是他一生中的私事，还是国家的大事；而后一种人，只要能不干事就不干事，梦想只要活一天就到蓬莱仙岛去。

他说：十分正确。

我说：那么我们作为共和国的创建者，应当强迫他们接受那些塑造最高尚品格的学习。必须叫他们向高处走，看到被我们称为知识的最高客体，即善；当他们观看客体的时间足够长以后，就绝不允许他们像现在这样停留在高处，不再下到囚犯那里去，或者不与囚犯共同参加劳动和享受回报，不管这些劳动和回报值得还是不值得。

他问：如果我们强迫他们过一种比可能享受到的更坏的生活，我们岂不是对他们做了不公正的事？

我答道：你又忘了，我的朋友，法律不是使任何一个阶级特别幸福，而是要保证整个共和国都幸福。通过劝说和强制，法律把全体公民团结在一起，使之和谐相处，使他们分享每个阶级对共同福利所贡献的好处，其目的是教育人们养成那种精神，不是叫每个人各行其道，而是叫他们共同努力，把整个社会团结成一个整体。

他说：说得对，我忘了。

我说：那么，格劳孔，你将看到，强迫我们的哲学家管理并关心其他公民并不是真正的不公。我们可以公平地告诉他们，其他国家的哲学家可以有充分理由拒绝合作，因为他们是像自生自长的植物那样成长起来的，不考虑他们国家的制度，无人关怀他们的成长，因此也就不能指望他们对从未享受过的关怀表示感激。"但是"，我们要说，"你们的情况就不同了。我们为了国家也为了你们个人把你培养起来，就像蜂巢中的领导者和蜂王。你们所受的教育比他们所受的更完善、更彻底，因此你们作为有思想、有行动的人更能发挥作用。这样说来，你们必须轮流走向基层，跟其余人共同生活，使你们的眼睛习惯于黑暗。到那时，你们将比永远生活在那里的人看得清楚一千倍，你们将认识到每个影像是什么，它代表什么，因为你们已经看到实在中的公正、美和善。因此，你们和我们将发现我们共和国的生活不是单纯的梦，因为目前在大多数国家中，人们为了影子而互相厮杀，为了权力而互相争吵，就好像那是一个昂贵的奖品。事实上，只有世袭的和最不想掌权的统治者的政府才是最完善的和能够免于内争的。"

他说：说得很对。

我说：那么，我们的学生会不听话和不轮流参与社会中的工作吗？虽然他们可能在大部分时间共同生活在一种更纯洁的空气中。

他说：不会的，因为那是一种正当要求，而且他们是头脑公正的人。毫无疑问，他们与现在的任何统治者都不同，他们认为掌权是一种不可避免的必做之事。

我说：是的，我的朋友，因为事实是这样的，只有当你们为未来的统治者找到一种比执政更美好的生活方式时，你们才能有一个管理井然的社会；只有那时，权力才不会掌握在拥有万贯家财的人手中，而是掌握在能带来幸福，即一种美好而有智慧的生活的人手中。当人们苦于缺乏有利于自己生活的任何东西而去从事公务，并指望从中得到他们所渴望的幸福时，情况就糟了。他们开始争权夺利。这种互相排挤的矛盾将毁坏他们本人和国家。① 真正的哲学的生活是唯一轻视国家职务的生活。掌权的事宜必须限于不热衷于权力的人,否则反对者就要开始争斗。因此,如果不强迫熟悉执政原则、过着比政客高尚的生活并追求另外一种回报的人去保卫共和国,又该强迫谁呢?

他说:确实没有其他人选了。

---

① 亚里士多德《政治学》(*Politics*)iii.6:"当今,人们追求永久掌权是为了获得权位和公共收入所带来的优惠。"修昔底德 iii.82(论科基拉岛的革命时):"所有这些事情的根源都是为了满足贪欲和野心而追求权位。"——英译者

第26章　高等教育　数学

英译者导言

柏拉图的同代人，毕达哥拉斯派的阿契塔（Archytas）把（数学）几何学、算术、天文学和音乐列为姊妹科。柏拉图接受这四科，又增加了立体几何。这一章描述和评论这些科目，涉及它们把灵魂之眼从物质世界转向纯思想的客体的力量。它们是柏拉图承认的作为科学本意的少数几门学科，从推理上产生某些关于不变的和永恒的客体和真理的知识。对他来说，没有"自然的科学"，没有关于消亡的和不断变化的、可感知的东西的精确知识。古代人没有现代人靠观察和实验在可感知的世界中寻求现象的规律的技术。柏拉图认为，知识不是以通过感官观察"事实"为起点而获得的，不是靠构筑试探性概括（归纳）然后回到确认的事实获得的，而是通过离开并尽可能快地避开一切可感知的现象获得的。一个没有可感知的经验并且脱离躯壳的灵魂可能会更好地得到数学知识。关于人类史或自然史的事实或事件的信息算不上严格意义上的知识。

引言部分叙述了可感知的经验的一个特点，即它引起对纯思想的客体，比如数字和形式的反映。这是对存在于同一种事物中的两种相反属性（如大与小、轻与重）的混合感知，它可能同时与另一种相比显得大或重，小或轻。这些特性不作为事物间的对比，而是作为内在的属性：同一种事物兼有两种不同的形式，大本身与小本身。这些形式是绝对的和无法混同的：大本身不是小，小本身不是大；两者也不能改变，变成自身的反面，而小的事物可以变成大的。当我们学会思考大与小本身并询问它们是大是小时，我们是在考量可知的客体，忽略了可感知的事物。

正　文

我说：下一步我们要不要考虑这些问题呢：如何培养这种属性的人？如何把他们引导到上边有亮光的地方，就如同寓言中所说的，把一些人从地下升到上帝那里去？

格劳孔说：当然要考虑。

我说：那是一个"黑暗或白天"的问题，不是像玩儿童游戏那样，用旋转贝壳的办法来解决，而是要让一个像黑夜的白天中的灵魂转到真正的白天那里去。我们把到达这个真正世界的旅程称为对智慧的真正追求。我们必须问，学习什么东西能收到这种效果？

他说：是的。

我说：格劳孔，哪种学习会把灵魂从变化的世界提升到实在呢？目前，我认为我们要把年轻人训练成战士，因此我们所要求的学习也就应当是对战争不无用处的东西。

他说：是的，如果可能的话。

我说：那么，在他们的两种早期教育中，体育肯定是关于发生和消亡的东西，因为体力要发展，要衰亡。这样看来，这种教育就不能是我们要追求的那一种了。诗歌与音乐教育能不能达到我们先前规定的目标呢？

他回答说：不能。你记得不记得，那是配合体育的科目。这种教育是靠习惯的影响来教育卫士，从中得不到真正的知识，只是利用曲调和节奏让他们学到韵律与和谐，通过诗歌的内容，不管是虚构的还是真实的，以同样的方法形成性格。这种教育对于你现在探讨的崇高目标来说毫无用处。

我说：很对。你记得很准确。但是我们到哪里去寻找我们所需要的东西呢？我们曾同意过，手工艺是相当低下的东西。

他说：当然是。但是，如果你把这些以及所有早期教育都抛弃了，那还有什么可学的呢？

我说：如果我们除了这些科目以外，再找不到任何东西，那么就设法找一种与这些相关联的东西。比如有一种东西在各行业、各种知识、各种智力活动中普遍有用处，即每个人都必须学习的首要东西。

他问：你是什么意思？

我回答道：一个简单的问题，学习区分一、二、三，或者简而言之，就是数字和计算。这是一种艺术或科学都离不开的东西，不是吗？

他说：当然是。

我说：包括战争艺术。在舞台上，在任何情况下，阿伽门农都被描写成一个很可笑的将帅。你一定还记得，悲剧家多么频繁地让帕拉墨得斯(Palamedes)自称是"数"的发明者，并让他根据这种办法整顿了在特洛伊的军队，清点了船只和其他一切物资。显然，以前他们什么都不会计算，阿伽门农甚至连自己有几只脚也说不出，真是一个奇怪的将帅。你想想，是不是？

他说：如果情况确实是真的，那么他真是一个很奇怪的将帅了。

我说：由此，我们可以得出结论：军人必须知道如何数数，如何计算。

他说：他必须有这种本领，否则连做人的资格也没有了，更谈不上统帅一支军队了。

我说：那么，你感觉到没有，这项学习就是我们要寻求的学科之一。这种学科会自然而然地启发思维能力，不过还没有人能正确地利用它引导我们走向实在的趋势。

他问：你这是什么意思？

我说：我试着说明一下，在我心中是怎样辨别具有那种趋势的事物的。如果你也愿意考虑这些事物并且示意你是否同意，那么我们就将弄清我推测得对不对了。

他说：请解释吧！

我说：那么，拿我们的各种感觉来说。我能指出有些感觉并不能引起思维来回味，因为感官的判断可以使我们感到满意。但是在另外一些情况下，好像感觉并不能带来可靠的结果,从而马上要求我们进行思考。

他说:看来你是指那些从挺远的地方观看的东西,或者是指图画中想象的东西。

我说:不对,你没懂我的意思。我是说,当感觉产生一种矛盾印象,显现出两个同样清晰的相反属性,不管那个东西离得很远或者近在眼前,都会引起思考。没有那种矛盾时,就没有东西促使我们去思考。我来举例说明一下我的意思。这里有三根手指,中指、无名指和小指。假定你从近处看这三根手指。关键就在这里。每一根手指都同样呈现出是一根手指,从这方面讲,我们从任何一侧去看或者从中间去看,是白是黑,是胖是瘦等等,都无关紧要。不管怎样看,看上去都是手指,不会引导正常人运用思维,给手指下个"定义",因为视觉在任何阶段都不会表示:这根手指同时又是一根手指的对立面。所以说,这种印象很自然地没有引起思考的倾向。

他说:很自然。

我说:现在看看这几根手指的大小。视觉能不能令人满意地分清它们的大小?任何一根特定的手指处在一侧或者居中有没有关系呢?或者问一问,触觉能不能分清手指的粗细或软硬呢?所有的感官都不能报告这些属性。感官好像是这样工作的:判明硬度的感觉一定也能判明软度,它向头脑报告它感到软与硬的方式是同样的。

他说:确是真情。

我说:那么,在那种情况下,如果把硬的说成软的,头脑必然不懂这感官对硬的观念是什么,因为感官宣布过,这同一种东西也是软的。如果把轻的说成重的,把重的说成轻的,头脑也必然不懂得感官对于轻重的观念是什么。

他说:是的,这些报告使头脑感到这是些反论的报告,因而必然要引起思考。

我说:由此看来,在这种情况下,头脑很自然地会求助于理智,用计算的能力来考虑,它所收到的任何信息是指一件东西还是指两件东西。如果是两件东西,那么,每一个都是独立的,与另外一个完全不同。因而,一个是一个,两个共同形成两个,头脑将把它们看成是彼此分开的,否则,就要把它们想成不是两个而是一个。

他说:很对。

我说:照我们所说的,视觉也能看到大的和小的,只是它不能区分,而是得到一个混乱的印象。为了澄清这种混乱的现象,就要靠智力以相反的方式来观看大和小,把它们视为不同的东西。这类经验第一次促使我们去问"大的"或"小的"是什么意思。这就是我们如何把被我们称为智力客体的东西与所看到的东西加以区分的情况。

他说:很正确。

我说:这就是我刚才提出感官引起思考印象和不引起思考印象时所想表明的区别。可是如果没有相互矛盾的印象,也就不存在引起思考的情况了。

他说:我现在明白了,我同意。

第三部 哲学家国王

第一节 算 术

英译者导言

希腊人把计算技术或计算数字技术（算术）与数字理论（理论计算）分开。计算即将能计算的、可触摸的东西的总和加在一起或减去等等；从一般意义上讲，它对军人和其他具有实用目的的人是有用的。《法律篇》(819B)曾推荐过幼儿园进行早期儿童教育的方法：他们分苹果、排列单双数的比赛名次等等。但是，它真正的功能是在算术中避免让计算物质客体发展为纯数字的研究。一个数字被界定为最小整数的复数，数学单位被认为在本质上是不可分的。它不像一种物质的东西，因为一种物质的东西既是一个也是多个，可以无限定地被分为若干部分。分数，比如 1/3 或 3/4，被解释成表示 3 个单位总和中的 1 个，或 4 个单位总和中的 3 个等等，不是单位的几个部分。

正 文

我说：关于单一(unity)和数字又该怎样看呢？这两者属于上述两类中哪一类呢？

格劳孔说：我说不准。

我说：我们刚才所说的可以帮助你得出结论。如果像我们所说的手指那样，"单一"可以根据其本身，借助视觉或其他任何感觉被令人满意地理解，那么它就不具有把头脑引向实在的属性。但是，如果它总是以两者互相矛盾的结合体被看到，从而只出现其中一个相反面，那就需要鉴定者来作出判断；头脑就要被迫寻找出路，摆脱困境，询问"单一"的意思是什么。这样，对"单一"的研究就将改变灵魂并引导它去思考实在。

他说：噢，"单一"是一种情况，视觉肯定从中显示出一种矛盾。我们看同一种事物既是一个又是无限多个。

我说：那么，如果"单一"是这样，所有的数字就都有同样的特性了，对吗？

他认同道：对的。

我说：数字是关于整个计算技术的和数字科学的科目；由于数字的特性好像具有引导我们掌握实在的力量，所以这些特性必然是我们追求的学习内容。军人必须学习这些特性以便统帅军队。哲学家必须站在高于变化的世界的位置上，掌握真正的存在，否则他永远无法精通理性的计算。我们的卫士既是军人又是哲学家，因此这科目应当是我们的法律规定的一项适当的科目。必须诱导参与执行国家最高权力的人去学习这一科目，不能以业余方式学习，而要坚持不懈地学，一直到借助于纯粹的思想掌握数字的真正性质。他们要练习计算，不过不是商人或店主为买卖而计算，而是为了战争，为了帮助灵魂本身从变化的世界转变到真理和实在。

他说：非常有理。

我说：此外，在谈论这门学科时，我认为如果是为了知识去追求而不是为了经商去追求，那么这一学科就是一门很好的学科，而且它可以从多方面帮助我们达到目的。正如我们说过的那样，它具有一种很强大的力量引导我们的思想到达纯粹数字并且迫使我们的思想去推论纯粹数字，可是它并不去讨论那些能看到和摸到的物质的东西。优秀的数学家，你当然了解，以藐视的态度拒绝把单位数分为许多部分的任何企图：因为如果你想把它化为小的数字，就要重新把它乘起来，小心翼翼地使单位永远不失去其一体化，成为一大堆部件。

他说：十分对。

我说：假设有人问他们，如果他们谈论的数字当中的每一个单位数像他们所声称的那样，恰恰等于每一个其他单位数，不包括部分，这数字是什么？他们会怎么回答？

他说：我认为是这样的，他们所指的数字只能靠思维来表现，再没有任何其他办法能够处理。

我说：那么，你认为这门学科对于达到我们的目标是真正不可缺少的了，因为它迫使头脑运用纯思想来达到纯粹真理。

他说：是的，它能实现这种强有力的效果。

我说：你还注意过以下这几点吗？具有计算才能的人在学习任何其他学科时也都自然地很灵敏，受过这门学科训练以后，头脑迟钝的人会灵敏起来，即使他没有其他优点。

他说：那是实情。

我说：另外，在学习其他许多学科时会使人感到比这更费力，虽然这一点不易被人发现。根据以上这些原因来看，培训天资超众的人时，我们不能不采用这种方式。

他说：我同意。

第二节 几 何 学

英译者导言

柏拉图再次强调数学客体的永恒性和不变性，虽然数学家们都在谈论"程序"和"运算"。希斯（Heath）(*Gk. Maths*. i. 287) 接受普卢塔克（Plutarch）的说法，认为柏拉图曾经责备过欧多克索斯（Eudoxus）、阿契塔和梅纳克马斯（Menaechmus），说他们企图利用器械把立方体的复制降低为机械的建构，因为"几何学的优势由此失掉并被毁掉，犹如被带回到可感觉的事物而不是被向上指引并抓住永恒的和非物质的（无形的）事物"（*Qu. Conv.* 718F）。普罗克洛斯（Proclus）(*Euclid* i. p. 77) 记录了学园数学家关于习题与定理间的区别的不同意见。斯柏西波斯（Speusippus）和埃姆诺玛斯（Amphinomus）认为，一切命题都应叫做定理，因为"在永恒的事物中没有转化"，而习题"允许再生和处理以前不曾存在的东西，即构建一个等边三角形"。

第三部 哲学家国王

正　文

我说：那么，可以确定，算术将是我们学习的科目之一。下一种科目有没有用处呢？

格劳孔说：你是指几何学吗？

我说：是的。

他说：显然，几何学对战事有很大影响，它与我们有关。在安营扎寨、占领阵地或集结与部署军队以及在战斗和行军中编队时，有了几何学知识将对我们有很大帮助。

我回答说：但是，要达到这样一些目的，掌握少量的几何和算术知识就够了。可我们必须问一问，更高深的学科会不会帮助我们了解"善"的主要形式。照我们所说的，任何一种学科只要能促使灵魂转向它必须利用各种手段注视的圣洁的实在的境界，都具有那种趋向。因此，几何学是否适合完成这一任务，要看它能否帮助我们思考实在的或变革的世界。

他说：这是我们的看法。

我说：那么，在这方面，有一点点几何学知识的人都不会否认这门学科的性质与数学家由于缺乏更合适的字眼所使用的可笑语言是完全矛盾的。他们经常谈论"运算"，例如"平方"、"应用"、"加减"等等。好像目标是要做些什么，而整个学科的真正目标是知识，进一步说是永世长存的知识，而不是在一定时间成为这样或那样并停止存在的任何东西。

他说：是的，我同意这一点：几何学是一门永世长存的知识。

我说：如果是这样，它就将引导灵魂到达真理，并且引导哲学的智力向上，而这种智力目前被错误地弃之于地面。

他说：毫无疑问是这样。

我说：那么，毫无疑问，几何学绝不应当被你们的美好城市的市民所忽视。它还具有一些次要的好处，也不应当被忽视。你说过，在战争中，几何学有用处。我们也知道，受过几何学训练对于头脑学习任何学科都起很大作用。

他说：确实如此。

我说：那么，我们将把这门学科定为我们的年轻人必修的第二科目。

他说：是的。

第三节　立体几何学

英译者导言

在提出下一个学习科目天文学以后，苏格拉底回过头来又插进立体几何学，作为一个独立科目，这个科目应当在逻辑上填补平面几何学与对运转中的立体物体的研究之间的空白。柏拉图指出,立体几何学在《理想国》戏剧性的日子中处于欠发展状态。这是特埃特图斯(Theaetetus)和其他几个人在学园中提出的重要命题,在那里,他示意即将找到一个称职的人指导进一步研究这一科目。

正　文

我问:我们把天文学定为第三种学科,你同意吗?

格劳孔说:我当然同意。天文学对于军事来讲是很重要的,不亚于对农业和航海业的重要性,它能准确地说出年月时辰。

我说:你很担忧,公众会认为你在推荐毫无用处的学科,这一点使我感到好笑。的确,认识到以下两点是相当困难的:每个人都有一个比一千只眼睛更值得保存的器官,因为它是我们认识真理的唯一途径;当它的光由于其他利益而暗淡或熄灭时,这些学科会清除炉床并重新燃起圣火。相信这一点的人会无保留地同意你的建议,不了解它的存在的人当然会认为这些建议是无聊的,因为他们看不到那种知识具有值得一提的进一步的好处。所以说,你应当立即决定你想跟哪一种人辩论。或者,你与两方面都不交谈,而是主要为满足自己的爱好去进行讨论,虽然任何能从中受益的人都被欢迎来参加。

他说:我主要是为了达到自己的目的而进行讨论。

我说:好啦,我们必须后退一步。眼下关于几何学以下的科目是什么,我们弄错了。谈完平面几何,我们就直接探讨立体物体作圆周运行的学科。我们应当先谈立体物本身,因为纯立体应当跟在平面后边,纯立体可以使我们涉及立体以及一切有深度的形体。

他说:是这样的,不过,苏格拉底,这个科目似乎还没有被很好地研究。

我说:这有两个原因。这种探讨工作很难,没有什么生气,因为各个国家都不认为这值得一做。其次,学生没有导师,就不大可能有所发现;而且导师不易找到,即使找到了,就像目前这样,有研究才能的人也太骄傲,不愿意接受他的指导。只有全社会都重视这个工作并支持导师,他们才会听从指导。到那时,这些问题就可能通过不断的刻苦研究得到解决。这个科目甚至还受到公众的歧视,还受到不考虑其真实功能的学生的抵制。不过,虽然有这些不利因素,可是由于这个科目内在固有的魅力,它还是取得了进展。如果研究工作把真理宣扬出来,那是不足为奇的。

他同意:是的,它有惊人的魅力。不过还要请你再解释一下。你刚才说,几何学是研究平面的学科,把天文学列为下一个科目。可是,你又退回来谈立体几何了。

我说:是的,我太忙了,没有说全。欲速则不达嘛!下一个应当研究的是立体学科。我把它漏掉了,因为它处于一种可怜的境地,连接着谈起天文学了,天文学是研究立体物的运转的。

他说:对。

第四节 天 文 学

英译者导言

天文学被认为是纯数学的一个分支。毕达哥拉斯派的一些人把它叫做"天电学"（Sphaerics），因为它所研究的是天体的运行，而天体被认为是在精确圈里运转的精确区域，不存在物理力量影响运转的问题。柏拉图的看法是相似的。作为物质客体的恒星都是可见世界的部分，都有不完美之处。它们的行动必然有意外的不正规性和偏差，每天、每月的长度不可能一点不差。观看星球并试图（不用精密仪器）度量行星公转的时间，不会使我们获得更多的准确知识。可见的天体只能是一种太阳系仪。无论如何，柏拉图的主要目的在这里并不是强化物理学，而是要训练头脑进行抽象的思维。另一方面，他好像要摸索一种纯数学的运转科学，它的研究范围比天文学宽广得多，在精确度上与几何学相当。但是运转的规律并不是古人发现的。发展机械科学的最初步骤是他的同代人阿契塔提出的，但从数学角度解释一些很简单的机器（比如杠杆或绞盘）的惊人力量似乎受到了限制。

正 文

我说：假如把目前被忽略的天文学建立起来，由国家加以扶植，那么，我们就把天文学列为第四种了。

格劳孔说：很可能是这样的。现在，苏格拉底，我想根据你的原则来赞扬天文学，不再以庸俗的态度夸奖它的用处，这一态度曾受到你的责备。任何人都可看到这门学科会迫使头脑向上看，使我们离开这个世界去看较高处的东西。

我回答说：任何人都可以，但我例外。我不同意。

他问：为什么不同意呢？

我答道：因为天文学现在被那些试图引导我们走向哲学的人掌握着，所以我以为，它只是让头脑的眼睛转而向下看。

他又问：你这是什么意思？

我说：你对"较高处的东西"的研究太宽泛了。显然你以为，一个人回头注视天花板的装饰花样是在运用他的理智，而不是用他的眼睛去获得知识。也许你是对的，我的观念愚蠢；但我认为任何学习都不能使头脑向上看，除非与看不到的实在有关。我敢说，任何人如果向上看而不是闭上眼睛在地面上寻找，他就得不到任何关于可感觉的客体的知识，因为不可能有关于可感觉的事物的知识。他的头脑会向下望，虽然他可以用仰卧式或浮在海上的方式来学习。

他回答说：我应当受到批评，可是你所说的对天文学学习进行改革，来为我们的目的服务是什么意思呢？

我答道：是这样的，天空中错综复杂的装饰花样毫无疑问是物质的东西中最可爱的和最完美的，但那是可见世界的一部分。因此，在纯数学的和所有完美的几何图样的世界中，在包括在它们当中的天体运转的世界中，它们离真实的实在——真实的相对速度——还很远很远。你会同意，这些可以用理性和思想来想象，而不能用肉眼看到。

他说：完全正确。

我说：因此，我们必须利用装饰的天空作为典型来描述我们对那些实在的研究，正如我们可以利用代达罗斯（Daedalus）①那样的完美艺术家所精心绘制的图案那样。一个几何学专家看到那样的图案会赞赏他们的精湛技艺，但是他会认为认真学习并期望找到任何一个数与另一个数之间的确切比例，是荒唐的。

他说：当然是荒唐的。

我说：那么，聪明的天文学家会以同样的感情观望星球运转。他将承认天空及其包括的一切已经被工匠用最完善的技艺塑成了。但是当他遇到白天与黑夜的比例、日夜与月的比例、月与年的比例、其他星球与太阳和月亮以及相互间的比例时，他就要认为，相信这些可见的物质的东西永远不变或有极微小的越轨是可笑的，用尽心血寻找其中的确切实情是可笑的。

他说：你这样说，我同意。

我说：如果我们想真正研究天文学，使灵魂的本来智慧发挥其特有的用途，我们就要像研究几何学那样摆出问题，不去管星际天空了。

他说：这种做法将使天文学家的劳动量比现在大许多倍。

我说：是的，如果作为立法者，我们要起些作用，其他的任务就不会很轻松了。

第五节 和 声 学

英译者导言

处理和声学的原则与处理天文学是一样的。毕达哥拉斯派（可能是毕达哥拉斯本人）曾发现，音阶（象征和谐与秩序）的完美和谐音程可以准确地用比率来表达：8度音程是2∶1，5度音程是3∶2，4度音程是4∶3。这可能是用一个可移动的琴马的测弦器来测量产生各种乐音所需要的弦的长度时发现的。柏拉图显然是想把科学扩展为一般性的"和谐数字"理论，使其超出我们听觉中偶然范畴内的一些悦耳的声音组合所例示的和谐音程。

---

① 代达罗斯，古希腊神话中的建筑师和雕刻家。——中译者

第三部 哲学家国王

正　文

我继续问道：你现在有没有其他合适的学科要提出来呢？

格劳孔说：暂时没有。

我说：不过，我想，运动的方式不止一个。专家能一一提出，而我们这样的人也能分辨出两个。

他问：是什么呢？

我说：除了在天文学中学到的活动以外，还有一个相对应的东西，即我们的耳朵所适应的和谐的活动，就如同我们的眼睛适宜研究星群一样。毕达哥拉斯派这样说，这两门学科是姐妹学科，我们不妨同意这种说法。这是一门庞大的学科。我们要问问关于这门学科，也许关于一些其他问题，他们必须对我们说些什么。不过，我们必须经常坚持我们自己的原则，不要使我们的学生用不完善的方式从事任何学习，不要阻止一切学科到达应当到达的较高境界，如同我们刚才所说的天文学。如你所知，攻读和声学的人也像天文学家一样犯同样的错误：他们在以对比方式计量可听到的音程与声音上面浪费时间。

他说：是的，他们大谈"四分音符组"和其他类似的情况，实在可笑。他们把耳朵贴到乐器上，好像他们想偷听隔壁人的谈话一样。有人说自己还能察觉出其中一个音调，给出极小极小的音程，说这应当被视为计量单位；而另一些人则坚持认为，两个音调之间毫无差别。这两种人都是只重视耳朵，而不重视智力。

我说：你所想的是那些知名的音乐家，他们玩弄和乱拨琴弦，在弦轴上猛拧。① 我不放弃用比喻来描写音乐家一边用拨子拨弦，一边找错，而这错并非弦的错。我将不做这个比较，并且告诉你，我倒想到了毕达哥拉斯派，想向他们请教和声。他们正像天文学家那样，全身心地投入到可听到的和谐音程里的节拍中：他们达不到提问题的水平以及询问哪些节拍本质上是和谐的，哪些不是，原因何在？

他说：这听起来像一件超人的工作。

我说：我倾向于称它为一种"有用的"学科。但是，只有当人们把它作为求得美与善的智慧的一种方法去研究时，它才有用。

他说：毫无疑问是这样。

---

① 目的是迫使琴弦发出真音（truth）。希腊法律允许审判时为使犯人招供而拷打奴隶。——英译者

第27章 辩证法

英译者导言

哲学家经过10年的数学培训以后,在30到35岁要接受辩证法的锻炼。第24章曾经做过简短叙述,现在要加以扩充,以洞穴的影像形式来表达。数学将把囚徒从黑暗中拉出来,让他能看到真实事物的影子和反射影像,但还不是事物本身或太阳。这项学习的缺点是,各个分科不是被"大致"看成一个相关联的整体,而是分别探求研讨,各自从自己的无异议的前提的假设出发。因此,每一门数学科学都是演绎推理的一个分离的锁链,自相一致但在较高目的上不与任何绝对不言自明的和无条件的原则相关联。辩证法的目标应用在这一领域是要取得这方面的最后确认和与全面认识整个实在有关的一切数学知识。不妨推测,柏拉图在考量对一切纯数学进行一种可能的演绎,从"单一"(unity)的观念,即"善"的一面开始。(在《巴门尼德篇》[*Parmenides*, 142D]中,无限数字序列的存在都是从"一的存在"[One Being]或"存在的一"[Existent Unity]的观念中演绎出来的。)

辩证法还可以应用到道德形式上,这些形式都更明显地是善的某些方面。天文学与和声学由于有助于理解美和善的知识,被公正地认为是有用的。它们引导头脑思索表现在可见的天体和声音的和谐(参见 *Timaeus*, 46E)中的美丽的与和谐的秩序。由于目的是使哲学家的灵魂与这种秩序一致(第22章),和谐就具有物质的和道德的意义并且为过渡到道德哲学提供条件。在这一领域中,将靠提问与回答的方式学习形式,这是柏拉图从苏格拉底那里继承的方法,回答者对界定提出他的"假定的"尝试,提问者要求"说明"他的意义并使他的建议付诸检验和反驳(逻辑反驳),从而被引导并修正他的建议。这样一个程序,包括道德观念的整个领域,将会理想地引向对善本身性质的完善看法。柏拉图拒绝详细说明这个方法,原因同样是,那会使他拒绝对善作出界定(第23章)。

正文

我继续说道:其次,全部学科只要能学到这种地步,就是说,经过思考可以全面体会到把全部学科贯穿在一起的相互关系,那么,我相信,这全部学科就会给我们带来预期的效果,所费的劳力也就不会付之东流。

第三部 哲学家国王

格劳孔说：我也是这样猜想，不过这是一项艰巨的任务，苏格拉底。

我说：你指的是什么？是引言吗？难道我们不知道所有这一切都还够不上即将学习的主题的引言吗？当然你不会把数学家们当做辩证法大师。

他说：当然不会，除了我见过的很少数几个。

我说：有些人不能对自己的看法作出理性说明，也不能使别人对他们的看法作出理性说明，这种人能得到我们所要求的知识吗？

他说：我再一次说，不能。

我说：那么，最后我们碰到在哲学讨论中所要展开的主题了。这个主题属于可知世界的范畴，但是它的进步像我们在寓言中谈到的被释放的囚犯的视力一样。当他到达试图观看洞穴外边的动物，接着是星体，最后是太阳本身的阶段时，他就达至可见世界的最高客体了。同样，如果一个人想不靠任何感官帮助进行理性的讨论，从而在各方面达到本质的实在，并坚持下去一直到他利用纯智慧掌握善本身的性质，那么这个人在哲学讨论中就可以达到智力世界的最高峰。这一旅程就是我们称之为辩证法的过程。

他说：当然是的。

我说：犯人也经历了早期阶段。在这个阶段，犯人脱开手铐脚镣，获得自由，然后从影子转向投射的影像，转向火光，然后爬出洞口，走到阳光下。这以后，他们还不能观看动物、植物和阳光，只能看物体的影子及其在水中的倒影；虽然这些东西的确都是神圣的创造物，来自实物，不只是火光投射的影像的影子，与太阳相比，火光只是一个影像。我们已回顾的艺术方面的全部学科具有相应的效果，引导灵魂最高尚的天才去思考一切实在中的最高点，正如我们所举的寓言例子中，具有最清晰感觉的躯体被引向物质世界最明亮的可见物体。

他回答说：我同意你刚才说的，虽然我感到很难接受，但从另一方面想也不容易否认。不过，还有许多机会重新考量。因此，目前我们不妨认为那是真的，并像我们研讨引言那样充分发展你称之为主题的辩证法。我希望你把哲学讨论的作用描绘一下，它包括多少部分，如何讨论，因为好像我们已经快被引导到旅途目的地的休息地点了。

我说道：亲爱的格劳孔，你不会再跟我继续讨论了，虽然不是因为我缺乏诚意。我不再用寓言说明真理，而是告诉你真理本身，至少照我认为的那样。我不敢说，我是否看到了真理的本来面目，但我们可以肯定，确有一些我们想看到的实在。不是那样吗？

他说：毫无疑问。

我说：还可以肯定，真理只能显示给受过我们讨论过的各学科训练的人，而且只能凭借辩证法的力量显示给他。

他说：我们也可以这样说。

我说：不管怎样，没有人会坚持反对我们所说的，认为还有其他探讨方法，能够系统地试图在各种条件下掌握各种东西的固有本质。所有其他艺术几乎都涉及人类的主张和欲望，或者说都涉及自然的或人为的东西的产物，或者说都涉及产生这些东西以后对它们的照顾。此外还有几何学和其他相关学科，像我们说过的，在某种程度上能理解实在，但是我们注意到，只要它们对它们使用的假设不加以质疑并且不加以说明，那么除了关于真实世界的幻觉，它们就不能生产任何其他更清楚的东西。如果你的前提是某种你确实不了解的东西,而你的结论和中间的阶段也是一串你确实不了解的东西,那么你的推理自身可能会保持一致,可是这怎么能形成知识呢?

他说:不能形成知识。

我说道:因此,辩证法是唯一采取这条道路的方法——抛开假设,直接考虑第一原则,以便最后确定。当灵魂的眼睛沉入野蛮的、无知的真正泥沼时,这个方法会轻轻地把它拉向前边,并引导它向上走,依靠我们说过的各种艺术协助完成这种转变。我们曾多次谈到习惯势力,这些都是知识的门类,但是它们需要其他一些名称,以便包括某种不如知识清楚的东西,虽然不像对现象的理解那样暗淡。"思维",我相信,是我们较早时规定的名称,但是在考虑那种高度重要的事情时,我们就不必为了一个名称争吵了。

他说:当然不必去争吵。

我说:那么,我们对早先给四个门类①规定的名称将感到满意了:第一是知识,第二是思维,第三是信念,第四是想象。最后两个加在一起构成转化的世界中对现象的理解。前两个构成与真正的存在有关的智力。最后,关于对智力与现象的理解,犹如存在之于转化世界的关系。知识之于信念、思维之于想象也处于相同的关系中。我们最好不要讨论相对的客体即可知的世界和现象的世界,或每个领域的再次分类以及各门类所占的比例。我们从事这一讨论所需要的时间可能相当于我们已经完成的讨论所用的时间的许多倍。

他说:噢,就我能跟随你的程度而言,我当然同意其他这几点。

我说:作为辩证法大师,你所指的也是一个要求对每件事物的本质进行说明的人吗?如果他不能对自己,也不能对别人说明,你不会说他的智力有问题吗?

他说:我会这样说的。

我说:这不适用于善吗?他必须能够分辨善的基本性质,把它与其他一切形式分开。他必须战胜各种批评,决心以实在和真理的标准而不是以现象和主张的标准来检查每一步,从而达到目的而不受挫折。如果他做不到这一点,他就既不懂善本身,也不懂任何善良的事物。如果他掌握某个类似善的现象,那只是一种信念,而不是知识,他将把一生消磨在睡眠中,无法在死亡的世界的这一边清醒过来,最后他将永远长眠在死亡世界中。

他说:我非常同意你的意见。

我说:那么,如果你一旦在事实上开始负责你所想象的这些儿童的教养与教育,我想,只要他们的头脑,照数学家说的,是无理量,不适合担负最高责任,你就不会允许他们治理你的共和国。所以说,你要制定一套法律,规定他们必须特别专心致力于受训,使他们成为能提出问题和解决问题的技术大师。

他说:是的,我要在你的配合下制定法律。

我说:那么,我们可以得出结论说,我们对于各种学科的叙述已经完美无缺了吗?辩证法是整个结构的压顶石,其他学科都不配放在它的上面。

他说:是的,我同意。

---

① 参见第24章关于界限的图表。——英译者

第 28 章 学习规划

英译者导言

整个教育过程至此已经谈完了。下边要说的是确定接受每个阶段的学习的年龄。(1) 到了 17 岁或 18 岁,将尽可能少地强迫学生接受早期的文学、音乐和初等数学的培训。(2) 从 17 岁或 18 岁到 20 岁,进行紧张的体力和军事训练,不留空闲时间进行学习。(3) 从 20 岁到 30 岁,选拔少数人接受第 26 章提出的高级数学课,目的是掌握数学的几门分科之间的关系以及它们与实在的关系。(4) 经过进一步选拔,30 岁—35 岁的人将全部接受辩证法的学习,特别是接受关于道德的最终原则的学习。柏拉图再次坚持认为,过早质疑这些原则存在危险。(5) 从 35 岁—50 岁,可通过在基层职位提供公共服务取得实践经验。(6) 到了 50 岁,最精干的人将对善有了看法,此后将把他们的学习时间与管理作为最高国务机构的国家的时间分开。

在第三部开始时所提的问题,即如何——如果有的话——产生理想的国家,现在有了答案。如果能产生哲学家式的政治家,使他接受教育并使他放手改造社会,那么,这样的国家就能够存在。

正 文

我说:那么,只剩下拟定一个计划了,说明如何分配这些学科以及由谁来承担这些学科的教学。

格劳孔说:很清楚,是这样的。

我说:你记不记得,我们先前选择了哪种人担当统治者?[①]

他说:当然记得。

我说:那么,在大多数情况下,要选拔具备那种品质的人,我们将优先选拔最稳健和最勇敢的,如果有可能,还要选拔最英俊的。但是,除此以外,我们必须不仅物色慷慨大度和刚毅顽强的,还要物色适合接受这类教育的天才。他们必须是勤奋好问的,学起来从容不迫,因为严格的学科培训比艰苦的体育锻炼更容易使头脑萎缩,在体育锻炼中身

---

① 参见第 10 章。——英译者

体只承担一部分重担。此外，必须要求他们有良好的记忆力和对各种艰苦工作的强烈爱好。否则，怎能指望一个人能经受体育训练的全部艰苦，更重要的是能完成那种漫长的学习呢？

他说：他必须具备各方面的天才。

我说：不管怎样，这些情况可以说明，目前哲学处于何种不利地位，也说明哲学为什么名声不好。我过去说过①，哲学永远不应当被卑贱的人去学，因为他们不配接受哲学的恩赐。首先，有抱负的人不应当片面地热爱他的工作，喜欢这一面而忽视另一面；这就像一个人投身于体育、打猎和各种各样的体力消遣，但是他不喜欢费心去向别人学习，或者不喜欢独立思考。他的勤奋停留在一方面，如果他偏到相反的方面，也同样是一种偏向。

他说：说得十分正确。

我说：关于真理，我们认为精神有时也同样受到挫折，因为它痛恨有意的虚伪，不容忍说谎。有人说谎时，它非常愤怒。可是对于无意中犯的错，它却顺理成章地加以容忍，如果被人发觉是愚昧无知的，它也绝不烦恼。我们还必须同样注意，要在节制、勇气、高尚以及各种美德中分清是非与真伪。国家在选择统治者或私人选择朋友时，如不着眼于这些品质，就会发现自己被伪相欺骗，或者会感到是在依靠一个不可靠的人。因此必须特别注意防止发生这类现象。如果我们在漫长的培训和学习过程中发现了在身心方面都很健康的人，那么公正本身就不会找我们的差错，我们就可以保证我们的共和国及其制度安全无恙。如果所选的学生具有另外一种品德，我们就会把国家葬送掉。此外，我们还会给哲学招来更多更大的嘲笑。

他说：那将是一个可耻的结局呀！

我说：会的。但是，这时我好像也给自己招来嘲笑。

他说：怎么会这样呢？

我说：那是因为我们谈的时候过于感情化，忘掉了这些想法只是茶余饭后的闲聊。正如我说过的，我好像看到哲学遭到了不应有的侮辱。我非常痛恨迫害哲学的人，以致失去控制大发脾气，过了火。

他说：我听你说的时候不是这样想的。

我说：不，是我自己有此感觉。然而，有件事，我们千万不要忘记。我们早先谈论选择统治者时说过，我们应当选老年人②，但是那不适合我们现在进行的选择。千万不要受梭伦的影响。他认为，人随着年龄增长能学到好多东西③，学跑路会比学其他东西快。青年时期是进行各种艰苦工作的时候。

他说：毫无疑问是这样的。

我说：这样看来，在儿童时代应当进行算术、几何以及为辩证法铺平道路的其他一切学科教育，但是不要采取强迫的方式，因为对于自由人来说，学习方式中不应含有奴役的因素。强加的运动对于身体没有坏处，但强加的学习不会在头脑里持久。所以要防止强

---

① 参见第21章。——英译者
② 参见第10章。——英译者
③ 梭伦（Solon）《残篇》22（Diehl）："随着年老，我学到好多东西。"——英译者

迫命令,要采取游戏的形式进行儿童教育。这还可以帮助你看清他们生来适合干什么。

他说:这是一个合理的计划。

我说:你还记得吧,我们要叫儿童骑着马到战场上去观战,平时叫他们像年幼的猎犬那样去嗅一嗅血的味道。

他说:我记得。

我说:然后,我们必须拟订一个选拔名单,把每一个在全部学习、运动和冒险中表现出色的都列进去。

他问:在多大年龄的时候?

我说:一旦完成必修的体育训练,就马上进行。这需要两三年时间,在此期间,其他事都不干,因为疲劳和昏睡对学习都不利。同时,运动项目对考验品德是非同小可的。

他说:没有疑问了。

我说:过了这段时间,就要选拔 20 岁的人,使他们享受更高的特权。要统筹考虑儿童时代学的各种学科,进行一次全面检查,了解它们相互间的关系以及与现实的关系。

他说:可以肯定,那是唯一一种在头脑中根深蒂固的知识。

我说:是的,主要检验他们是否具有掌握辩证法的天资,这种天资与观察事物关系的能力是一致的。

他说:我同意这一说法。

我说:然后,你要考虑这些品质,进一步选拔最具那些品质的人以及在学习、战斗和其他职责方面表现得最稳健、最可靠的人。到了 30 岁,要让他们进一步享受更高级的特权,并以辩证法的尺度考验他们,看看谁能不靠视力和其他感官就能办事,并把真理贯彻到纯实在的境界。朋友,在这方面,你要特别小心。

他问:为什么说特别呢?

我说:你一定已经看到,哲学方面的讨论造成了多大的危害,人民受到了多么严重的无法无天的精神的传染。

他说:是的,我看到了。

我问:这使你感到吃惊吗?你不能谅解他们吗?试想,一个孩子生长在一个富有的家庭,亲戚有权有势,前后左右都是阿谀奉承的人。设想,他长大成人,知道自己并不是那些自称是父母的人的儿子,而自己的亲生父母又找不到。在知道双亲以前和学习真理以后,你猜得出他会如何对待他的所谓双亲和对他阿谀奉承的人吗?要不要我来告诉你,我是怎么想的?

他说:请吧!

我说:我认为,只要他不了解实情,他对所谓的双亲和家庭的尊重就会超过对阿谀奉承的人的尊敬,而且不会看到双亲等人有困难而不管,在言行方面不会违抗他们,在重大事情上阿谀奉承的人对他的影响不大。但是当他知道事实真相以后,他的尊敬之情就要转移到阿谀奉承的人的身上,他们的影响力就会提高,而且他会公开与他们来往,接受他们的行为准则,不关注可敬的双亲和家庭,除非他的性格出奇的好。

他说:是的,这一切都可能发生。但是,你的说法怎么适用于那些开始参加哲学讨论的人呢?

我说：是这样的，关于正确的和体面的行为是有一定信念的，我们从小就对双亲持有同样恭顺的信念。与此相反，其他经历在诱惑我们，用阿谀奉承的方式作出关于享乐的许诺，不过一个有节制、有度的善良人会反对这种拉拢的做法，依然忠于前辈的信念。但是，设想他碰到这种问题："体面"意味着什么？他的答案是立法者教给他的，但是，他被驳倒了。他一再受到各种观点的驳斥，最后不得不认为，他所认为的体面恰恰可能是可耻的。关于公正、善良以及他所尊重的一切事，他得出了同样的结论。他原来尊敬的和服从的如今将变成什么样呢？

他说：显然这些不会像以前那样继续下去。

我说：当他否定这些不良原则，又找不到真正的原则时，他很自然地只能转向投其所好的生活。我们将看到他抛掉一切道德，变成一个目无法纪的叛逆者。如果这是使青年参与哲学讨论的必然结果，那么，我们不应当像我以前说过的那样给予谅解吗？

他说：应当，而且还应为他们难过。

我说：如果你不想为了你的到达30岁的学生伤脑筋，那么在引导他们参加那种讨论的时候，你必须特别小心谨慎。特别需要注意的是，在他们还年轻的时候，不要叫他们参加辩论。你一定早已注意到，年轻人第一次尝试辩论时，把它当作一种游戏，一味寻找矛盾。当有人提出他们错了的时候，他们就照方办事，驳斥别人，像小狗一样，得意扬扬地拉扯任何靠近它的人。因此，经过较长时间，证明别人有错自己也有错以后，他们就贸然得出结论，认为他们以往的一切信念都是错的。结果是，在世界的眼里，他们不仅怀疑他们自己，而且怀疑整个哲学事业。上年纪的人不会参与这种玩弄矛盾的狂热游戏。他们比较喜欢模仿那种追求真理的人的谈话，他们本人的理性将给工作带来荣誉。我们的意思是用我们先前说过的一切办法来确保这一成果，即反对目前允许任何人（不管怎么不适合）参与哲学讨论，我们所需要的是受过训练的和稳健可靠的人参加讨论。

他说：肯定是这样的。

我问：如果一个人继续专心致志、不断地致力于那种哲学讨论，并像早期投身于相应的体育锻炼那样，用两倍的时间够不够呢？

他反问：你是说用六年或四年吗？

我说：这不重要，就算五年吧！因为经过五年培训以后，必须把他们重新送到我们说过的那个洞穴里去，强迫他们担任军事指挥和其他适合年轻人的职务，这样他们就不至于在经验方面落后于其他同胞。在这一阶段，还必须重新考验他们一次，看他们是否能坚定地经得起各种各样的诱惑。

他问：你认为需要多长时间呢？

我答道：15年。那时他们50岁。那些通过了考验并且在行动和学习各方面都是最优秀的人才，必须被带到最后的目标。他们必须睁开灵魂的眼睛注视对万物投射光芒的东西。当他们看到善本身时，就把它作为典范用来正确指挥国家和个人，包括自己在内。在他们的余生中，他们要把大多数时间用于学习，但要轮流处理公共生活中的纷繁事物。他们作为行使国家职责的统治者，并不把这些事看做一种特殊荣誉，而是看做一种必要的任务。因此，当他们把下一代教育成像他们那样，代替他们担任共和国卫士的时候，他们就要离任，定居在蓬莱岛上。国家将为他们树碑立传加以供奉。如果阿波罗的神谕同

第三部 哲学家国王

意的话,就把他们奉为神明,或至少把他们誉为具有神的精神的人。

他说:苏格拉底,你对我们的统治者的描绘真是惟妙惟肖。

我说:是的,格劳孔,千万不要忘记,其中有些是妇女。我说的一切都同样适用于妇女,因为人们发现,她们也具有必要的才能。

他说:说得十分正确,如果像我们说的那样,她们在各方面同男人一样要分担各种事务。

我说:那么,我说过,我们对一个共和国及其体制所做的规划并不是白日梦,你同意这点吗?虽然这些规划实行起来有困难,但它们是可行的,不过要符合我们规定的一个条件,即由真正的哲学家——一个或数个——来掌握国家大权,他们把现实的荣华富贵,视为卑贱可耻、一文不值的。哲学家只关注公正以及从公正中得到的荣誉,首先关注的是不可缺少的公正,通过发扬和维护公正来改造自己的国家。

他问:他们如何做呢?

我答道:他们必须把10岁以上的全体公民送到乡下去,照顾他们,使他们脱离父母目前的生活习惯和方式,用我们描述过的制度下的方式教养他们。我们的体制可以用最迅速、最简便的方法建立起来,从而使任何建立这种体制的民族都繁荣昌盛、幸福安康,不是吗?

他说:是的,肯定是的。我认为,苏格拉底,你已经令人满意地阐明了如何(如果有的话)产生这样一个国家。

我说:那么,关于这个共和国以及与之相适应的那种类型的人,我们现在谈完了吗?因为必须说明,我们期望的是哪一类人。

他说:已经说明了。为了回答你的问题,我想我们的叙述是全面的。

第四部　社会和灵魂的衰败
公正与非公正生活的比较

·Part IV·

> 人类的灵魂有时是受这一原则抑制的，有时则受其他两种原则之一左右，依情况而定。因此，我们认为人主要有三种，即追求哲理的人、争强好胜的人和爱财贪利的人。从而也有三种相应的快乐形式。如果你去问问这三种类型的人，谁的生活最愉快，每个人都会吹嘘自己的生活比别人强。做生意的人会说，跟年利比较，追求功名或追求知识的乐趣一文不值，除非这能捞到一笔钱。争强好胜的人会看不起发财致富以后的快乐，认为那种乐趣是庸俗无聊的；也看不起求知的快乐，认为如果带不来功名，那就是荒唐的空想。哲学家则会认为，认识真理和不断取得新鲜悟性所带来的满足是其他两种乐趣无法相比的。哲学家会认为，其他两种快乐充其量是"必要的"，因为如果那两种快乐不是不可避免的，他是用不着它们的。

第四部 社会和灵魂的衰败　公正与非公正生活的比较

英译者导言

在第二部一开始,有人要求苏格拉底对完全公正的人与完全不公正的人加以确定,并说明除了外部回报和名声以外,公正更有利于本身,更有利于公正者获得幸福。在第三部,他完成了对公正盛行的理想国的描述和对理想的人,即哲学家统治者的描述,他的灵魂是根据一种类似的模式决定的。有待描述的是社会的和个人灵魂的典型的邪恶状况。这是一个被倒置的经济社会,其中人性最卑劣的人群建立了一种对较高层的人的绝对的专制政治或"暴政"。这是对公正原则的彻底否定,而根据这种公正原则,每个人依靠他的本分工作对整个社会的福祉作出贡献。

由于第三部对社会进行了真正的逻辑分析,使历史发展有了更生动的形式,因此柏拉图在这一部没有直接对最佳状态与最坏状态进行比较,他所设想的是分析体制的过渡形式和品德类型的逐渐衰败;这一过程在心理基础上按照功过的次序,而不是按照希腊政治社会正常进展的秩序进行。他所叙述的每一种体制都是靠某种精神生气勃勃地发展起来的,这是人性中某种趋向的结果;它在任何纯孤立的地方都不存在,但是在一个相应的个人类型中,却能被描述为占主导地位。每一种类型都可在每一社会被找到,但是,当一种类型在数量和影响上比政治体制更占优势时,它将在更大规模上表现出它的性格特点。

◀《苏格拉底之死》,雅克-路易·大卫(Jacques-Louis David)作于1787年。

第29章 理想国的消亡 荣誉政治和荣誉政治者

英译者导言

"在时间的无限中,过去和将来",理想国可能从来没有存在过,或者从来没有注定存在(第22章)。但是,如果我们假设它存在过,在生死存亡和世事沧桑的世界中没有任何东西能够永世长存。大多数研究历史的人都会承认,伴随连续的文化形式起伏的集体活力的起落还没有得到解释。柏拉图意识到,这里有一个同样无法回答的问题。他没有用诗歌般的,甚而模仿英雄气概的文字来描述,而是暗示动植物的生命周期与天体自转周期之间的某些注定的类似情况。最聪明的统治者依托婚姻和儿童的规章典制,可能很不了解也不遵守这种原则,于是儿童生下来不如他们的父母。社会的衰败将随着统治阶层内部分歧的爆发而到来。这就是古往今来革命的原因。

体制的第一个衰退形式叫做荣誉政治。在这种国家,野心勃勃的人嗜爱荣誉,"血气方刚"的动机侵害了理性的统治。柏拉图明确地认为,这一原则在斯巴达制度中作为典型被提出来,他从中提取了一些特点来规定他在《理想国》中提出的助手们(第10章)的生活方式。但是在斯巴达,私人财产助长了政客的贪婪,知识遭到怀疑,对军事效应的过分崇拜旨在压制奴隶群体。(亚里士多德在《政治学》卷二9—10章中描述了斯巴达和克里特的制度。)如果柏拉图在《理想国》中描述的助手们开始废除哲学家统治者的最高统治,这种类型的国家就可能出现。荣誉政治者个人的历史和性质准确地反映了国家的历史和性质。

本章的辩论又回到了第15章开始时的论点,苏格拉底当时声称"看到了公正生活比非公正生活优越的最清晰的可能的证据",这一证据将在本部(第四部)结尾提出。整个第三部,即《理想国》最主要的和中心的部分被看成好像是离题的讨论。

正 文

我继续说:很好,格劳孔,我们已经达成共识,在一个注定达到完美政府顶峰的国家里,妻子和儿女都必须共有,男女必须接受全部同样的教育并分享一切工作,包括战时的与和平时期的。那些在哲学和战争方面表现突出的人将充任国王。此外,统治者一经被任用,就要统帅军人,并把他们安置在我们叙述过的营房里。他们是共有一切,没有私

第四部 社会和灵魂的衰败 公正与非公正生活的比较

产,除了我们认同的住处以外。你记不记得,他们有多少东西能称作是自己的呢?

格劳孔说:是的,我记得,我们认为他们不应当具有一般意义上的财产,但是,作为训练作战的卫士,当他们履行职责看守社会(包括他们自己)的时候,他们应当从其他公民那里领取足够的薪金来维持一年四季的生计。

我说:说得对。但是当我们说完那些事情以后,我们偏离了正题,谈起了这个问题。现在让我们言归正传,回到老题目上来。我们谈到哪里了?

他回答道:这很容易想起来。当时你像现在这样谈了很多,好像你对国家的描述很全面。你告诉我们你认为完美无缺的那样一个体制和与之相适应的那类人,虽然目前看来你有能力介绍一个更高品质的国家和个人。但是,无论如何,你说过,如果这个体制是正确的,那么其他一切必然是错误的。如果我们记得不错的话,你提出过,有四种体制是值得连同缺点一起考虑的。我们还考虑所有相适应的人品,认定哪些是最好的,哪些是最坏的。后来,我们还考虑过最优秀的是否也是最幸福的,最坏的是否也是最不幸的。我刚一问这四种体制是什么体制的时候,波勒马霍斯和阿德曼图斯就打断了我们,于是你就开始把我们引入对这一问题的讨论了。

我回答说:你记得非常确切。

他说:让我们像摔跤手那样,经过一次不分胜负的倒地以后,重新站起来上阵吧!如果我重复提出我的问题,那就请你给我当初你要给出的答案吧!

我说:我会尽最大力量。

他说:噢,我也同样很想听听你所指的四种类型的政体是什么。

我说:回答这个问题并不难。这是具有通用名称的四种类型。第一种,是克里特岛和斯巴达体制,普遍受到称赞。第二种,声望较次,通常被叫做寡头制度,充满弊端。第三种,是寡头政治的对手民主政治。最后是专制政治,被认为是名声显赫的,与其他三种不同,形成第四种,构成最后的社会弊端。你能举出其他类型的政体吗?我是说任何一种截然不同的政体。当然有世袭君主政体那种类型以及用金钱可以买到最高权力的国家,① 但是,还有一种介于其间的形式,在希腊本土内外是经常可以找到的。

他说:的确如此。我们可以听到许多稀奇古怪的类型。

我说:那么,你认为,是不是政体有许多形式,人的品格也必然有许多类型呢?体制不会来自木头和石头,体制必然来源于占优势的某些品格,这些品格带动社会各界跟在后边。因此,如果政体形式有五种,个人的思维素质也必然有五种。

他说:自然是这样。

我说:我们已经描述过我们认为充分意义上的优秀人和公正的人以及适合最佳政体即贵族政治的人。下边我们要考虑几种卑劣类型的人:生性好斗和野心勃勃的人,也就是符合斯巴达政体的人,其次是寡头政体的、民主政体的和专制政体的人;目的是举出相反的几种极端例证,使我们最后回答这个问题,即纯粹公正和纯粹不公正如何应对自己带来的幸福和不幸,从而决定采纳这一种还是另一种,是照我们听到的色拉西马霍斯的

---

① 据亚里士多德《政治学》1273a,36,和波利比奥斯(Polybius)vi.56,4,此处指迦太基(Carthage)。柏拉图认为是希腊政体。——英译者

原则办，还是照我们目前正在扩充的论点办？

他说：是的，这就是下一步要做的。

我说：我们早先研究道德品质时，先谈的是国家，因为道德品质在国家身上比在个人身上表现得更突出。根据这同一原则，我们现在最好先谈每种情况的政体，然后根据所谈的结果检查相应的人品。我们先谈被野心动机控制的政体——据我所知还没有通用的名称，我们姑且称之为荣誉统治或荣誉政治——接下来谈寡头政治和民主政治，最后审视一个专制政治下的国家，并仔细了解暴君的灵魂。那时，我们就能决定我们面前的问题了。

他说：是的，这样一个系统的看法可以给我们提供判断的材料。

我说：那么，让我们试着解释一下最优秀的政体是如何让位于荣誉至上的政治的。在任何形式的政体中，革命总是由于统治阶级内部纷争的爆发而引起的，这不是明摆着的事吗？只要统治阶级同心同德，不管那个阶级多么小，该体制都不会被推翻。①

他说：确实如此。

我说：那么，格劳孔，在我们的共和国里，政治纠纷是怎样开始的呢？我们的助手和统治者会如何被分裂、相互对立或在内部对立呢？我们会像荷马那样请求缪斯文艺女神们告诉我们，"第一次分裂是怎样发生的"吗？我们会想象她用夸大的口气取笑我们，像愚弄孩子那样佯说那是真的吗？

他问：她们会说些什么呢？

我答道：大致是这样说的："虽然这样建立的国家难以动摇，可是由于万物有发生就有灭亡，甚至像这样一个组织机构也不能永世长存，而是要瓦解灭亡。情况是这样的，不仅地球上生长的植物而且地球上行走的一切动物，都在灵魂和肌体方面有结果和不结果的季节，这些季节在每一个固定周期完成以后就会到来。这个周期②有长有短，依照每个物种的生命长短来决定。对于你们自己的种族来说，你们为共和国培养的统治者，虽然聪明，可是不能通过观察和计算来确定哪个时辰有利于生育，哪个时辰不利于生育。有时时间悄悄过去了，在不适宜的季节生了孩子。对于神性动物来说，有一个由完整的数字左右的时期③；而对于人类来说，有一个几何数字④来决定生育质量的好坏。当你们的卫士不懂得这些而把新郎新娘在不适当的季节带到一起时，他们所生的儿女就不会是天赋优厚的或吉星高照的。其中最优秀的可能被老一辈任命工作，但是，当他们继承父辈的权力当上卫士以后，由于不称职，便开始忽视我们，首先是非常轻视思想修养，其次是轻视体育锻炼，因此年轻人受的教育很差。于是，在他们当中选出的统治者不能作为卫士行使责任去检验你们的公民气质，即赫西奥德所说的那种金与银、铜与铁的品质⑤。当银与铁、金与铜混在一起时，存在的差别不平等和不协调就必然要导致敌对和战争。这

---

① 第16章提过这一原则。——英译者
② 指怀孕时期。期满生物种子顺利生产，否则早产。——英译者
③ 神性动物是指可看见的万物。完整的数字可能是一个大年中的天数，全部天体回到原来相对的位置时算一年。——英译者
④ 对这些数字的描写极为晦涩难懂，种类繁多，不易计算，故删节。——英译者
⑤ 参见第10章的寓言。——英译者

第四部 社会和灵魂的衰败 公正与非公正生活的比较

就是内讧的根源和家系,而且到处如此。"

他说:是的,我们就把这个说法作为回答我们的问题的真实答案吧!

我说:这个答案来自缪斯文艺女神们,怎能不真实呢?

他又问:她们还告诉了我们什么?

我说:内讧一旦发生,双方就开始各奔前程,分道扬镳。属于铜与铁的那一类人,醉心于发财致富,占领房屋和土地、金子和银子;而另外两类人除了需要灵魂中的金子和银子,不稀罕任何财富,一心一意地致力于把自己引向美德和古代的方式。但是经过激烈斗争以后,双方达成了妥协:同意把土地和房屋分给个人私有,他们奴役自己的人民,这些人先前都是在他们的保护下作为自由人生活并且受他们抚养。他们把自己的人民当作奴隶和奴仆,一心从事战争,置臣民于监视之下。

他说:我同意,转变就是这样开始的。

我说:这种形式的政体将介于最佳统治与寡头政治之间,不是吗?①

他说:是的。

我说:这就是转变过程,转变以后又将如何管理国家呢?显然,早期的体制与寡头政治的中间体将在某些方面与这两种都有相似之处,同时也有其独特之处。

他说:对。

我说:在很多方面,它都像早期的体制。权威人士将被尊重,战斗的阶级将不涉足任何形式的商业、农业或手工业,他们享受普通饮食,把时间用于体育和军事训练。

他说:是的。

我说:在另一方面,它具有一些独有的特点。它害怕知识分子担任官职。具有这种品质的人一旦被它利用就不再是一心一意和诚心诚意的了。它比较喜欢性格单纯的人,这类人精力充沛,血气方刚,适合战争而不适合和平。战争将是它的经常工作,特别受重视的是军事计谋和战略兵法。

他说:是的。

我说:同时,这种人很像寡头政治的统治阶级,贪心无度,爱财如命。因为他们现在有了自己的私人房屋,可以暗藏金银财宝,可以安逸地住在自己的窝巢里,在女人身上或他们喜欢的人身上挥霍无度,浪费资产。但他们也很吝啬,很看重他们不能公开捞到的钱财,虽然为了满足私欲,对别人的财富却大手大脚地挥霍。他们还偷偷地寻欢作乐,犹如逃学的小学生,置法规于不顾,因为他们受教育的方式不是循循善诱,而是强迫。他们重视体育胜过智育,根本不重视靠说理寻求真理的真正的文化教育精神。

他说:你所描绘的社会肯定是善恶的混合体。

我说:是的,是一种混合体。但是由于我们天性中的精神部分占优势,所以它具有一种最突出的特点:野心勃勃和领袖欲强。

他说:很对。

我说:由此看来,那就是这种政体形式的起源和性质。我们只是提出一个大纲,因为

---

① 从第30章来看,柏拉图认为富豪政治(plutocracy)是寡头政治。取得这种政权的第一步是统治秩序开始攫取私有财产。——英译者

为了在我们眼前树立公正的和非公正的人品的完善典型,不需要更全面的描绘。要全面详尽地介绍多种政体类型和人品将是一项无止境的任务。

他说:说得对。

我说:那相应的个人是什么情况?他是怎样形成的?他是怎样一个人?

阿德曼图斯说:我想,这个人的领袖欲,照其情况来看,会使他颇像格劳孔。

我说道:也许是这样,但在其他方面并不像。他肯定比格劳孔更任性。他缺少教养,虽然他热爱音乐。他喜欢听,但说不出什么道理。他虽不像受过正规教育的人那样对奴隶存在优越感,但对他们无理粗暴。虽然他对自由人彬彬有礼,但对权威人士唯命是从。他的权力欲很强,但他这种要求并不基于他有雄辩的天才,而是基于他在战争中立过功,基于他爱好体育和狩猎而得到的英勇品质。年轻时他鄙视金钱,可是年龄越大越喜欢金钱,因为在他的天性中有贪婪的余脉。此外,他的品德并不健全,因为他缺乏一生中可以保全那种品德的保护层,即有思想和有修养的头脑。

他说:说得很对。

我说:如果那就是反映荣誉政治的那种青年人,那么他们的历史情况大概是这样的:他可能是一个杰出人士的儿子,他父亲生活在一个管理不善的国家,脱离了公共生活,因为他情愿放弃一切权力,也不参与追求一官半职,也不愿意找麻烦打官司。他儿子听到母亲发牢骚,说自己被其他妇女看不起,因为她丈夫不担任官职,于是这就塑造了他的性格。他母亲还注意到,丈夫不看重金钱,对于议会和法庭上的无耻舌战不屑一顾。她发觉丈夫总是沉思冥想,不关心她,但也不是把她置之度外。她牢骚满腹,闷闷不乐,于是告诉儿子,他父亲简直不够男人味儿,太悠闲懒散,还有其他一切这种男人的妻子会抱怨的缺点。

他说:是的,我们听到好多女人都有这种抱怨。

我说:此外,如你所知,被视为忠于主人的仆人有时也私下以同样的态度对主人的儿子谈。如果他们看到做父亲的不对骗子和欠债人采取行动,他们就会力促当儿子的长大以后出来维护自己的权利,要他比父亲更男子汉一些。当男孩子走出家门以后,看到的和听到的都是同样的情况:一个人如果只专注于自己的事情会被轻视为呆子,而另一个爱管闲事的则会被吹捧,备受尊重。所有这些经验都对年轻人有影响。而另一方面,他父亲的言谈话语使他清楚地看到他的生活方式与别人的有所不同,因此他受到了两方面的夹击。他父亲看重的是灵魂中理性的增加,而世上其他人都在培养另外两种东西,即野心和私欲。从品格上来说,他不是一个坏人,然而他所交往的伙伴不佳。这两种对立的影响,最后导致一个折中状态:他受制于激烈竞争的中间原则,变成一个趾高气扬和野心勃勃的人。

他说:我认为这是对他的身世的一个生动描述。

我说:这样,我们对于第二种形式的政体及其与之相适应的个人就有所了解了。

他说:是的。

第四部 社会和灵魂的衰败 公正与非公正生活的比较

第 30 章 寡头政治(富豪政治)和寡头政治家

英译者导言

在荣誉政治体制下,对卫士来说,私有财产的非法体制激起了追求名利的野心,在其掩护下,更低级的追求财富的激情从理性控制下被释放出来。爱财是最受尊重的动力,突出了人性中的第三种因素,即多种多样需要满足的、用金钱可以买到的必要的或不必要的欲望。寡头政治,即"少数人的政体"或者说像色诺芬(Mem. iv. 6, 12)所谓的富豪政治的结果是权力转移到认为财富是人生目的的人手中。这时,国家面临富人穷人之间战争的爆发,从而使团结趋于破灭。柏拉图试图避免这种局面,他否认统治秩序(制度)拥有一切私有财产并限制商人和农民获得财富(第11章)。富豪政治家作为商品的唯一消费者,被比作雄蜂;一旦把钱财挥霍一空,他就沦落到穷人和罪犯的危险阶级(蜇人的黄蜂)。

在寡头政治制度中的个人,雄蜂似的欲望占据优势,理性减弱,但他依然受制于占统治地位的对财富的欲望,要求表面上受到尊重。

正 文

我说:我们要不要像埃斯库罗斯说的那样先谈"与另一种国家相匹配的另一种人",或者照原计划先谈国家呢?

阿德曼图斯说:当然先谈国家。

我说:那么,我认为,下一类体制是寡头政治。

他问:你指的是哪一类政权?

我答道:我指的是以财产资格为基础的那一类,在这里富人掌权,穷人没份儿。

他说:我明白。

我说:这么说,我们必须先谈谈从荣誉政治到寡头政治的过渡阶段。谁都不会看不到那发展的过程。荣誉政治的衰亡是由于黄金流入我们谈到的那些私人的腰包。男人找出了花钱的新门道,便开始为达到此目的而滥用法律,直到最后他们和妻子就不用再遵守法律了。于是,每个人盯着邻居而眼红起来,他们的钩心斗角传染了周围许多人。由于他们想发财致富的欲望膨胀起来,所以他们越是看重金钱,就越不考虑美德。美德与金钱在天平上一上一下互相制约：富人受到社会尊重，身价提高，有美德的人却身价降低。此外，评价有所变化，总反映在实践中。因此，最后这些人的竞争野心变成利欲熏心，他们歧视穷人，推崇富人，让富人掌权，富人受到了称赞和颂扬。这时，他们用法律条文规定，寡头政治中财产是取得特权的资格，财富的数量随着寡头政治原则的实力而变化；财产低于法定数额的人一律不得任职。这一措施是用武装力量来执行的，除非他们早已用恐怖手段建立了体制。这就是寡头政治形成的过程。

他说：是的，但这种政权的特点是什么呢？我们认为的缺点有哪些呢？

我回答说：首先是它限制特权的原则。如果船长是根据财产资格被委派，那么穷人即使有更丰富的航海技术，也永远得不到指挥的权力，这又该怎么办呢？

他说：这种航行最后可能是船只遇难。

我问：这种情况是不是也同样适用于一切特权职位呢？或者说，国家的政体有例外吗？

他答道：绝对没有例外，因为国家是最重要的，也是最难管理的。

我说：所以说，这是寡头政治的一个严重缺点。

他说：显然是这样的。

我说：这样的国家必定会失掉统一，变成两派：一边是穷人，一边是富人。他们生活在一起，永世互相仇视，施展阴谋，斗争不息。到了这个地步，情况还不严重吗？

他说：很严重。

我说：另一件使他们难堪的事是，他们无力应付战争。一旦发生战争，他们势必要发动普通人民或者不发动。如果发动人民，他们害怕敌人远不如害怕武装起来的平民百姓。如果不发动人民，那么在战争中寡头政客将发现自己简直是一个少数人的政府。另外，他们的贪婪心态又会使他们不愿交纳战争税。

他说：是实情。

我说：此外，有些人身兼数职，如农业、商业、军职等，这合理吗？不久前，我们谴责过这种歪风。

他说：不合理，绝对不合理。

我说：最坏的情况是，有人被允许把全部财产卖给别人，然后继续在一个社会团体里生活，在这里他既不从事商业或手工业，也不是能自备装备的战士，他只是一个被称为穷光蛋的人。这是寡头政治下首先可能出现的一种弊端，或者说至少是没有办法防止的弊端，不然就不会出现有些人成为百万富翁，有些人一贫如洗的情况。

他说：说得对。

我说：试想这个早期相当富有的穷光蛋是什么光景。他花钱时，做过一点儿像我说的那样的有益于社会的事吗？他过去好像属于统治阶级，但实际上他既不是统治国家的，也不是为国家服务的。他只是一个商品消费者。他的家可以被比作蜂箱中的一个蜂窝。蜂箱中养了一只雄蜂，它成为蜂箱中的祸害。能飞的雄蜂都是生来无刺的，但是那

第四部 社会和灵魂的衰败 公正与非公正生活的比较

些能走的雄蜂有两种:一种有毒刺,另一种没有。① 在社会中,无刺的雄蜂在暮年沦为乞丐,有刺的变成公认的犯罪阶级。其结果是,在任何一个可看到乞丐的社会里,也都有窃贼、扒手、庙宇强盗和其他隐藏在周围角落中的犯罪艺术家。而且,你在任何一个由寡头政治治理的国家里都肯定可以看到乞丐。

他说:是的,除了统治阶级以外,几乎到处都有。

我说:那么,我们不妨认为,还有许多带刺的雄蜂罪犯,政府努力对他们进行武力镇压。我们可以得出结论,他们的产生源于缺乏教育、教养不良和一个形式恶劣的政体。

他说:说得对。

我说:看来,这就是寡头政治统治的一种国家的性质。它的弊端除了这些,也许还有别的呢!

他说:很可能有。

我说:我们现在谈完了名为寡头政治的体制,这种体制中的政权是靠财产资格得到的。现在我们可以谈论与之相适应的个人的历史和品德了。

他说:对,咱们谈吧!

我说:从荣誉政治类型到寡头政治类型的过程大致是刚才所谈的。荣誉政治者有一个儿子,最初他效仿他父亲,走他父亲的路子。后来,他突然看到父亲开始反对这个社会,像一条船触到暗礁上,人与全部财产同归于尽。他可能担任过高级职务,或者当过统帅,后来被人密告受审,最后被判处死刑或被驱逐出境或者被剥夺公权,落得个倾家荡产。

他说:所有这些变化完全有可能发生。

我说:儿子看到这种破落惨状感到惊恐万状,因为这关系到他自己的命运。一向统治他的心灵的那种雄心壮志瞬间从宝座上跌落下来。贫困使他感到卑贱,他开始自己谋生,经过艰苦劳作和点点积累逐渐攒了一些钱财。如今,他要在空空的宝座上建立另外一种精神,即肉欲的爱财精神,犹如一个头戴王冠、金链缠项、腰挎弯刀的东方君主。在他的脚凳旁边,蹲着两个被制伏的奴隶。一个是理性,它的思想现在专门用于算计小钱如何生大钱;另一个是雄心,一味羡慕和珍爱财富及其所有者,一心采取一切手段进行斗争,以发财致富。

他说:再没有比这更快更确定的途径可以使一个雄心勃勃的年轻人变成一个金钱爱好者了。

我问:这么说来,这就是我们说的寡头政治类型吗?

他说:是的,不管怎样,他所发展的这一类型与产生寡头政治的体制相符。

我说:我们再来看看,他是否具有相同类型的品性。第一个相似之点是,他爱财如命。另外一个相似点是,他吝啬小气,作为一个人,只满足于他的必要追求,多一点儿钱也不花。他的其他欲望一直在他的控制下不冒头。他为人卑贱,成年累月想赚钱牟利,

---

① 亚里士多德的《动物志》(*History of Animals*) ix. 40 说,雄蜂靠工蜂产蜜生活。如果蜂王死亡,雄蜂则由工蜂在自己窝里养活,从而变得更神气,因此被叫做带刺的雄蜂,虽然实际上并没有刺,只是想用那个武器。雄蜂和贼蜂一旦被发现损害了其他蜜蜂的事儿,就将被杀死或被逐出蜂窝。——英译者

想多挣些。这种人品是凡夫俗子大为称赞和羡慕的。的确,这一点很像寡头政治掌权的国家。

他说:我想是像的,尤其是在爱财如命这一点上。

我说:我猜想,这是因为他从来没有想过个人的修养。

他说:他从没想过,否则他就不会把瞎眼财神作为主角了。①

我说:说得好。还有一点要说说。由于他缺乏教育,他将滋生一些欲望,他好比是我们称之为乞丐或犯人的社会中的雄蜂,虽然他一贯的严谨态度会控制这些欲望。如果你想了解他的犯罪倾向,你必须注意一切时机,比如养育孤儿,他在这种时候可以干不光彩的事,而且不冒任何风险。这时将很明显地看到,在其他工作关系中,表面上他为人忠厚使他得到好名声,但他是由于不得已而被迫表现稳重的。其卑劣欲望不是被满足那种欲望是错误的这一理性信念而克制,而只是由于害怕其全部财产不安全才有所收敛。此外,当这种人花别人的钱时,通常你可以万无一失地发现雄蜂似的欲望。

他说:说得很对。

我说:这种人并不单纯,他内心的矛盾把他分成了两个人,虽然他的正当欲望通常压倒肮脏欲望。因此,他比好多人表现得都庄重大度,但是他一点儿也没有在平静与和谐中的真正美德。

他说:我同意。

我说:此外,由于为人吝啬,他不敢与别人争名夺利或争获荣誉称号。他不愿意花钱争名,因为他怕引起奢侈的欲望,加重他的野心。因此,像一个真正的寡头政治者那样,他只用一小部分军力征战,结果通常是打败仗,而他自己继续保持财主的地位。

他说:确实如此。

我说:那么,关于寡头政治国家与这种追求金钱的吝啬人之间的相似之处,我们还有什么疑问吗?

他说:一点儿也没有了。

---

① 相传,财神是个盲人,但古希腊喜剧之父阿里斯托芬的剧本《财神》曾以他为主角。——英译者

第四部 社会和灵魂的衰败 公正与非公正生活的比较

第31章 民主政治与民主政治者

英译者导言

柏拉图看到了民主政治类型的缺点,这种政治类型只能在小型城邦存在,比如雅典。它并不是通过选出的代表替大多数人理政,而是基于以下这种理论:每个成年男性公民享有同等权利通过代表大会和法院参政并能担任公职。(必须记住,一半以上的居民是没有公民权利的奴隶或外侨居民。)在雅典,500名国务会议委员负责筹划国务并贯彻执行议会通过的决议,国务会议委员由出席会议的候选人抽签委任。议会名义上由全体年满18周岁的公民组成,为达到某些目的所需要的法定人数为6000人。议会是最高行政权力机构,希腊公民认为自己是在它的非个人权威下生活,但在没有另外一个人民司法机构(海里雅[Heliaea]名义上由30岁以上的全体公民组成,他们宣誓遵守宪法并由9个执政官宣布具有相应资格)合作的情况下,它不能修改宪法。雅典民主政治的理想是由伯里克利葬礼演说(the Funeral Speech of Pericles)决定的(Thuc. ii. 35)。柏拉图认为,许多人直接理政违反"公正"的基本原则,认为人生来能力不同,只应从事适合他们的工作。他力主,治国是最优秀性格的最高成就。

寡头政治认为,生活的目的是发财致富,因此无法制止少数人聚敛财产和掠夺,从而削弱了自己,使穷人乘机夺取腐败的富人的权力。

在民主气氛下,全民自由和平等的原则适用于灵魂最低部分的整个欲望群体。民主政治者忽视了节俭的富豪不失尊严地满足必要的、有益的欲望与满足不必要的、挥霍的欲望之间的区别,他们沉溺于一时的欢乐,轮流享受,无所不好,然而好景不长。

在后来的对话《政治家》(The Statesman)中,柏拉图甚至认为,民主政治是更无法律的类型,它比寡头政治优越,但不如荣誉政治。

正 文

我说:我想,民主政治该是下一个要讨论的问题了,研究它的兴起和性质应该会帮助我们认识民主政治者这一类型,帮助我们以此对比其他类型,并进行评价。

阿德曼图斯说:这样做肯定符合我们的原计划。

我说:如果寡头政治的生活目标是尽可能地发财致富,那么那种贪得无厌的追求将引起向民主政治的过渡。过渡情况是这样的，由于统治阶级的权力来自财富，所以他们不愿用法律来约束青年浪子挥霍无度，倾家荡产。他们希望用财产作抵押借给浪子钱，供他们挥霍，然后把他们的财产买回来，从而变得更有钱有势。我们一眼便可看出，一个社会不能同时既崇拜财富又适当克制公民，二者必取其一。

他说：是的，这是十分明显的。

我说：因此，在寡头政治下，如不制止骄奢淫逸的生活方式，有时会使本性并不坏的人陷入贫困。这些人好逸恶劳，无所事事，有些负债累累，有些失掉公民权，还有些兼而有之。这群雄蜂拥有武器，都能蜇人。他们痛恨那些夺走他们财产的人，阴谋反对他们和社会上的其他人，他们渴望革命。而那些掠夺者，满足于他们的生财之道，好像感觉不到这些雄蜂的存在。雄蜂们整天急不可待地把自己的刺刺向任何一个向他们提供注射金钱毒液机会的受害者。他们一边靠高利增值资本，一边增加懒汉雄蜂和穷人。当危险濒临爆发的时候，他们不采取相应的措施熄灭火焰。他们既不采取我们说过的办法，杜绝人们为所欲为任意挥霍，也不采取第二种最佳办法，即制定法律，强化人们对正当行为的尊重。如果制定了法规，人们普遍自愿地订立由贷方负责的借贷契约，那么无耻追求财富的情况就会减少，我刚才说过的那些弊端也会减少。

他说：说得十分有理。

我说：由此看来，这就是寡头政治统治者由于这些原因使公民陷入的困境。至于他们本身，则处于穷奢极欲、好吃懒做的状态。他们的儿女也懒惰成性，终日到处游荡，经不起花天酒地的诱惑，也受不了任何逆境。他们的父辈一心只管发财致富，不管其他一切，因此，在生活理想方面一点儿也不比穷人强。这就是统治者与平民百姓的写照。一旦他们走到一起，作为陆地或海上的旅伴，参加节日集会或行军活动，处于危险时，就可看到对方的真面目了。这时会使人产生什么观感呢？富人将不再有机会感到自己比穷人优越。恰恰相反，身材消瘦、面孔黝黑的穷人发现自己与那些富人并肩站在同一战场上。富人由于家财万贯，平日过着悠闲的室内生活，吃得胖胖的，气喘吁吁，丑态百出，狼狈不堪。这时穷人会想，"这帮人有钱有势是因为我们胆小怕事"。穷人与友人私下相处时会议论说："这伙人一文不值，他们是靠我们生存的。"

他说：是的，必然会发展成这样。

我说：如果一个人身体很虚弱，外界的一点点震动都会使他失去平衡，即使没有外界影响，他的内心也会发生紊乱。看来，上述国家也像人一样，会处于一种忐忑不安、岌岌可危的状态。一旦得了病，一点点原因都会引起自己与自己矛盾，一方或另一方马上向邻邦的寡头政治或民主政治求援，有时没有外援也会打起内战来。

他说：说得很对。

我说：当穷人胜利以后，结局就是产生民主政治。他们会杀掉一批反对党人，放逐一批，允许其他一切人同享人权和政权，政府官员一般通过抽签的办法任命。

他说：是的，那就是民主政治建立的过程，不管是靠武力还是原执政党因害怕而让位。

我说：那么，新政权的性质又是什么呢？显然，他们的管理方式可帮助说明民主类型的人是什么样子。

第四部　社会和灵魂的衰败　公正与非公正生活的比较

他说：毫无疑问。

我说：首先，他们是自由的。到处都有自由、言论自由，任何人都可以从事他喜欢的事。

他说：是的，我们是这样听说的。

我说：情况就是这样，每个人都可以随心所欲地安排自己的生活方式。其结果是：这里比在其他任何政体中都有更多类型的人。所以说，民主政治可能是所有政体中最好的，其中包括各种各样的人品的多种典范。许多人都可能认为，这是最好的政体，正如妇女儿童都喜欢衣服有各种各样的样式、有各种各样的颜色。不管怎么说，如果我们想寻找一种政体，这里是一个合适的地方。民主政体如此自由以致它包括各种国家的类型样品。任何一个人要建立一个国家，如同我们现在正在进行的这样，都应当首先参观这种不同政体的博览会，从中选择最喜欢的典型。

他说：他将看到许多类型，供他从中选择。

我说：此外，如果你不喜欢这种制度，你不一定非掌权不可，不管你多么有能力；你也不一定要受别人管辖。你的同胞动干戈时，你没必要去参加；当大家过和平生活时，你也不一定要保持和平生活，除非你需要和平；虽然你没有法定权利担任官职或审理案件，但只要你喜欢干这种事，你就可以干。就目前来说，这的确是一种非常令人愉快的生活。

他说：就目前情况来说，毫无疑问是这样的。

我说：被法院判刑后所表现的不在意的样子也有一种魅力。在民主政治中，你一定已经看到，被判死刑的人或被流放的人是如何还生活在原地，在大庭广众下走来走去，若无其事，在人们眼里只像一个无形的幽灵。那里，对罪犯的行为非常宽容，对一些微不足道的小事根本不在意，他们不看重我们建立共和国时制定的全部优良原则，比如我们谈过的，只有天性出众的人才算好人，或者如果他不像孩子那样在美丽的环境中玩耍并且只追求值得尊重的工作，就休想成为好人。民主政治把所有这些观念统统丢弃，它根本不问一个人在进入政界以前过的是什么生活，它尊重任何一个只要自称自己是人民的朋友的人。

他说：确实了不起。

我说：看来，类似这些事就是民主政治的特点。民主政治是一种包括多种类型的合适的无政府形式，是针对地位相当或不相当的人的特殊平等。

他说：所有这些都是千真万确的。

我说：现在考虑一下相应的个人品格。或者像我们研究政体那样，先从他的出身谈起，好吗？

他说：好的。

我说：我以为，他是我们的吝啬的寡头政客的儿子，是在他父亲的眼前受父亲的熏陶长大的。因此，他也要严格控制所有需要花钱的享乐（一般被称为不必要的享乐），而不是要赢利的享乐。但是，在进一步探讨之前，我们先区分一下，什么是必要的欲望，什么是不必要的欲望,以免在黑暗中纠缠不清,好不好?①

他说:好,请照办吧!

我说:有的欲望是不能免的,还有的欲望,经过满足以后,对我们有好处。我们的本性不能不设法来满足这两种欲望。因此,这两种欲望完全可以被看做是必要的。另一方面,有些不必要的欲望通过早期教养是可以消除的,这对我们没有好处,而在某些方面有害处,所有这种欲望的正当名称就是"不必要的"。我们针对这两种欲望各举一例,以便对它们形成一个总观念。吃足够的清淡食品——面包和肉食——来保持健康和良好状态,这种欲望叫做必要的。就面包来说,必要性表现在两个方面,即它不仅对我们有好处,而且对生命是不可缺少的;而肉食之所以必要,主要是因为它能帮助我们保持良好的体态。在这些简单的需要以外,追求各种各样的奢侈欲望便是不必要的。大多数人可以通过早期的教养和教育克服这种欲望。这种欲望对身体健康不利,对智力和自制也不利。此外,这些不必要的欲望可以被称作奢华的,而必要的欲望则是有益的,可以帮助人们工作。对于性欲和其他一切欲望,也可以进行同样的划分。

他说:是的。

我说:我们刚才谈到了雄蜂,是指受各种各样不必要的玩乐和欲望摆布的那种人,与我们谈的吝啬的寡头政客恰成对照,这些政客是受必要的欲望控制的。因此,我们可以回过头来谈谈民主类型是怎样从寡头类型演变而来的。我认为,它通常是这样产生的:当一个年轻人,像我们说的,成长在一个吝啬的、无教养的家庭,一旦尝到雄蜂的甜蜜并与那些知道如何享受各种吃喝玩乐的危险而狡猾的人为伍时,他灵魂中的寡头政体就开始变成民主政体了。一场相应的革命就因本国的两派之一求助外国党派而开始了。同样,这个青年人的灵魂中的相互矛盾的欲望之一将在外来的相似欲望的影响下得到加强,如果他灵魂中的寡头派的反抗由于他父亲或朋友的忠告和责备而加强了,那么反对派很快就要与他的灵魂发生战争。有时民主政体的利益让位于寡头政体:一种羞耻感在青年人的灵魂中占了地位,有些欲望被压了下去,另外一些受到排挤,直到最后恢复了秩序。

他说:是的,有时会发生这种情况。

我说:但是,另一方面也许因为父辈不知如何教养儿子,与被排挤的欲望相近的另外一种欲望会悄悄地有所抬头,直到最后形成众多而强烈的欲望。这些欲望使年轻人悄悄地跟老相识又混在一起,欲望不断膨胀,越来越多。最后,这些欲望占领了年轻人的灵魂堡垒,这时,已没有可靠的哨兵护卫那些人的为天神所赞誉的思想。知识、正当的原则、真正的思想都销声匿迹,离开了岗位。这块阵地敞开了大门,任凭虚伪的和跛脚的观念来袭击。因此,这个年轻人就又投身到吃忘忧果的人群中去并且公开与那些人同命运、共患难了。如果他的家庭派出援军维护他的节约本性,那些占据皇家要塞的骗子就把大门紧紧关上,不让他们进去,甚至不肯跟他们的朋友的慈父般的忠言进行谈判。在这场内部冲突中,这些欲望胜利了,谦虚和自制被贬低并被侮辱为不像男子汉的傻瓜弱点,于

---

① 需要对欲望加以分类,因为寡头、民主和专制主义都以三类欲望至上为根据的:(1)必要的,(2)不必要的和浪费的,(3)犯法的。本书第32章将对此加以区分。——英译者

第四部 社会和灵魂的衰败 公正与非公正生活的比较

是被流放。所有这些无益的欲望都参与排挤中庸之道和节约之风。照它们的看法,中庸之道和节约之风只是些吝啬卑鄙的货色。于是这种看法占据了已经被它们净化的灵魂,好像净化的目的是参加更高级的秘密宗教仪式。剩下的事便是引导庞大的队伍,把傲慢、混乱、放纵、奢侈浪费和无耻带回家去。这些赫赫的天使头顶花环,赞扬之声美妙动听,极尽吹捧之能事:他们把傲慢称为良好的教育;把混乱放纵捧为自由;把浪费说成是慷慨阔气;把无耻美化成勇敢和大丈夫气。一个年轻人在成长过程中曾满足于必要的欲望,但后来他开始大肆享受不必要的有害玩乐,这不是对革命的一个很好描述吗?

他说:是的,是一个很生动的描绘。

我说:在此后的生活中,他在过分享乐中所花费的时间、精力和金钱跟在必要欲望上的花费一样多。如果他有幸不完全越轨,那么这些混乱可能随着年龄的增长开始收敛平息。接着他也许可能把被抛掉的美德重新收回来,不再完全听从驱逐美德的情欲的摆布。现在他要平等对待他的全部欲望,不否定任何一种欲望的权利和存在,依照情况允许它们依次轮流表现,好像靠抽签的顺序决定一样,由灵魂来支配,直到使其得到满足。当有人告诉他说,有些享乐应当追求,而且应当把这种享乐评为最高级的,而另外一些享乐则应当被谴责,并且应当受到压制,因为这种享乐是卑鄙的时,他就要紧闭要塞大门,拒绝接受信使的说教。他会摇头并且宣布说,这种欲望与另外一种同样正当,因此这两种欲望都应当追求,它们享受同等的权利。所以,他每天及时行乐:有时对酒当歌,一醉解千愁;有时则又粗茶淡饭,只喝白水。今天从事艰苦训练,明天又游手好闲,虚度年华,后来则又公然埋头读书学习。他常常参政议政,突然站起来,想说什么就说什么,想干什么就干什么。不然,他就与他羡慕的人去比高低,比如与一个士兵比;或者如果心血来潮一时高兴,就与商人比。他不受社会秩序约束,不受法规管辖,他不想改变他认为是愉快、自由和幸福的生活方式。

他说:这对于一个以自由、平等为格言的人的生活是一个很好的描述。

我说:是的,他的性格体现了我们在民主国家发现的优良典型。它像一切类型的体制的缩影那样种类多样。男男女女都将发现它有可羡慕之处。所以,我们从他身上可以看出民主政治的影子,因而称他为民主类型的人。

他说:我们可以这样认为。

第32章 专制政治和专制者

英译者导言

希腊人把专制的、不守法的统治者叫做"暴君",但这个词绝不总是与当今出现的同义词"独裁者"恶意地联系在一起,因为"独裁者"过去是一个带有荣誉的词。暴君可能像雅典的庞西特拉图(Peisistratus)①那样,是一个仁慈的捍卫者,支持平民百姓反对地主贵族的压迫;但是,阿克顿(Acton)②所言不管在当时还是现在都千真万确:"一切权力都是腐败的,绝对的权力绝对是腐败的。"虽然柏拉图不太珍视他形容的民主自由,但民主者在厌恶专制政治方面都没有超越他,因为专制政治是非公正的胜利,是对他所信仰的自由的完全否定。

民主无政府主义,发展到极端时,就把社会分裂成三个阶级:人数日益增多的挥霍无度和没落的亡命之徒;资本家,他们悄悄地聚敛财富;大量农村人口,他们经营自己的小块农田,不问政治。无耻到家的"雄蜂"侵占财产,迫使资本家进行自卫,组成反动的党派。人民这时推出一个勇士,他曾尝过吸血的甜头,注定变成一条人狼,人类的敌人。他受到谋杀的威胁,成功地要求有一支保镖或私人卫队,夺取专制权力,把人民变成他的奴隶。对专制政治兴起的叙述很适合柏拉图的心理学观点,而不适合希腊历史的正常路线。比如在雅典,庞西特拉图的"暴政"推翻了地主贵族权力,给民主制铺平了道路。另一方面,民主制有时发展成专制政治,比如在柏拉图时代的锡拉丘兹。

接下来的情况是,暴君谋杀敌人和可能的对手,从而使自己陷入悲惨的局面,直到最后只剩下一伙流氓恶棍与他相依为命。他被人民唾弃,因为人民认识到自己已陷入被奴役的境地。

专制政治在个人灵魂方面的意义是,它控制众多非法欲望中的一种,这些欲望的存在即使在正派人身上也表现在幻想中。民主类型的人给一切欲望以平等的权利,但是这种均衡状态很容易被一种激情的膨胀所毁掉,这种激情将逐渐奴役灵魂中的其他各种因素。所以最后,最不公正的人的肖像完全可以比照最公正的哲学家国王来完成。

---

① 庞西特拉图(公元前605—公元前527年),古希腊暴君,统治雅典时实行保护中小地主和奖励农工商政策。——中译者
② 阿克顿(1834—1902年),英国史学家,提倡基督教自由伦理观,晚年编有《剑桥近代史》。——中译者

第四部 社会和灵魂的衰败 公正与非公正生活的比较

正　文

　　我说：现在只剩下各种政体和人品中最令人惊奇的，即专制政治和专制者。专制政治是怎样产生的呢？非常明显，它来自民主政治。它的转变与寡头政治变成民主政治是一样的吗？寡头政治是由具有一定生活目的的人建立起来的，即他们寻求的好处是财富，它之所以衰败是因为它贪得无厌，一心赚钱牟利，并忽视其他一切。民主政治也是因为贪求它认为的最大优点而垮台的吗？

　　阿德曼图斯问：你认为的优点是什么？

　　我说：是自由。在民主政治的国家，你可能听说过，自由是最高尚的属地，它是唯一适合自由人生活的地方。

　　他说：对。人们常这样说。

　　我说：刚才我说过，也许他们采取一切手段去享受这种自由，而忽视其他一切，结果会使民主政治变质，造成对专制政治有所要求。无原则的领导者痛饮烈酒来满足自由的欲望，在这种情况的影响下，民主制的国家可能衰败灭亡。如果它的领导者们缺乏足够的宽容大度，不能给它充分的自由，他们就会被指责为倒霉的寡头政客并受到惩罚。奉公守法的公民将被羞辱为死抱着铁链的废物，行为像百姓的领导者以及行为像领导者的百姓则在公开或私下场合受到一片赞扬，获得一切荣誉。在这样一个国家，自由的精神肯定是要走极端的。

　　他说：必然是这样的。

　　我说：这种精神会传到家家户户去，直到最后连动物也受到无政府状态的影响。身为父母的人养成了举止像孩子的习惯，孩子养成了举止像父母的习惯。父母怕儿子，儿子不怕也不尊敬自己的父母，目的是维护他们的自由。公民、侨民和外来人都一律平等。拿小事来说，学校校长战战兢兢地奉承学生，学生则不把校长和保育员放在眼里。一般来说，年轻人模仿年长者，同他们辩论，不听年长者的话，而年长者生怕被看成是可恨的暴君，于是模仿年轻人，干脆就与他们混在一起，有说有笑，打打闹闹，毫无拘束。当男女奴仆和购买他们的主人一模一样地自由行事时，自由就达到了登峰造极的地步。我几乎忘了提一下男女关系中的自由和平等精神。

　　他说：我们很可以引证埃斯库罗斯的话说，"想说什么就说什么"。

　　我说：当然可以。我会这样做的。没有亲眼见过的人都不会相信，家畜在民主政治中享受的自由比在其他地方享受的要多多少。"有其主必有其仆"的谚语，可以用在家犬身上。马和驴养成了横冲直撞在街上乱跑的习惯，谁不给它们让路，它们就向谁身上冲。整个这块地方的自由气氛浓得无以复加。

　　他说：不必对我讲这些了。我在城外走路时常常有这种遭遇。

　　我说：综合这些情况，你可以看到以下这种后果：公民非常敏感，受到一点点约束，就愤愤不平，觉得那是不可忍受的专制。他们决心，不要主管人，从而最后甚至抛弃成文的或不成文的法律，把它们统统置之度外。

他说：是的，我再清楚不过了。

我说：我认为，那就是充满极大潜力的种子，足以产生专制政治了。

他说：确实很有活力。但是下一步该怎么做呢？

我说：摧毁寡头政治的那同一种疾病又在这里出现了，它泛滥成灾，来势更为凶猛，结果取代了民主政治。真实情况是这样的，在社会体制方面，恰如天气或动植物那样，任何过激情况都会引发同等猛烈的反作用。因此，不管是国家还是个人，过多自由的唯一后果可能是过头的管制；就是说，民主政治中自由达到极限时恰恰是为专制政治最残酷的极端奴役手段扫清了道路。但是，我认为，你是在问那种疾病的性质。它既毁坏寡头政治，又同样伤害民主政治，并使它沦落到被奴役的状态。

他说：是的，我问的就是这点。

我说：我心里想的是，那些无所事事的败家子，其中胆大的就当头头。不知你记不记得，我曾经把这些头头比作有刺的雄蜂，其他没有刺的雄蜂都是他们的忠实追随者。在任何一种社会中，都有这两种群体，他们制造无序混乱，犹如人体中的痰液和胆汁那样。因此，国家的立法者如同国家的优秀医生一样，应当事先采取预防措施，像谨慎的养蜂人那样，预先下手预防雄蜂出现，或者如防止不了，就尽快把它们连同蜂房一起统统除掉。

他说：十分正确。

我说：那么，为了更清楚地认识我们的问题，让我们设想一下，把民主共和国如实地分为三部分。一部分包括刚刚说过的雄蜂。在民主政治下，这个阶级是在骄纵气氛下成长起来的，他们的人数不少于寡头政治中的人，而且能量大得多。在寡头政治中，这部分人受歧视，无权担任官职，因此缺少施政经历且力量薄弱。但在民主政治中，所有的领导者都是他们这帮人，只有少数例外。其中最积极的成员发表议论、出主意、处理大事，而其他雄蜂则把持周围的议席，嗡嗡乱叫，捧场喝彩，压制一切反对意见。就这样，共和国的管理工作几乎都掌握在他们手里。

他说：说得非常对。

我说：与此同时，第二等级的一组人经常从那些人当中分化出来。每个人都一心想发财致富。最稳健的将积蓄最多的财富。这里是雄蜂可以捞取大量蜂蜜的最富源泉。

他说：毫无疑问是这样，他们从财产少的人手里捞不到一点儿好处。

我说：我认为，"财主"就是他们对这个阶级的称呼，这个阶级的人供给雄蜂食粮。

他说：是的。

我说：第三阶级将是"人民"，其中包括所有经营自己田地的农民。他们没有什么田产，不关心政治。在民主政治下，这是最大的一个阶级，他们一旦集合在一起，力量就是巨大无比的。

他说：是的，可是他们不大常聚会，除非是分享蜂蜜的时候。

我说：当领导人把他们从富有阶级手里弄来的东西分给人民时，他们总能分到应有的份儿，不过领导人自己总是先分到最大的份额。被掠夺的富裕者被迫在议会进行自卫辩论，并且利用一切所能想到的办法来对付当局，即使他们没有革命的意图，对方也控告他们反人民，说他们是寡头政治派。最后，当他们发现人民是无意中被人误导，试图对他们有不公行为时，不管他们愿意与否，都要变成真正的反动派。这是无法避免的。这毒

第四部 社会和灵魂的衰败 公正与非公正生活的比较

液是我们说的雄蜂用刺注进去的。接着就是告发和审判,这时两派形成对峙,互相责难。

他说:完全是这样。

我说:人民总能推出一名代表自己利益的捍卫者,把他培养成一个伟人。很明显,这就是专制政治必然产生的根源。①

他说:是的。

我说:人民的捍卫者是怎样开始变成专制者的呢?你已经听说过传说的阿卡迪亚城(Arcadin)宙斯庙宇的故事,说的是一个人尝了一块掺在祭品肉食当中的人肉,如何命定要变成狼的。同样,人民的捍卫者发现自己完全控制了群众,会毫不迟疑地叫一个兄弟流血,把他拖到法庭,对他提出惯用的不公正控告,卑鄙地谋害他的性命并用血腥的舌头吸吮亲人的血。他可以把人处死或者把他流放,并示意取消债务,重分家产。此后他的命运不可避免地或者是被敌人消灭,或者是独揽大权,从一个人变成一只狼。不是这样吗?

他答道:是这样的。

我说:接着,我们看到这个党魁与有产者打内战。如果他被放逐,后来不顾敌人的监视又跑回来,他就卷土重来变成一个更彻底的专制者。如果他们无法放逐他或者无法向国会控告他,判他死刑,他们就阴谋暗杀他。于是,他们采取了所有从事专制勾当达到这种境地的人所惯用的手段,即要求建立一支卫队,保护人民的捍卫者的安全。人民同意了这种请求,因为人民对他十分警觉,而他们本身是无所畏惧的。

他说:十分正确。

我说:对于有财产的人来说,这是一种可怕的情景,因为他不仅被控告拥有财产,而且被控告是人民的公敌。他将采纳神谕对克罗伊斯的忠告:沿着多石的赫尔木斯(Hermus)海滩逃跑吧,不要再怕人说你胆小。②

他说:是呀,他再没有第二次机会担惊受怕了。

我说:确实是这样。如果他被捕,必死无疑,然而我们的捍卫者不像赫克托耳(Hector)③的战车手那样,"高大的身躯躺在大地上",而恰恰相反,他打倒了一群对手,笔直地站在国家的战车上,不再是人民的保护者,而是人民的独裁霸主。

他说:是的,必然是这样一个结局。

我说:我们现在要不要谈谈这个人的幸福情况以及庇护这种人的国家的幸福情况呢?

他说:当然要谈谈。

我说:在早期,他逢人便面带笑容,打招呼,他不承认他独揽专制大权。他向朋友和公众许愿封官。他废除债务,把土地分给人民和他的支持者,对人人摆出一副和蔼可亲的样子。但是,一旦他与周围一些人和解并消灭了另外一部分人,从而消除了流亡在外的敌人的威胁以后,他就开始一次次挑起战争,以便使人民感到需要有一个领袖。他还

---

① 亚里士多德(《政治学》,v.5)说,在旧时代,专制者都是从煽动性的政客中产生的。参见 Herod,iii.82。——英译者
② Herod,i.55。——英译者
③ 据希腊神话,赫克托耳是特洛伊国王之子,在战争中被阿喀琉斯杀死。——中译者

迫使人民交纳苛捐杂税，使他们贫困潦倒，以致每天只为面包奔忙，无暇顾及其他一切，因此再没有人造他的反了。此外，如果他怀疑有人有自由思想，不服从他的管理，他就找一个借口把他当成敌人处理，然后把他消灭。由于这些原因，专制者必须经常挑起斗争。

他说：他必须要这样干。

我说：这种行径将令他的同胞越来越痛恨他。过去曾帮助他掌权的人如今也身居要职，其中有胆识的人对他和其他人开始提出自己的看法，并对他的政策提出批评。如果这个专制者要维持他的统治，他必须逐渐消灭所有心怀不满的人，直到最后把稍起主要作用的朋友或敌人统统除掉。他需要监视任何一个勇敢的或高尚的或有智慧的或有财富的人。他的幸福命运依赖于与所有那些人进行斗争，不管他愿意不愿意，阴谋陷害他们，直到最后把整个共和国清洗得干干净净。①

他说：这真是一种绝妙的清洗手段。

我说：是的，他的手段跟医生的医术恰恰相反，医疗手术是除去体内的异常部件，保留正常部件。

他说：看来，如果他想要掌好权力，非这样选择不可了。

我说：不是的，他只能适当地作出选择，跟那些大多是毫无用处的和痛恨他的人和衷共济，共同生活，或者干脆不与他们生活。他的行为越不得人心、越被国人厌恶，他就越需要可靠的卫队来加强对他的保卫。他到哪里去找他信得过的人呢？

他说：只要他肯出高薪，就会有人自动一拥而上。

我说：你指的是各种外来人，而且是另外一大群雄蜂吧！可是为什么不依靠本地人呢？他可以把公民的奴隶霸占过来，解放他们并把他们编入他的卫队。

他说：毫无疑问，这帮人会成为他所能找到的最忠实的贴身人。

我说：专制者消灭了先前的支持者以后，就把这帮人作为挚友。对专制者来说，这是一个多么令人满意的状况呀！当然，他将受到这帮新公民的称赞并与他们交友，而所有正派的人都将厌恶地离他而去。悲剧被认为是智慧的宝库，这话意味深长不无道理，尤其是欧里庇得斯（Euripides）②的论点。他的丰富思想表现在这句名言中："专制者与智者交谈也可以变成智者。"③ 毫无疑问，他所说的智者就是我们说的这些人。

他说：是的，欧里庇得斯称赞专制权力是神性的，在这方面他还说了更多的话，其他诗人也都这样说。

我说：既然如此，当我们因为悲剧作家歌颂专制政治而不让他们入境时，如果他们能谅解我们和一切类似我们的体制的国家，那么他们将进一步证明他们是有智慧的。同时，我期望他们能巡视一番其他国家，雇用一些歌声嘹亮的歌手来打动聚会的群众，使其

---

① 在《高尔吉亚》（*Gorg.*, 510B）中，苏格拉底说：古代专制者不能与比他强的人交友，因为他害怕那人；也不能与不如他的人交友，因为他看不起那人；只能与品德相同、唯命是从的人交友。另外，柏拉图在《信札》（*Ep.*, vii. 332c）中说，狄奥尼西奥斯一世（Dionysius Ⅰ）（公元前 430—公元前 367 年，古希腊专制者，篡权后以残酷手段治国）过于聪明，不相信任何人，"除了缺少可信的友人以外没有更确定的道德品德"。——英译者

② 欧里庇得斯（公元前 485—公元前 406 年），古希腊三大悲剧作家之一，作品 90 余部，现存 19 部，对罗马和欧洲戏剧有深远的影响。——中译者

③ 古人常引用悲剧家的话，如同现今人们引用莎士比亚时那样，不考虑上下文，忽视了剧作家不对他笔下的角色所表达的所有感情负责。——英译者

第四部 社会和灵魂的衰败 公正与非公正生活的比较

走向专制的或民主的政体。当然,他们由于服务有功会得到荣誉和高薪,这主要来自专制者,其次是民主政治者。但是,他们在共和国的阶梯上爬得越高,名声就越往下降,就像登山那样,由于喘不过气来,而不得不放弃前进。不过,我们现在走题了。我们还是回到专制者的军队去吧!他怎样维持这支难以形容的精良而变化无常的军队呢?

他说:毫无疑问,只要庙宇能供应上,他就花费庙宇①的一切财宝以及政治受害者的财产,从而减少加在人民身上的战争税。

我问:可是,如果财源断了怎么办?

他说:很明显,他和他的酒肉朋友、捧场者以及他的情妇们都要靠他的父母来维持生活。

我说:我明白,专制者及其一伙将靠支持他的普通百姓维持生计。

他说:必然是这样。

我说:但是,人民可能对这种情况不满,并且说父亲养活已成年的儿子不合情理,应当反过来才对。人民所以养活他,给了他权力,并不是为了等他掌权以后,就变成自己的奴隶的奴隶,而且还要养活他们及其主子和其他党羽。他应当领头使他们摆脱富人和所谓的上层阶级,获得自由。设想他们现在命令他及其党羽离开这个国家,如同父亲把儿子及其酒肉朋友一起赶出家门那样,又怎么样?

他说:可以肯定,人民会明白,他们生育并抚养了一只多么凶狠的动物,现在这个孩子长得太壮,父母赶不出去了。

我说:专制者敢把父亲抓起来,如果反抗还打他,你是这个意思吗?

他说:是的,只要专制者已经解除了他的武装。

我说:这样说来,专制者是一个杀父逆子了,他毫不怜惜父亲的年老体衰。看来,这是一种公开宣布的专制主义。常言道,人民只是避开浓烟,又入火海,解放人民的事业变成了对奴隶的专制。那种无限遥远的自由如今必须穿上最粗糙和最让人悲痛的劳役号衣,奴隶变成了霸主。

他说:是的,情况就是这样。

我说:至此,我们已经充分说明了从民主过渡到专制的全过程以及一旦建立专制,情况是什么样子。我们可以这样说吗?

他认同道:可以,相当充分了。

我说:最后,该谈谈具有专制品格的人了。我们还要问一问,他是怎样从民主类型发展而来的、他的为人如何,以及他的生活是愉快的还是痛苦的?

他说:是的,该这样谈了。

我说:我感到有必要比过去更全面地明确一下他的欲望有多少,其性质如何?否则就不易得出结论。

他说:好,现在谈还不太晚。

我说:确实如此。关于欲望,有一点,我想说明一下。在不必要的娱乐和欲望中,有些,我认为,是非法的。大概这些欲望是每个人天生都有的,但是当这些欲望受到法律的

---

① 古时,庙宇在某种程度上具有银行的功能,能保存财宝;盗窃涉及与献祭有关的附加罪行。——英译者。

约束,受到有理性帮助的最高级欲望的约束时,有些人能完全克服,或者至少使之变少、变弱,而在另外一些人身上,这些欲望则相对比较强烈,比较多。

他问:你指的是些什么欲望?

我答道:我指的是,当灵魂的较健康部分沉入梦乡、理智失去控制力时,梦会刺激他们的欲望。那时,我们的野性由于饱尝了酒肉而变得猖獗放纵,摆脱了睡眠去追求能满足本能欲望的一切。如你所知,那时候它将抛开一切礼义廉耻,为所欲为,无所顾忌。它在梦境中不避讳与母亲同床或与任何其他人如男人、神仙或畜生性交,也不避讳吃禁食,更不惜造成流血事件。总而言之,任何无耻勾当和荒唐蠢事它都干得出来。

他说:说得十分正确。

我说:对于一个身心健全的人来说,就不是这样了。在睡觉前,他会唤醒内心的理性,使之吸取镇静沉思中的高级思维和自省自问作为养料。如果他的欲望没有挨饿或吃得过饱从而安然入睡,那么就没有喜怒哀乐来干扰那较好的部分,他会在纯正的和独立的思考中寻找过去、现在或将来的一些关于新生事物的知识。如果他这样把情欲按捺下去,从而在梦乡中不会对任何人发火,如果事实上他让灵魂中三要素中的两种保持安静,而唤醒第三种要素,然后才去休息,那么,他就很容易抓住事物的真理,而且他梦乡中的幻想也不会是违法的。不过,我们现在又走题了。我们所要说的是,我们每个人,甚至那些好像最值得尊敬的人都有一些欲望,这种欲望无法无天,十分可怕,都会反映在梦中。你同意这点吗?

他说:我同意。

我说:那么,别忘了我们对民主政治者的叙述,他的品格是如何在吝啬的父亲的早期教导下形成的。他父亲只看重做生意的欲望,不注意有关轻浮装饰的不必要欲望。接着,他跟一些更加世故的人来往。由于这种人满脑子都是我们刚说过的违法乱纪的欲望,他也陷了进去,他憎恨父亲的吝啬,他陷入各种各样的骄奢淫逸中。但是他的为人比那些伤风败俗的人好些,在两种矛盾的生活方式中他采取了折中的方式,既舍弃一方的粗俗吝啬,又去掉另一方的放纵无度。因此,寡头类型的人变成了民主类型的。

他说:是的,我支持这种说法。

我说:设想,他自己也老了。他用自己的方式教育孩子,他的儿子也同样受到他受到过的影响,被引导从事无法无天的勾当。引诱他的人把这种无法无天的事叫做完全的自由,然而在另一方面,他的父亲和朋友却又从旁帮他采取折中手法。一些可怕的巫师想用咒语完全控制这年轻人的灵魂,但他们开始怀疑自己的咒语的力量。巫师的最后一招就是极力使他产生一种激情,让他拥护游手好闲的欲望的群氓,这些欲望只想分享一切到手的掠夺品。这种激情只能被比作一只巨大的雄蜂。其他欲望如同离巢的蜂群,在他周围嗡嗡乱叫,满载各种香料、花环和美酒,纵情享受,放荡不羁,酒足饭饱,直到它们刺入一根刺,那是一种无法满足的欲望。最后,这种激情作为灵魂的头头,疯狂地想当卫队队长,在狂乱中崩溃。如果它能保持的任何思想或欲望是正派的而且还有羞耻感的话,它就要把它们杀掉或者赶走,一直到把灵魂中的一切节制成分清除得一干二净,让疯狂的党羽来填补空位。

他说:这是对专制品格发展过程的全面写照。

第四部 社会和灵魂的衰败 公正与非公正生活的比较

我说:这不就是贪欲被称为暴君的原因吗?一个酒鬼也具有这样一种专制精神,一个疯子也具有这种精神,他梦想不仅统治全人类而且统治老天爷。因此,当天性或习惯或者两者一起把醉酒、色欲和疯狂三者的特点结合在一起以后,你就可以看到专制暴君的十足模样。

他说:十分正确。

我说:那就是他的本源和性格,而他的生活情况是什么样的呢?

他说:我说不出,你一定要告诉我。

我说:我来说。当激情绝对主宰灵魂的每一部分时,与歌妓纵酒欢乐以及所有放荡不羁、寻欢作乐都将变成每天的日程。每日每夜都会产生可怕的新鲜欲望,这种没完没了的要求会很快耗尽他可能有的一切收入。很快他就要借债,动用他的老底。当一切财源耗尽以后,贪婪的欲望会像一窝饿极待哺的小鸡围在他身边吱喳乱叫。由于这些欲望的刺激,尤其是被这些欲望所保护的中心欲望的刺激,他开始窥测方向,寻找一切有钱的人,进行诈骗或抢夺。他不惜采取任何手段,只要不使他痛苦就非弄到财物不可,以供自己挥霍。

他说:这都是不可避免的。

我说:正如一连串新的欲望在灵魂中滋生,代替旧的欲望,年轻人将要求靠父母维持生活,一旦用完自己那份财产,还要享用父母那份儿。如果父母反对,他就先欺骗他们,欺骗不了就靠暴力去抢。如果老人仍坚持不放手,他就能有所收敛、不像暴君那样行事吗?

他说:对于一个有那样的儿子的父母来说,我看是没有什么希望了。

我说:可是,阿德曼图斯,你想想,父母与他一生的关系是最密切的。如今他们年老体弱,他真的能为了与他毫无权益关系的新情妇或心腹的魅力而动手打父母吗?他能把这些人带到家里,主宰父母吗?

他说:我相信,他会干得出来的。

我说:这样看来,生养一个专制的儿子不是什么令人羡慕的命运。

他说:对。

我说:设想他父母的财富开始供不上他的挥霍,而追求新享受的欲望在他灵魂中越来越膨胀,他将会闯进别人家里或者在夜晚路劫行人,进而把庙宇的财富掠夺一空。同时,他儿时形成的公认的是非观念将被另一些思想所战胜;这些思想过去一直被控制,而现在则被释放出来,以支持并保卫统治的激情。当他处于依然受父亲和法律管理的民主阶段,这些思想只在睡梦中出来活动,但是如今这种激情占据绝对的统治地位,他本人已在睡醒后变成他经常在梦中成为的那种人,准备杀人,或吃禁食,或从事任何可怕的勾当。欲望是活在他内心的唯一统治者,目无法纪,如同一个暴君把国家带入绝境那样,驱使他冒生命危险,与一伙同党一起追求欲望,其中有些人是靠不正当渠道从外界进来的,另外一些则靠内心同样恶劣的伎俩从奴役中被释放出来。这是不是对其生活方式的正当描述呢?

他说:是的。

我说:如果一个国家有这样一些人,而这个国家中的大多数人是奉公守法的,他们就要到别处去参加专制者的卫队或成为一场即将爆发的战争中的雇佣军。在和平安定时期，他们待在家里，从事小偷小摸，成为小偷、夜盗者、扒手、庙宇窃贼或绑匪。或者如果他们能说会道，还可能充当告密者和伪证人，从中牟取好处。

他说：你的意思是说，只要犯罪的人不多，罪行就是小事一桩了？

我说：小是相对而言的。常言道，所有小事加在一起，离专制者统治下的社会的堕落和苦难就不远了。当那种犯人及其追随者的人数增多并觉得自己有力量以后，他们便开始利用普通百姓的无知，在他们自己的圈子里扶植一个其灵魂处于最极端暴政之下的人充当专制者。

他说：是的，处于那样一种精神状态的人当然是专制者的最好人选。

我说：如果人们都服服帖帖，一切将万事大吉。但是全国人民可能起来反对。这时，像克里特(Crete)人所说的，他要像他压服父母那样，压制他从前热爱的祖国，其目的是使全国服从他扶植起来奴役祖国的新党羽。这样，这个人的欲望就得到了完全的满足。

他说：是的，确实是这样。

我说：在取得权力以前的私生活中，这种类型的人跟一呼百应的马屁精混在一起，或者如果有求于人，他们就毫不迟疑地卑躬屈膝，装出一副友好的样子，可是一旦达到目的，友谊便冷却下去。因此，具有专制性格的人毕生在世界上没有一个朋友，他有时当主宰，有时当奴隶，但从不懂得什么是真正的友谊，什么是真正的自由。在他身上，找不到丝毫真情实意。如果我们对公正的看法是正确的，那么他就是不公正的人品的十足典型。

他说：肯定是这样的。

第四部 社会和灵魂的衰败 公正与非公正生活的比较

第33章 从幸福的角度比较公正的人生与非公正的人生

英译者导言

苏格拉底探寻了哲学家国王和专制者形象的来源后,现在开始对比典型的公正者与典型的非公正者,来回答格劳孔和阿德曼图斯原先提出的请求(第5章)。下边要指出的是,什么样的人生是最幸福的。以下提出了三种观点:

(1) 灵魂处于激情的专制统治下的人,根据幸福的三项测试指标,即自由、财富和免于恐惧来看,是最不幸福的。放纵无度、为所欲为并不是真正的自由。真正的自由体现在真正的,也就是理智的自我,为了整个人类的利益而做的事情中。(在《高尔吉亚》[Gorgias,466]中,苏格拉底坚决反对波鲁斯[Polus]的观点。他认为,在这个意义上讲,专制者是最不能为所欲为的。)欲望永远得不到满足的人是不会富足的。此外,专制者作为人类的公敌,生活必然是提心吊胆的。

(2) 从快乐方面对比两种人生时,最好的评判者是哲学家,只有他经历过灵魂所有三部分的特殊快乐,而且他的经验是受到悟性和推理的支持的。(好像在这里比在别处更清楚,灵魂的每一部分都各有其特殊的欲望,而且欲望是由客体的差异来界定的。这一点符合第10章提出的意见,即欲望是能量的单一储备,可以从一个客体转到另一客体,"如同一条小河改道成另一个河床"。)

(3) 第三种证据是区分纯粹的或积极的快乐与幻觉的快乐,后者由于与先前的欲望导致的痛苦相对比而得以加强。因此,吃饭的快乐由于吃饭缓解饥饿的痛苦而增加。据说,大部分的肉体快乐是这样的,但是(暗指)独立于肉体的灵魂所享受的快乐并不是这样。智力的满足也更真实,因为智力所依赖的头脑和事实比肉体和尘世的食物更真实。专制者受制于所有欲望中最低级的,因而离哲学家统治者得到的纯粹的和真实的快乐最远。(真实的与虚伪的,或纯粹的与混杂的快乐的区别在《菲利布斯篇》[Philebus]中有更详细的描述。)

正 文

我说:那么,我们来总结一下,人的最坏类型是人在醒着的时候的所作所为,就像我们说过的他在梦中的表现。生来的专制者一经掌握绝对权力必然发展到这种地步,而且充当暴君的时间越长,这种性格就越明显。

格劳孔说:必然是这样的。

格劳孔现在开始回答问题。

我说:最低级的邪恶总是与最深刻的不幸相伴随的。暴君掌权的程度越大,时间越长,他的痛苦就越大,虽然许多人持有不同看法。我们能这样说吗?

他说:可以的,肯定都是这样的。

我说:确实如此,不是吗?各种类型的人——专制的、民主的等等——都与具有相应类型的体制的国家相似,也都在相应程度上是良好的和幸福的。

他说:是的,当然是。

我问:在美德方面,专制制度下的国家与我们最初说过的由国王治理的国家相比又怎么样呢?

他说:这是两种极端的国家:一个最好,一个最坏。

我说:我不问哪个好,哪个坏,因为那是显而易见的。关于幸福和痛苦的程度,你估计是同样的吗?我们千万不要只注意暴君本人及其少数追随者而把眼睛弄花了。我们必须深入到每个角落,查看整个社会的生活,然后作出决定。

他说:这种要求是公正的。每个人都必须了解一个国家在专制者的统治下是最不幸的,而在真正的国王的统治下是最幸福的。

我说:在判断相应的个人时,有人不像小孩那样被极权表面的富丽堂皇所迷惑,而能洞察一个人的心,看到他内心的一切活动。要求这样一个人提出意见,不也是正当的吗?如果一个鉴定家跟暴君住在一起,不仅目睹他在公共生活中的危机时刻所采取的态度,而且看到他对家中亲人的态度,充分看到他脱下戏装的真面目,我们不应当细心听取这样一个有资格的鉴定人的意见吗?因此,我们很可以请他谈谈专制者跟世界上其他人比较起来的幸福或痛苦。

他说:是的,这是一个非常公正的想法。

我说:我们可以这样认为吗,即我们曾与专制者有过接触,从而有资格来进行判断,于是可以请某人回答我们的问题?

他说:当然可以。

我说:要记住,个人与国家是很相似的,你可以把他们的情况分别与我谈谈。先谈国家:一个受专制者统治的国家是自由的呢,还是被奴役的?

他说:完全是受奴役的。

我说:不过,你要知道,在那样的国家里,还有些人是主人和自由人呢!

他说:是的,有一些,但是几乎全体人民包括最受尊敬的一部分,都沦为悲惨的奴隶。

我说:那么,如果个人与国家相似,我们将发现个人身上也存在同样的事物秩序:人的灵魂在最卑贱的奴役下劳作,他本身的最高贵成分遭到奴役,一小部分起着主人的作用,而这一小部分又是最疯狂的和最腐化的。你认为这样一个灵魂是处于自由状态呢,还是奴役状态呢?

他说:当然是奴役状态。

我说:正如受暴君奴役的国家不能做它真正希望的事那样,一个受暴政统治的灵魂

第四部 社会和灵魂的衰败 公正与非公正生活的比较

总的来说也不能干它想干的事。受欲望的驱使而又不合自己的意志,灵魂中便充斥着慌乱和悔恨。像暴君统治的国家一样,灵魂必然总是贫困交加,得不到满足,充满恐惧。任何地方都不像专制统治的国家那样有如此多的悲哀、忧愁和痛苦,任何地方的人都不如被激情和欲望的暴政所驱使而发狂的人更悲哀、更忧愁和更痛苦。

他说:不可能不是这样。

我说:我认为,考虑到这些情况以后,才能使你认定那样一个国家是所有国家中最不幸的。

他问:我说得不对吗?

我说:当然说得对。但是考虑到这些相同的事实以后,你对专制类型的个人怎么看呢?

他说:他是所有人当中最不幸的。

我说:这一点,我认为你说得不对。你也许会同意,还有更低一级的不幸,可以从这种性格的人身上找到;这种人没有好运气成为老百姓,而是被环境所逼登上了实际的专制者的位子。

他说:从我们已经说过的来判断,我认为这一定是实话。

我说:对,但这是所有问题中最重要的,即选择善良生活或邪恶生活的问题,我们千万不要满足于不缺少理性信念。我以为考虑那些拥有大批奴隶的富人的情况,可能会得到一些启发。我这种想法不对吗?在这种情况下,这些人就如同专制者一般,只不过他的臣民更多些。像你了解的那样,他们并不惧怕他们的仆人。

他说:是的,他们有什么可怕的呢?

我回答道:没有可怕的。但是你知道为什么不怕吗?

他说:知道。因为个人受到整个社区的保护。

我说:说得很对。设想,有一个人,拥有50个或者更多的奴隶,突然奇迹般地与妻子儿女一起被抓起来,带着全部家什和仆人被送到某个荒野,在那里没有自由人营救他。他难道不特别怕他的仆人杀掉他和家人吗?这时,他将被迫向某些奴隶讨好,向他们许下慷慨谎言,说会给他们自由,然而这是完全违背他的意愿的。这样他就成了一个寄生虫,一切都要靠他的下属了。

他说:那是他唯一免于灭亡的出路。

我说:此外,他现在所在的地方的邻居不容忍一个人统治其他人,而要对任何一个企图那样干的人进行凶狠的报复。

他说:在那种情况下,他的处境就更加狼狈不堪了。他四面受敌,孤立无援。

我说:那不是专制者被囚禁的写照吗?他的天性就像我们上边说过的那样,他怕这怕那,充满欲望。不管多么好奇,他永远不能外出参加自由人想观看的重大节日,他必须像一个大门不出二门不迈的女人那样待在家里,羡慕他的同胞离家到外邦观看感兴趣的东西。你刚才谈到专制者的品性,即他不善于约束自己的灵魂。你把他比作最不幸的人,但是我所谈的不义又增加了他在下列情况下的恶行:他受到厄运驱使,不能过平民生活,而变成名副其实的专制者,他管不了自己而去统治别人。你真好像在强迫一个中风麻痹的人放弃休养,而去参加战斗,或者参加角力。

他说：很对，苏格拉底，这是一个公平的比喻。

我说：所以说，亲爱的格劳孔，专制者的情况坏到家了，甚至比你认为的最坏的生活还要坏。不管人们怎么想，真正的暴君实际上是最卑鄙的奴隶，是最卑鄙无耻的流氓的寄生虫。他的欲望永远也不能满足，他的要求没完没了，永无止境。对于一个看透他的灵魂的人来说，他好像是穷人中最穷的。他的情况如同他所管理的国家一样，一辈子都战战兢兢，忧心忡忡。加上前边我们所说的，那种权力必然要加重每种错误，使他变得更嫉妒、更阴险、更不公、更无情、更卑鄙，心怀鬼胎，无恶不作，其结果是，他自己的灾难比周围其他人的灾难都要大。

他说：凡是有头脑的人都不会对此有异议。

我说：那么，你作为比赛的总裁判该宣布总结果了。你来决定谁是最幸福的并排列那些具有五种品格类型的人的名次：王国型、荣誉政体型、寡头政体型、民主政体型、专制政体型。

他说：作出决定并不难。关于善良和幸福，我按它们出场的先后次序来排列。

我说：我们需要雇一个传令官呢，还是由我来宣布呢？按照阿里斯顿的儿子的判定，最幸福的首先是最友善和最公正的，即也能管理自己的真正的国王；而最不幸的是最不公正和最邪恶的，即对自己也对国家最残暴的天生专制者。

他说：对，那你可以宣布啦！

我说：可以加上这么一句吗：如果两者的品德不被上天和人类所了解，那是没有差别的？

他说：你可以加上。

我说：很好，那可以作为我们的证据之一。但是我还要考虑第二个证据，我想这第二个证据就是把灵魂的三个部分，与国家的三个次序相对应。我认为每一部分都有自己的快乐形式和自己的特殊欲望。三种当中的任何一部分都可以统治灵魂。

他问：你这是什么意思？

我答道：一部分是人们用来学习知识和增进悟性的，另外一部分是人们用来表现精神气质的。第三部分涉及面广，因此我们找不到一个适当的词儿来概括。我们根据其主要的和最鲜明有力的特点，把它称为"欲望"，因为它的强度与吃、喝、性等欲望毫无差别。我们也把它叫爱财，因为钱财是满足这类欲望的主要手段。利欲是它的乐趣的源泉，是它的感情目标。所以"爱财"或"爱利"可能是总结我们这部分对灵魂性质的讨论的一个最恰当的词儿。

他说：我同意。

我说：另外，我们认为，精神成分完全是为了争权求胜、追求功名，所以我们可以称之为争名求荣或者争强好胜。

他说：说得很恰当。

我说：然而我们借以求得知识和增强悟性的那部分与功名利禄无关。唯一的目标显然是专心致志地追求真理。因而，我们可以称它为热爱知识和追求哲理。

他说：很对。

我说：人类的灵魂有时是受这一原则抑制的，有时则受其他两种原则之一左右，依情

第四部　社会和灵魂的衰败　公正与非公正生活的比较

况而定。因此,我们认为人主要有三种,即追求哲理的人、争强好胜的人和爱财贪利的人。从而也有三种相应的快乐形式。

他说:当然。

我说:那么,如果你去问问这三种类型的人,谁的生活最愉快,每个人都会吹嘘自己的生活比别人强。做生意的人会说,跟牟利比较,追求功名或追求知识的乐趣一文不值,除非这能捞到一笔钱。争强好胜的人会看不起发财致富以后的快乐,认为那种乐趣是庸俗无聊的;也看不起求知的快乐,认为如果带不来功名,那就是荒唐的空想。哲学家则会认为,认识真理和不断取得新鲜悟性所带来的满足是其他两种乐趣无法相比的。哲学家会认为,其他两种快乐充其量是"必要的",因为如果那两种快乐不是不可避免的,他是用不着它们的。在关于每类人的快乐以及三种人中谁的生活不仅更好、更高尚,而且实际上更快乐或痛苦更少的争论中,我们如何知道谁的判断最真实可靠呢?

他说:我还说不上来。

我说:那么,这样来考虑吧!作出一个可靠的判断需要什么条件?除了依靠经验或洞察力或推理以外,还有什么其他更好的依据吗?

他说:当然不能靠别的。

我说:那么,拿经验来说吧,这三种人当中哪一种最了解我们提到的全部快乐呢?爱财贪利的人靠经验对知识带来的快乐的真实了解比哲学家对利禄带来的快乐的了解更深刻吗?

他说:不会的,哲学家占有一切优势,他从小就对其他两种快乐有体会,而爱财贪利的人没有必要尝到了解事物真理的甜头;他发现不易得到那种经验,不管他怎样努力也不行。

我说:因此,哲学家在体验那两种乐趣方面比起爱财贪利的人是占优势的。他怎样跟争强好胜的人比呢?他对功名带来的快乐的了解比不上争强好胜的人对智慧带来的快乐的了解吗?

他说:不是的,如果他们达到了他们各自的目的,那么每个人都能荣获功名。富人受到许多人尊重,勇士和智者也同样受到尊重。所以说,受人尊重的乐趣是他们都熟悉的,但是只有哲学家能体会思考真理的滋味多么甜蜜。

我说:因此,从经验角度来说,哲学家是三种人中最好的鉴定家。

他说:是的,完全是这样。

我说:他是唯一靠洞察力或智力来补偿经验的人。

他说:是的。

我说:此外,我们曾同意过,必须靠推理来做决定,这是哲学家的专用工具,而不是爱财者或好胜者的工具。

他说:毫无疑问是这样。

我说:如果财富和收益是最令人满意的标准,那么爱财贪利的人对价值的判断就最接近真理了。如果荣誉、勇敢和成功是判断的标准,那么最好的鉴定人就是为荣誉和胜利而生活的人了。但是,由于标准是经验、洞察力和理性推理……

他说:最真实的价值一定是哲学家认可的,因为他是靠理性追求智慧的。

我说：那么，在这三种快乐中最甜蜜的一种将属于我们借以得到悟性和知识的那部分灵魂，从而那部分灵魂占主要地位的人将享受最愉快的生活。

他说：肯定是这样的；智者在赞扬自己的生活时是有权威性的。

我问：这位鉴定人把哪种生活或快乐形式列为第二位呢？

他说：显然是生性好战和争强好胜的那一种。这一种比商人的乐趣更接近第一种。

我说：看来，追求利禄的快乐是最后一种了。

他说：当然是的。

我说：这样看来，公正的人再次战胜了非公正的人。还有第三轮。为了第三轮，奥林匹克运动会的竞技者们都要请奥林匹斯山的主神宙斯保佑。这个回合的胜败是决定性的。我好像听某贤人说过，只有智力带来的乐趣才是完全真实的和纯正的。其他一切都是虚幻的。

他说：那会解决问题。但是那是什么意思呢？

我答道：如果你能帮助我回答我的问题，我就可以明白其中的意思了。我们说，痛苦是快乐的反面。这两者之间不是也有一个中间状态吗？在这中间，精神既不快乐也不痛苦，而是好像摆脱了那两种状态，处于平静。

他说：是的。

我说：你一定听人说过，生病时，什么也不如康复更令人高兴，虽然人们只有生过病才有这种体会。人们在非常痛苦的时候会告诉你，摆脱痛苦是世界上最大的快乐。在许多情况下，你会发现患者这样说，快乐的高峰并不是积极的享受，而是痛苦消失以后所得到的安宁。

他说：是的，我想在这种时刻，安静的状态变得愉快舒心，一切使人心满意足。

我说：同样，当享乐结束时，快乐的停止就成了痛苦。

他说：我想是这样的。

我说：如果是这样，我们说过，处于快乐与痛苦之间的安静状态有时是这样，有时又是那样。但是如果它既不是这样又不是那样，它怎么变成两者呢？

他说：我认为它不能变成两者。

我说：此外，快乐与痛苦是头脑中发生变化的过程，不是吗？中间状态表现为两者之间的安静状态。因此把痛苦的消失看成快乐或者把享受的终止看成是痛苦，这能是正确的吗？

他说：不，不能。

我说：那么，由此推断，安静状态并不是真正的快乐也不是真正的痛苦，而只是经过对比在这些情况下有这样的表现。它们在这些表象中并不可靠。用真正快乐的标准来衡量，它们都是一种欺骗。

他说：这好像就是结论。

我说：这些事例可能使你认为，快乐与摆脱痛苦是一样的，而痛苦与快乐的终止是一回事。但是作为一个相反的例子，你考虑一下，快乐并不是跟随痛苦而来的。这种快乐是很多的，最好的例子是嗅觉的快乐。这种快乐是伴以不寻常的强度突然发生的。在它们发生以前没有任何痛苦的感觉，而且当它们终止时并不遗留下痛苦的感觉。

第四部　社会和灵魂的衰败　公正与非公正生活的比较

他说：十分真实。

我说：这样看来，我们不会被说服相信这一点：解除痛苦与纯粹的快乐是一回事，或者说快乐的终止与纯粹的痛苦是一回事。

他说：不会。

我说：另一方面，痛苦消除以后所感到的那种快乐可以说是包括各种快乐中大多数的和最强烈的，它们都是通过肉体达到精神的。这种描述方法也同样适用于感到快乐或痛苦之前预感到的快乐或痛苦。

他说：是的。

我说：现在打个比方，说明它们的性质。考虑一下，把世界分为两部分，上层与下层，中间有一个中心。如果把一个人从下层带到中心地带，他肯定会觉得他是在"向上"移动。当他站在中心地带向他来的方向观望时，如果他从来没有见过真正处于中心地带上边的那部分，他会以为他是在上边一层。假设又把他带回原处，他会以为他在"向下"移动，而这一次他就想对了。他所以弄错，是因为他不了解上层、下层、中心地带这三者之间的真正差别。

他说：这个比喻很清楚。

我说：那么，如果因不了解真实和实在情况而产生许多不切实际的想法，那么关于快乐、痛苦与中间情况，他们也同样不清楚，这么说你就不至于感到意外了。当运动的方向是一个痛苦的境地时，他们理应认为痛苦是真的，但是当他们从一种痛苦状态转向中间点时，他们就会坚定地认为，他们正走向心满意足的快乐境地。由于不知道什么是真正的快乐，他们也弄不清楚痛苦与痛苦消失的区别，正如同一个人从来没有见过白色的东西，就可能分不清黑色与灰色的区别。

他说：我当然不会感到意外。如果不是这样，我倒会意外。

我说：那么，再从这个角度看看。饥饿和口渴是身体空虚的状态，可以用食物补充，同样，灵魂的愚昧与无知可以用获得悟性来弥补。在这两种食品当中，是不是更真实的那一种能产生更真实的满足呢？

他说：是的，很清楚。

我说：那么，哪一种食品更有权成为纯粹的实在呢？——是面包、肉类和饮料之类的食品呢，还是真正的信念、知识、理性之类的东西，或者是全部的智力精华之类的东西呢？如要解决这个问题，你不妨先问自己这样一个问题：有两种事物。前者与不变的和不朽的真理世界紧密联系，并且与它本身存在于其中的东西共同分享这种性质；后者像涵盖它的事物那样，属于一个死亡的和永远变化的世界。你认为前者比后者有更多的实在还是更少的实在呢？

他说：毫无疑问，有更多的实在。

我问：较高度的或较低度的实在与较多或较少的知识是一致的吗？较高度或较低度的真理与知识的关系也是这样吗？

他答道：必然是这样的。

我说：泛泛来说，满足身体需要的事物中的真理和实在不比满足灵魂需要的事物中的真理和实在少吗？

他说：少得多呢！

我问：此外，身体本身中的真理和实在比灵魂中的真理和实在也少吗？

他答道：肯定是少的。

我说：由于食品以及它所支持的事物更真实，所以满足本身是一种更真实的满足。

他说：当然。

我说：因此，如果适当满足自然的需要是快乐，那么，在那种情况下，就将有能带来真实快乐的真正享受，而在相反的情况下，满足的程度就不那么真实或可靠，快乐的程度就不大真实和不大可靠。

他说：必然是这样。

我说：那么，结论是，凡是没有智慧经验和道德经验的人，整天吃喝玩乐、放荡无度的人，一生好像都是在从中心点向下滑，最后又回到中心点，从来没有超出过中心点，上升到真正的较高领域，从来也不对这领域抬一下眼，看一看。他们从来没有被真正的营养满足过，所以他们感到的愉快是不可靠的，是不纯洁的。他们伏在桌子上，像牲畜一样低着头，两眼盯着地面，吃吃喝喝，所以他们长得肥头大耳，生儿育女，在贪婪的斗争中互相用犄角顶撞，用铁蹄乱踢，一心把对手致死，因为他们永远无法用不真实的营养满足他们自己的那部分欲望，而这种欲望本身是不真实的，而且无法被持久满足。

他说：苏格拉底，你描写大多数人的生活方式真是淋漓尽致。

我说：是不是可以得出这样的结论呢？那种生活的快乐是真正的愉快的幻影，快乐与痛苦在其中结合得非常紧密，以致在交相衬托中各有特色，明显不同。因此，它们在愚人的头脑中灌输了疯狂的欲望，这些愚人盲目地为了快乐而战斗，如同斯特西科罗斯（Stesichorus）说的那些在特洛伊的战士那样，为了虚幻的海伦（Helen）①而盲目战斗。

他说：是的，必然是这样的。

我说：再来说说满足我们天性中的精神成分。有人不惜一切代价，无意识地或无理性地以嫉妒的方式满足野心，以暴力的手段满足求胜心，以发泄情欲的方式满足坏脾气。这不必然说明它虚幻不可靠吗？

他说：必然如此。

我说：那又怎么样呢？我们可以大胆地这么说吗：如果我们性格中求利的和争胜的一切欲望接受知识和理性的指导，并且只追求智慧所允许的快乐，那么我们天性中所有求利和争胜的欲望将赢得它们能享受的最真实的快乐？那种快乐将是真实的，因为真理是它们的向导，而且也将适合它们的天性，如果这是一个事实，即一件事永远能在最适合它的东西中找到与它真正的本身相近的东西。

他说：对，那肯定是一种事实。

我说：那么，最后的结论是，灵魂中的每一部分不仅从事自己的工作（整个灵魂在无内部矛盾的情况下听从喜爱智慧的部分的指导是公正的），还享受适合于它的快乐以及

---

① 真正的海伦在埃及，只有她的影子在特洛伊。悲剧作家欧里庇得斯的《海伦》（Helen）是根据诗人斯特西科罗斯的故事写的。——英译者

第四部 社会和灵魂的衰败 公正与非公正生活的比较

它能够享受的最好的和最真实的快乐。① 如果其他两部分中的任何一种占了上风,除了找不到自己的正当快乐,它还会强迫其他部分去追求不符合本性的虚伪快乐。

他说:说得对。

我说:这些恶劣的影响大多数不是被远离哲学和理性的因素,也就是说,远离守法的因素带来的吗?我们已经看到,那些都是贪心的和暴虐的欲望,而有秩序的和高贵的欲望最靠近有控制力的理性。因此,专制者离适合人性的真正快乐最远,从而他的生活是最不快乐的;国王的生活是另外一个极端。关于不快乐,你有什么想法吗?

他说:没有,告诉我吧!

我说:好像有三种快乐,一种是真正的,两种是虚伪的。② 专制者逃避法律并离开了理性,甚至超出虚伪的边界,沉溺于类似看守奴隶的那种快乐。③ 他的低劣程度除了被这样表达以外,没有别的办法。你记得吧,专制者与寡头派比较,处于第三位,因为民主派居中。如果这是对的,那么他享受的快乐将是一种幻影,这种幻影比寡头派的真实性差三倍。如果我们确认国王制是最适合统治国家的,寡头派处在国王以下,居第三。因此,专制者的幻影快乐与实在之间的距离将是三乘三得九。当这个数字被平方和立方以后,将显示差距是多么巨大。反过来讲,你将发现,在真理与实在方面,国王生活的快乐程度将是 729 倍,而专制者的痛苦将是这同一个数字。

他说:关于快乐与痛苦的得分情况以及你对公正与不公正的人的差别所做的估计使我感到十分不解。

我说:不管怎么说,我得出的数字是正确的,适合于人的生活,可靠性如同计算日、夜、月、年的数字一样。如果善良的和公正的人在快乐方面远胜过邪恶的和不公正的人,那么,他的生活在礼貌、高贵和道德方面就不知道要超过对方多少倍了。

他说:我完全同意。

---

① 柏拉图并不认为低级乐趣应当完全被压制或克制。——英译者
② 相对于灵魂的三部分,指国王、荣誉派和寡头派。——英译者
③ 如同第 32 章叙述的。——英译者

第 34 章　公正是有利的,不公正是不利的

英译者导言

苏格拉底现在对于色拉西马霍斯的论点做了最后的回答,该论点是格劳孔在第 5 章的开场白中重新提出来的,即不公正在没有得到惩处时也上算。死后的回报和惩处问题最初曾被明确排除,但在第 40 章作为收尾的神话依然被保留了下来。

本章结束时留下了一个疑点,即理想国到底能否在人间建立。我们能看到更多的希望,即各处都有人在个人灵魂的安排中实现公正的理想。柏拉图面前有苏格拉底的个人榜样,他知道苏格拉底好像已经发现"愉快生活"中的全部幸福。

正　文

我说道:好,辩论已经使我们达到这个程度,让我们回忆一下最初所谈的一件事,即如果我记得不错的话,当一个人全然不公正但有公正的名声时,错误行为也是有利的。

格劳孔说:对,是说过这一观点。

我说:好,现在我们针对正确行为与错误行为的真正意义和后果取得了一致看法,是时候询问坚持那种观点的任何人,他的看法的含义是什么。我们很可以把灵魂比作久已存在的传说中的许多怪物,比如克迈拉(Chimaera)或斯库拉(Scylla)或克尔贝洛斯(Cerberus)①,它们集中了多种动物的形象合而为一。首先设想一下,有一个复杂的和多头的野兽,周围有许多驯过的和野生的动物的头,头可以自生而且能任意变形。

他说:这会使雕刻家在技术上大伤脑筋,但幸运的是,塑造想象的东西比塑造蜡像还容易。

我说:现在增加另外两种形象:一头狮子和一个人。多头兽是最大的,狮子次之,居第二位。然后把它们连在一起,使它们三个长在一起,成为一个。最后让其外表酷似其中的一个,即人,从而对于看不到外壳内部情况的眼睛来说,整体可能像一个单一动物,一个人。

---

① 在希腊神话中,克迈拉是狮头羊身蛇尾的吐火女怪物;斯库拉是水上 6 头 12 臂专门捕杀水手的女海怪;克尔贝洛斯是守卫冥府的猛犬,蛇尾,有三头。——中译者

第四部 社会和灵魂的衰败 公正与非公正生活的比较

他说：很好，然后呢？

我说：有人会说，错误行为对这一人类动物有好处，而正当行为对他则没有一点儿利处。现在，我们可以回答任何一个说这种话的人。我们可以告诉他，这其中的意思很简单，他们认为有利的是喂养这种复杂的野兽，增强其属于狮子的一切属性，却使人忍饥挨饿直到他身体虚弱，致使其他两个能随意把他拉到什么地方。因而，他不能令它们和睦相处，而是必然使它们两个互相残杀，同归于尽。另一方面，认为公正能带来好处，是主张我们的一切言行都应当使人们完全控制全部人类动物并关照多头野兽，对野性进行驯服，如同园丁那样，一边除草，一边精心养护心爱的花草。人应当把狮子列为盟友，关心所有类似的动物，加以养护，首先与之互相妥协，和睦相处。

他说：是的，这正是主张公正或不公正的意思。

我说：那么，从各个角度来看，不管从快乐、名誉还是利益出发，称赞公正的人是在说真话，而贬低公正的人不懂得他无端谴责的东西是什么。

他说：我同意，他没有头脑。

我说：但是他的错误不是故意犯的，因此我们要跟他好好说说道理。我们要问他，行为被法律和习俗认可或不认可的根据是什么。根据就是行为往往使我们天性中的兽性部分受制于人性（也许最好是说受制于我们心中的神性）或者使人的仁慈部分被奴化而受制于野性，不是吗？他会同意这一点吗？

他说：如果他重视我的意见，他会同意的。

我说：那么，照这样看，如果他这样使其天性中的最佳成分受制于最坏的奴役而不公正地得到金钱，这对他有好处吗？把自己的儿子或女儿卖给残忍而邪恶的人去当奴隶，不管得到多大一笔钱，也不上算；无情地使自身最神圣的部分屈从于最卑贱邪恶的部分，这不是一种可恶的受贿行为吗？比起厄丽芙勒（Eriphyle）为了一条项链出卖丈夫的生命①，不是更悲惨得多吗？

他说：如果让我代表他回答的话，我会说，那是有过之而无不及的。

我说：你还会同意，为什么某些错误总遭到谴责：比如荒淫放荡受到谴责，那是因为这种行为是过分放纵的多形态的怪物造成的；骄横暴躁受到谴责，那是因为我们天性中的狮蛇部分开始膨胀，直至肌腱过紧；奢侈享乐和娇气横生受到谴责，那是因为它们放松了那些肌腱，使心脏变得懒散虚弱；阿谀奉承、卑鄙无耻受到谴责，那是因为心绪受到强烈兽欲的驱使，为了追求金钱满足兽欲，狮子在年幼时被驯成了一只猴子。此外，手工艺劳动为什么被人歧视？原因不是很简单吗？那是因为（从事手工艺劳动的人）人性中的最善良部分天生脆弱，以致无力控制兽性部分，而只能学习如何顺从讨好兽性部分。

他说：我想是这样的。

我说：那么，如果我们说，这种人应当被最高类型的人来管理，我们的意思是公民不应当像色拉西马霍斯所想的那样受对他不利的管理，而是应该像优秀的人那样被管理，优秀的人被自身内在的神圣部分管理。我们认为，最好使每个人都受自身内在的神圣智

---

① 希腊神话中，波琉尼克斯（Polynices）贿赂安菲拉斯（Amphiaraos）的妻子厄丽芙勒，劝她丈夫成为七将士之一攻打底比斯，结果丧命。——英译者

慧力量管理,否则外部力量将进行强迫管理,使我们大家在统一指导下尽可能地平等和团结。此外,这显然是法律的目的,支持每个社会成员,还支持对儿童的管教;因为我们允许他们自由,唯一的条件是我们让他们成为所谓的法律统治者,根据我们的同一原则把他们培养成胜任的护卫者。

他说:说得对。

我说:一个人不公正或放纵成性或从事可耻勾当,成为坏人,虽然他可能赚到金钱,取得权力,可我们根据什么说这是有利的呢？或者说,如何能使行为错误者逃避侦察和惩罚而获得好处呢？这只能使他变本加厉,越来越坏。有可能,别人会发现,惩处会驯化他内在的野性,使其安生下来,而自身内在的温顺部分获得自由,从而整个灵魂一旦恢复本来的健康状态,将在智慧带来的性格和正义方面有所收获,其宝贵程度将超过健康给身体带来的力量和美好,与之相应的是灵魂本身在价值方面超过身体。为了达到此目的,有悟性的人将终生全力以赴最为珍视那些能在他灵魂中培养起这些品质的学习,坚持爱护身体,不追求无理性的兽性乐趣,坚持这个方向,甚至不把健康视为主要目标。健康、力量和健美,只有当它们使思想保持健康的时候,才被他重视。你会发现他始终使身体结构保持协调,从而达到灵魂的和谐。

他说:是的,如果他本身具有真正的音乐感。

我说:在追求财富方面,他将以同样的目的规范他的生活,使之协调。他不会被低俗的快乐观念所支配,去聚敛大量财富,从而招致无穷的麻烦。相反,他在增加或消费财富时,将尽最大力量防止财富过多或短缺,从而动摇他心灵中的砝码。此外,在接受权力和荣誉方面,他将保持同样的原则:在他认为能使他成为一个较完善的人的前提下准备接受公私生活中的任何地位,拒绝任何有损内心的既定常规秩序的事物。

他说:如果那是他主要关心的事,他就不愿意参与政治。

我说:说实在的,他愿意参与自己共和国的政治,虽然他也许不愿意参与他出生的国家的政治,除非出现什么特殊机遇。

他说:我明白你指的是我们谈论的那种共和国,因为我认为地球上还不存在那种国家。

我回答说:不存在,但也许天国给人建立了这样一个模型,那是他希望看到的并确保在自己头脑里建立的一个国家。然而,目前它是否在什么地方存在,或者将会存在并不重要,因为这是他唯一能参政的共和国。

他说:我认为你说得对。

第五部 哲学与诗歌的争吵

· Part V ·

> 我们认为,艺术家这个影像的制造者,对实在一无所知,只知道现象。但这只是问题的一半。一个艺术家能画一副马嚼子和一个马笼头,而铁匠和皮匠能制作这些东西。画家懂得马嚼子、马笼头应具有的正确形式吗?甚至制造它们的工匠也不了解这些,只有骑手才能真正地了解。

第五部　哲学与诗歌的争吵

英译者导言

　　第五部对诗歌进行了攻击，类似附录，与前后文稍有联系。第9章对戏剧诗进行了斥责，很可能已广为人知而且引起了批评。对这一点，柏拉图很想予以回应。在讨论卫士的早期教育时，他先把学童的戏剧朗诵限于扮演适当类型的角色，禁止实际模仿动物的叫声和无生命的嘈杂声。接着令人有些出乎意料的是，他提议共和国取缔一切不符合这些标准的诗歌，据此他建议完全取消悲剧和喜剧（第9章第3节）。

　　重新回到诗歌问题的借口是，在早先那一段我们曾谈道：(1) 从形而上学角度对哲学家了解的形式的可知世界与只被喜爱景色和声音者承认的可感觉世界（第19和24章）进行了对比区分；(2) 把灵魂分成三种因素（第13章）。这些做法提供了更广泛的攻击基础：(1) 认为诗歌和艺术总的来说远离了对现实的了解；(2) 认为戏剧诗歌在心理上是有害的。

◀ 陈列在大英博物馆的荷马雕像。

第35章 艺术的表现与真理的关系

英译者导言

　　读者会认为这一章为了自己的需要在讲述艺术性质的美学理论,因而感到惊奇和震动:这个观点看起来有悖事理,甚至像托尔斯泰(Tolstoy)在《什么是艺术》(What is Art?)中表现的那样无知。可是攻击的主要目标是诡辩派和荷马诗篇的职业朗诵者们当时提出的要求,即认为特别是荷马,其次是悲剧作家,都是一切技术知识的大师(从造车或驾车到战略以及从道德和宗教指导到生活行为)。就这样,诗人,像柏拉图所设想的,变成了哲学家的敌人,研究诗歌可替代柏拉图学园严格的智力训练。如果智慧只能通过辩证法揭示的形式的真实世界的知识得到,那么诗人能教育人类拥有美德的说法必然与艺术家了解制鞋的全过程(因为他能画出一个制鞋者的动人图像)这样的伪说一样空洞不可靠。诗人需要多少至高价值的知识来用文字画出他所展示的人生图景呢?

　　画家首先要靠画作来证明自己。床的图像从某个角度看是一个立体实体的二维再现。实体本身只是一张特定的床,作为物质世界的一部分,它并不是一个整体上的真实东西,因为它生存和消亡而且永远在变化,它属于第19章描绘的转化领域。然而这张具体的床接近实在而不是接近图像,因为它是所有床共有的主要性质的众多体现之一。床可以用木头或铁或帆布做成,并且可以无限度地变化尺寸、形状、颜色等等,但是如果它不作为床即被设计成睡觉用的东西,它就不能被叫做床。这种目的,不管多么难以界定,都可以被叫做床的实体或床的形式;在柏拉图看来,它是唯一的和不变的实在,但必须不完整地体现在任何床上,并且在某种意义上是"床"这个词的意义。(柏拉图在这里说的这种实质的床处于"事物的本质中",即处于形式的真实世界中,并且被看成是一个神制造的实物,虽然形式在别处被形容成不是任何人制造的而是永久存在的,但很难设想人类工匠制造的产品的永久形式。不过这些论点不需要推行。床也许被选来表达说明性的意图,因为床显然是由能工巧匠做的,柏拉图很想把他与优秀艺术家相提并论,而自然物体的制造者,即《提麦奥斯》中的神明造物主,是一个神话人物,需要长篇解释才能说清。)结论是画家笔下的床的图画离本质形式差三级。好像那只是一个可感觉的东西的镜像,它本身只是真正的形式,即知识的客体的一个体现(具有许多偶然的特点)。

　　诗歌像一幅语言的图画,是生活的一种表现。不过,经过技术加工以后,就不能证明诗人真的拥有实际生活的正确行为所需要的知识。这种知识靠研究他的英雄角色的肖像是得不到的,超不过我们从他对一场战车比赛或特洛伊战争的描写中学习如何开战车或如何指挥一场战役。苏格拉底对诗人的考验使他相信,他们写作时并不是靠有意识的智力而是靠灵感,就像预言家和神坛贩子那样,并不懂他们使用的优美的语言的意义(*Apology*,22B)。

在这一章里,模拟的意义比戏剧表演的意义范围广:英文中最接近的词是"表现"(representation),应用于文学艺术的许多形式。通常的译法"模仿"(imitation)不够准确。我们不说加里克(Garrick)①,更不说莎士比亚,模仿哈姆雷特的性格;或拉斐尔(Raphael)②模仿尤利乌斯二世(Julius Ⅱ)③,也不说受难曲④是模仿宗教感情。在所有这些情况中,都可使用文学艺术创作中的模拟(mimesis)。实际的模拟者在此情境下可被称为"艺术家"。另一方面,模拟也是"模仿"的意思,这鼓励了以下这种意见:悲剧表演与模拟处在同一层面上,文艺一般来说只是对外界现象的一种仿造(copying)。一件艺术作品是某种原形的影像或肖像,或者是举起镜子照向自然,这种观点在5世纪末与欧里庇得斯的现实主义戏剧和宙克西斯(Zeuxis)⑤的幻想画作一样显赫突出。柏拉图的攻击采取了这种理论。自称"现实主义"的艺术,照他看来,离现实是再远不过的。参见T. B. L. Webster,"Greek Theories of Art and Literature down to 400 B. C.",*Classical Quarterly*, xxxiii (1939),166。

正　文

我继续说:确实,我们的共和国有许多特点,使我认为它是根据许多健全的原则形成的,特别是我们的规则绝不承认戏剧表现的诗歌。⑥ 既然我们已经把灵魂划分成了几部分,那么,我认为再清楚不过的是必须坚决排除那种诗歌。

格劳孔问:你根据什么这样说?

我说:你知我知——因为你不会向悲剧作家和其他剧作家告发我——那类诗歌好像对某些人有害处,因为那些人在真实性质的知识面前没有解毒剂。

他问:你心里是怎么想的?

我说:我必须说实话,虽然我从小对荷马有一定的感情和尊敬,他好像是所有这些出色的悲剧诗人的祖师和导师,⑦可是对任何人的尊敬绝不可高过真理,所以我说,我必须说心里话。

---

① 加里克(1717—1779年),英国演员、戏剧家,以演莎士比亚《理查三世》成名,有20余部作品。——中译者
② 拉斐尔(1483—1520年),意大利文艺复兴盛期画家、建筑师。——中译者
③ 尤利乌斯二世(1443—1513年),意大利教皇,以武力恢复教皇国,致力于政教合一,鼓励艺术创新。——中译者
④ 受难曲,指为耶稣受难的故事所配写的乐曲。——中译者
⑤ 宙克西斯,公元前5世纪古希腊画家,作品生动活泼,传说他所画的葡萄引来鸟儿啄食。——中译者
⑥ 在第9章第3节,柏拉图好像把一切戏剧诗都排除在外,因为其中没有叙事,只涉及各种类型的性格的模拟(mimesis),好的或坏的;而史诗,只把角色的语言限于表现道德高尚的或英雄的类型。他现在力主,所有诗歌和其他形式的艺术在本质上都是模拟。当他在下边说到"一般意义的表现"时,这个词的意思显然被扩大了。——英译者
⑦ 希腊悲剧的情节通常来源于史诗。所以说,荷马被认为是第一个悲剧诗人。——英译者

他说：说吧，一定要说心里话。

我说：那就听我说，或者还不如让我先问你一个问题。你能告诉我一般的表现是什么意思吗？我不大清楚这是什么意思。

他反问：所以你就盼望我说说？

我说：为什么不呢？首先看到事情真相的并不总是眼睛最尖的。

他说：对，但是当你在那里时，我并不很想告诉你，我所看到的，不管多么清楚，你必须亲眼看看。

我说：好，我们要不要照以往那样先假设由单一本质的存在或形式①代表我们以同样名称称呼的每组东西？你明白吗？

他说：我明白。

我说：那么，让我们拿随你选择的任何一种东西来说。比如有任何数量的床或桌子，但只有两种形式，一种是床的，一种是桌子的。

他说：是的。

我说：我们习惯说，工匠在制作我们使用的床或桌子或其他什么东西时，脑子里想的是那些家具的一件件形式。形式本身当然不是任何工匠的工作。怎能是这样呢？

他答道：不能。

我问：对于能生产各类工人做的一切物品的工匠，你给他们取个什么名字呢？

他说：他需要有非常出色的能力吧！

我说：等等，你会有更充分的理由这样说。因为除了生产各种人造物品以外，这同一个工匠还能创造各种植物和动物，包括他自己，还能创造地球、天空和神以及天体和地面以下阴间的一切东西。

他说：这听起来像是一种不可思议的精湛技艺。

我问：你不相信吗？告诉我，你认为根本没有那种工匠吗？或者说，你不认为有这种人，在某种意义上说，他能创造所有这些东西，但在另外一种意义上不能？你不认为你自己在某种意义上也能创造吗？

他说：在什么意义上，我想听听。

我说：这不难，事实上有多种方法可以很快地制造这种东西。最快的办法或许是拿一面镜子，向各个方向照。你很快就能照出太阳、星星、地球和你自己以及我们刚刚谈到的其他一切动物、植物和无生命的东西。

他说：是的，这是现象（appearance），而不是实际的东西。

我说：很对，你正说出了我的论点。我认为画家也是这一类的工匠。你可能说画家的作品不是真的，然而画家在某种意义上讲也制造了一张床。

他说：是的，那是床的现象。

我又问：木匠的情况怎么样？你刚才不是说，他只是做了一张特殊的床而并不是我们所谓的床的形式或床的本质吗？

他说：是的，我是那么说的。

---

① "形式"并不是指"形状"，而是指被界定的东西的主要特征。——英译者

第五部 哲学与诗歌的争吵

我说：如果是这样，那么他所制作的并不是实在，而只是酷似实在的东西。把木匠的或其他工匠的作品叫做十足的真正的东西是不对的，是吗？

他答道：从人们习惯于对这些行业的想法来看是不对的。

我说：那么，即使一张具体的床与实在相比也是一种影像，我们也绝不要感到惊讶。

他说：这是实情。

我说：我们要利用这个例子来说明表现这些东西的艺术家的真实性质这个问题吗？我们这里有三种床：一种是在事物性质中存在的，我以为，这一种只能被我们描写成神圣工匠的产品；另一种是木匠制造的；第三种是画家制造的。所以说，这三种床分别属于画家、木匠和神这三个范畴。

他说：是的。

我说：神只创造一张理想的或本质的床，不管是出于选择还是因为他没有必要制作一张以上的床；不管怎样，神不制造两张或更多的床，因此它们不可能出现。

他问：为什么不呢？

我答道：因为如果他哪怕制造两张，那么还会再一次出现一张理想的床，它的品质被两张床分享，而那一张（不是两张）将是本质的床。了解了这一点，神希望自己是真正的床的真正制造者，而不是特定床的特定制造者，从而制造了本质上是唯一的一张床。

他说：看来是这样。

我说：那么，我们能称他是床的真实性质的作者或那一类东西的作者吗？

他说：他肯定配称这个名称，受之无愧。因为他的所有作品构成东西的真正性质。

我说：我们可以称木匠是床的制造者吗？

他说：是的，可以。

我说：我们能称画家是这同一张床的制造者吗？

他说：肯定是不能的。

我说：那么，他是床的什么人呢？

他说：我认为，说明他的最佳方式是，他是表现其他两人创作的东西的艺术家。

我说道：很好，所以艺术家的工作处于离开事物的本质的第三位，对吗？

他说：完全正确。

我说：悲剧诗人也是一个表现事物的艺术家，所以这种情况适合于他：他和其他一切艺术家好像都与真理宝座隔着两层。

他说：正是这样。

我说：那么，关于艺术家，我们的意见一致了。再告诉我关于画家的情况：你认为他试图表现的是什么？是存在于事物的性质中的实在呢，还是工匠的产品呢？

他说：工匠的产品。

我说：是事物的真实还是事物的现象呢？你还需要加以区别。

他问：你是什么意思？

我答道：我的意思是，你可以从正面直看或从旁边看或从其他任何角度看一张床或其他任何物品。那么床本身体现任何区别吗？或者说床只是看起来不同？

他说：只是看起来不同。

我说：好，这正是关键。画作的目标是复制任何实在的事物，还是事物看起来的现象呢？换句话说，画作是表现真实还是表现外观呢？

他说：是外观。

我说：那么，进行表现的艺术离实在还很远。显然它无所不能复制的原因是，它只掌握任何实体的一小部分，而且那一小部分只是一种影像。比如，画家给我们画一个鞋匠、一个木匠或其他什么工人，完全不了解其中的技艺。可是如果他是个优秀的画家，他可能欺骗一个小孩子或一个头脑简单的人，如果他从某种距离给他们看，会使他们认为他画的是个真正的木匠。

他说：毫无疑问。

我说：但是我认为，对所有那些情况，我们都应当注意一点。每当有人说，他碰到一个人，这个人是百事通，什么都懂，比任何专家对任何专业懂得都多，我们应当这样回答他：他头脑简单，显然陷入了某种幻觉中，受了骗以为那人是万能的，因为他无力辨别有知识与无知和模仿之间的区别。

他说：十分正确。

我说：那么，我们该考虑考虑悲剧诗人及其领袖荷马了，因为我们有时听说，他们不仅懂得一切技术事项，还懂得人类行为中的善恶，懂得宗教；因为一个优秀的诗人，要想写得成功，据说就必须了解他的主题，否则他就写不好。我们必须问问，这些人是否由于遇到了能表现现象的诗人而被误导，没有看到这些诗人的作品离实在还差两层，他们的作品只表现了相似性，即使不掌握关于真理的知识也是很容易创作出来的。或者问问，他们说的真有些道理吗？优秀诗人真的掌握了大众认为他们说得天花乱坠的事物吗？

他说：这是一个应当探讨的问题。

我说：那好，如果有人确实能制造事物的影像又能制造他所表现的东西，那么你能相信他会认真去制造这些影像并以此作为生活中最令他满意的目标吗？我认为，如果他真正了解他所表现的行为，他会很快地献身于其中。他给后世留下的可纪念的事会是高尚的事业，他会更热衷于成为一个英雄，受到称赞，而不愿做一个歌颂别人的诗人。

他说：是的，我同意。他会在那方面做更多的善事，从而赢得更高的声誉。

我说：那么，这里有个问题，很可以向荷马和其他任何一个诗人提出来。我们不问各种纯技术问题，我们不让他们解答，例如，为什么有下列情况：如果他们了解医术，而且不只是重复医生说话的艺术，为什么没有记录说明任何诗人，古代的或现代的，像阿斯克勒庇俄斯那样，治好了病人并且给医学界留下了他的医学知识？但是当荷马告诉我们关于最重大的事件，比如战争行为、治世经纶或教育问题时，我们有权要求了解他的权威性。我们会说："亲爱的荷马，我们已界定，艺术家是一个与实在隔着两层的影像模仿者。如果你关于人类至善的一切知识确实把你提升到第二层而且你能说出哪种行为使人作为个人或公民变好或变坏，那么，你能说出任何国家由于你的努力而被治理成先进了吗？许多国家，大的或小的，都受益于一个贤明的立法者，例如斯巴达的利库尔戈斯(Lycurgus)、意大利和西西里的查伦达斯(Charondas)以及我们自己的梭伦。你能告诉我们哪些事归功于你吗？"

他回答说：我会说没有。最崇拜荷马的人也提不出那种要求。

第五部 哲学与诗歌的争吵

我说：那么，我们是否听说过，荷马时代的战争有哪一场是荷马指挥的或是他策划取胜的？

他说：没听说过。

我说：或者在众多高超发明和技术革新中，有哪一种能说明荷马是一个有务实能力的人，比如像米利都（Miletus）的泰勒斯（Thales）①或西徐亚（Seythian）的阿纳卡西斯（Anacharsis）②那样？

他说：哪一种都不能。

我说：好，如果不谈公务，你听说过荷马像毕达哥拉斯那样，在世时培育过众多亲密门徒吗？门徒因为他的社会威望而热爱他，并且像毕达哥拉斯派那样沿袭一种荷马式的生活方式？毕达哥拉斯派的生活方式是该派为纪念它的创造者而命名的，而且时至今日与世界上其他方式都有所不同。

他说：没听说过。相反，听说荷马的一个朋友有一个可笑的名字，叫克里昂夫洛斯（Creophylus）③。此人作为荷马培育的诗人，显得更加可笑。如果故事属实，那么他的一生完全背离了荷马。

我说：对，人们都这样说。但是，格劳孔，你怎么想呢？如果荷马真有知识，有资格教育人，并使他们成为更好的人，而不仅仅是给我们提供诗歌以表现这方面的情况，他不是早已能吸引大批门徒热爱他、敬重他了吗？总之，所有私人教师，像阿夫季拉（Abdera）的普罗塔哥拉（Protagoras）或开奥斯（Ceos）的普罗蒂卡斯（Prodicus）那样，④都曾成功地使同代人认为，他们永远不适合管理国家大事或自家家务，而只适合监管教育事项；因为这种智慧，他们受到非常热情的称颂，以致他们的学生几乎把他们举到肩上走。我们可以这样设想吗：如果荷马或赫西奥德真能帮助他们的同代人成为较高尚的人，这些听众还会让他们浪迹天涯去吟唱他们的诗作吗？人们真的会重情谊胜过重金钱，努力让诗人住在他们家里，如办不到，不管他们走到哪里，人们都会殷勤地招待、服侍他们，直到从他们那里学到一切知识。

他说：我相信你说得很对，苏格拉底。

我说：因此，我们可以得出结论：一切诗歌，从荷马起，其表现形式都是对某种主题的模仿；不管主题是什么，包括一切类型的人类美德，都没有抓住实在。我们刚才说的画家，他能为观众画出鞋匠的样子，而观众并不像自己了解自己那样了解制鞋工作，因此只能根据形状和颜色判断。同样，诗人除了能表现事物的外表，对其他事情一无所知。他能用文字描绘任何工匠的形象，以便给听众留下印象，而听众同样一无所知，只能凭表现的形式进行判断：韵律、节拍和音乐曲调的内在魅力足以使他们认为，他已经令人赞叹地叙述了普遍性或制鞋术或任何其他技术主题。除了诗人必须谈到的诗歌色彩，我想你一定看到过平淡无奇的散文的情况。它就像一副面孔，当失去青春的容光时，从未真正漂

---

① 泰勒斯，公元前6世纪希腊哲学家、数学家、天文学家，提高了橄榄油产量。——英译者
② 阿纳卡西斯，曾发明锚和油轮。——英译者
③ 克里昂夫洛斯，相传是希腊岛希俄斯（Chios）的史诗诗人，名字由肉食（flesh）和氏族（tribe）组成，即吃肉的氏族人。——英译者
④ 公元5世纪两个最有名的诡辩派。柏拉图曾在《普罗塔哥拉》（*Protagoras*）中加以详细描绘。——英译者

亮过。

他说：确实如此。

我说：这里还有一点要谈。我们认为，艺术家这个影像的制造者，对实在一无所知，只知道现象。但这只是问题的一半。一个艺术家能画一副马嚼子和一个马笼头，而铁匠和皮匠能制作这些东西。画家懂得马嚼子、马笼头应具有的正确形式吗？甚至制造它们的工匠也不了解这些，只有骑手才能真正地了解。这不是颇为真实的吗？

他说：是真的。

我说：一般来讲，我们不是可以说任何客体都有三种技艺吗？即使用它的技艺、制造它的技艺和表现它的技艺。

他说：可以的。

我问：不可以说任何工具或动物或行动的完美、美丽或正确都与大自然为之制造或设计的用途有关吗？

他答道：可以的。

我说：因此，我们可以得出结论，使用者必须特别了解他所使用的东西的性能，还必须向制造者通报该物品的优缺点。例如，吹笛子的人要向笛子制造者通报笛子的性能是否帮助达到了使用者的目的，制造者要听取应如何制造的意见。所以，使用任何工具的人都要根据知识谈论工具的优缺点，而制造者要听取他的意见，并持有一种正确信念，这种信念是他听取了了解工具的人的意见后必然形成的。

他说：十分正确。

我说：但是，艺术家的情况是怎么样的呢？他有知识吗，或者有正确的信念吗？他是借助对描绘的题材的直接经验认识到他所表现的东西的优劣和正确与否的吗？他甚至会由于被迫听取了解并能告诉他如何表现题材的人的意见而得到正确的信念吗？

他说：不是的，两种情况都不是。

我说：由此看来，既然艺术家对他的作品的价值一无所知，甚至没有正确的信念，那么诗人对他的诗作的题材又有多少智慧呢？

他说：有限得很。

我说：可是他依然继续写作，不了解他的一切艺术表现手法是健康的还是不健康的。显然，他再现主题时只能取悦无知的群众的口味或赢得他们的认可。

他说：是的，他还能做什么别的吗？

我说：看来，我们到此好像已经取得了高度一致的意见：艺术家对于他所表现的题材一无所知，他们那种艺术是一种游戏形式，不值得认真对待。此外，我们的这种描述主要适用于悲剧诗歌，不管是史诗还是戏剧。

他说：完全正确。

第 36 章 戏剧诗诉诸感情，不诉诸理性

英译者导言

这一章和下一章从心理上反对诗歌，都是基于前边把灵魂分成三部分的理论，并且特别应用于戏剧以及叙事诗中的戏剧模拟因素。戏剧诗的诉求并不是针对理性而是针对较低级的部分即感情，感情如同感觉是由幻觉决定的。视觉和其他幻觉可以用分析和反思的部分来校正，这一部分靠衡量来确定真实情况，因此感情的幻觉夸张应当由反思校正。但是，戏剧家更关心的是激起同情的感情而不是抑制感情过度。当我们与舞台上的主角同甘共苦时，理性就处于中止状态。由此看来，戏剧像视觉艺术一样远离了真实的实在，远离了智慧。

正　　文

我说道：但是要注意，诗歌的表现内容与实在相距两层，不是吗？

格劳孔说：是的。

我说：那么，我们人性的哪一部分产生效果呢？

他问：你指的是哪一类？

我说：我举一个类似的例子来讲。一个物体从远处看与从近处看，大小当然不一样。一根直棍当一部分在水下时看起来是弯的，同一样东西由于颜色的误导看起来会有凹凸之感。我们的头脑中存在着诸如此类的各种混乱情况。正是我们人性中的这种弱点被许多幻觉假象所利用，如风景画和幻术，产生了魔术般的效果。

他说：这是实情。

我说：但是我们已经运用计量、计算和称重等办法找到了令人满意的方法，驱散了这些幻觉。我们已不再被大小、数量和重量的明显差别左右，从事计算、计量和称重的器官发挥了控制功能。只有心灵中负责计算或推理的元素能够完成这类工作。

他说：很正确。

我说：当这种器官完成计量并宣布一个数字比另一个大或与另一个相等时，我们常常发现有一种现象与之矛盾。正如我们早先说过的那样，心灵中的同一部分不可能同时持有两种互相矛盾的信念。因此与计量吻合的部分必然与跟它们相反的一部分不同。

对计量和计算的信心可以证明它是最高级的部分，与它相反的另一部分必然是低级的部分。

他说：必然是这样。

我说：因此这就是当初我谈到下边这两句话时想到的结论：画作和艺术作品一般来说与实在相去甚远，人性中接近艺术并趋向前进的因素也同样离智慧很远。不是在真正的或健康的基础上形成的家族的子孙一定也会像其双亲那样处于低级状态。这不仅适用于视觉方面的艺术，而且适用于听觉方面的艺术，即我们所谓的诗歌艺术。

他说：当然是这样。

我说：那么，我们先不要单纯地信任绘画所模仿的类似情况，而要直接考虑一下诗歌中的戏剧因素所诉诸的心灵部分，并看一看它对严肃的价值的要求有多少。我们可以这样提出问题。戏剧，我们认为，表现的是人类的行动和命运。它涉及的完全是他们的所作所为，与意志相符或相背，以及他们认为的祸或福的后果和所有经验中的苦乐感受。就这么多，不是吗？

他说：是的。

我说：人在这些经验中的思想有没有变化呢？内心没有矛盾吗？这些是否使他在行为上产生不和谐？就像我们说的那样，视觉印象会在行为上使他作出相反的判断吗？不过我不必提这个问题，因为我想起我们已经达成了共识，无数的这类矛盾一直在困扰我们的头脑。但是还有一个问题要考虑。我们曾经说过①，一个品德崇高的人会经受任何命运的打击，比如失掉儿子或失掉他认为宝贵的任何东西，他的态度会比大多数人都镇定自如。现在我们要问：他不痛苦吗？或者说他可能不痛苦吗？他对痛苦不会保持适度的态度吗？

他说：你说的很接近事实。

我说：那么，告诉我，在同伴面前或独自一人时，他在哪种情况下会更可能与痛苦斗争并进行反抗？

他说：在别人面前时，他会更克制。

我说：说得对，当他独自一人时，他不会羞于从事和说出许多不愿意让别人看到或听到的。

他说：确实是这样。

我说：促使他忍受痛苦的是合法的理性，而让他屈服的动力来自感情。正如我们说过的那样，相反的动力的出现证明，人性中必然有两种不同的因素。一种是守法，准备听从权威。权威说：遇到不幸，最好尽可能冷静忍受，而不要怨恨，原因有多种：不幸不一定不是福；对不幸不满并没有好处；人间事务不足挂齿；最后，痛苦不利于我们在紧急时向人求援。我说这点的意思是，在反思已经发生的事情时，应该让理性决定何时在人生游戏中掷下最后一颗色子，以得到最好的结局。我们不应当像小孩子那样跌倒后一路尖叫，捂着伤处，而应当立即拿定主意，扶起跌倒的人前去治伤，以消除痛苦。

他说：可以肯定，那是处理不幸的正确办法。

---

① 参见第9章第1节。——英译者

第五部 哲学与诗歌的争吵

我说：照我们所想的，如果我们准备根据反思采取行动的自身的那部分是最高级的，那么，让我们对不幸念念不忘且从来没有对其产生足够的痛苦认识的其他部分便是非理性的、无益的和懦弱的。

他说：是的。

我说：喏，这种悲伤的情绪给多种戏剧表现提供了广泛的空间，而冷静和聪慧的品格在不变的状态下是不容易表现的，在表现时也是不容易被人理解的，尤其不容易被剧场里的乌合之众所理解，因为那是与他们的思维习惯格格不入的。显然，这种固定不变的感情不能吸引戏剧诗人的重视，他的技巧不是为取悦于它而设计的。如果要获得普遍成功，他必须面对悲伤类型的人，利用其丰富多彩的材料进行表现。

他说：很明显，是这样。

我说：那么，我们就公正地给诗人下一个不利的结论：可以说，他与画家是同一类的，他们的相似之处有两点——他的创作如果依据真实与实在的标准来衡量是低劣的；他所诉求的不是人类心灵的最高级部分，而同样是低级部分。因此，我们可以公正地不允许他走进秩序良好的共和国，因为他刺激和加强的因素是损坏理性的。正如把一个国家的权力交给一个最坏的公民，会使好人遭殃，我们认为，戏剧诗人在人们的心灵中树立一种恶劣的政府形式，因为他满足无意识部分的要求，这个部分分不清大小，而把同一种东西一会儿说是这样，一会儿说是那样。他变成一个影像制造者，他制造的影像都是远离实在的影子。

他说：十分正确。

第 37 章 戏剧诗对品德的影响

英译者导言

我们进一步从心理上反对戏剧诗,因为不管是悲剧诗还是喜剧诗,由于它助长了我们在生活中羞于表现的对放纵感情的同情,从而损害了品德。如果戏剧诗不能针对这一点进行自我辩护,那么它就必须只限于庆贺对诸神和好人的颂扬。

正 文

我继续说道:但是,我们控诉的最严重的地方还在下边。戏剧诗甚至对品德高尚的人也有可怕的腐蚀力量,例外情况是很少的。

格劳孔说:确实可怕,如果起作用的话。

我说:让我把情况说给你听,供你判断。当我们聆听荷马作品中或舞台上的悲剧主角长时间忧伤难过时,或聆听合唱队一边吟唱挽歌一边捶胸悲愤时,你就知道我们心灵中的最佳部分会如何以急切的同情心融入表演。诗人越是能这样打动我们的感情,我们就越发肯定他,说他好。然而,当我们自己陷入忧伤时,我们能像男人那样,并因此感到自豪,冷静地控制自己,同时谴责我们过去在剧场赞美的女人气行为。当人的行为可耻可鄙不但不使我们憎恶反而被羡慕和欣赏,这能是正确的吗?

他说:不能,这真的好像不合理。

我说:如果你认为诗人意在满足我们本性中的初级部分,而初级部分对痛哭和悲伤的本能同情被迫在我们自己的不幸中受到限制,那就不合理了。与此同时,我们本性中的最高级部分由于理性和习惯的熏陶不足而放松了对易怒感情的控制,借口是我们所想到的不幸并不是我们自己的,羡慕和怜悯一个妄想品德高尚的人没什么可耻,虽然他的悲伤可能是过分的。享乐本身好像是一种明显的收获,这种收获是我们在鄙视诗歌整体时所不可或缺的。我相信,很少有人认为融入另外一种感情必然影响我们自身的感情:我们的同情所加强的怜悯感情在我们自己遭遇不幸时是不易约束的。

他说:这很对。

我说:关于怜悯的这一原则不也适用于伤感与诙谐吗?你在聆听你羞于参与的喜剧表演或日常生活中滑稽粗俗的谈笑时,你根本不会嫌弃它们的粗俗反而觉得高兴。这种

第五部 哲学与诗歌的争吵

情况与之前所说的情况毫无二致。你受到感染去扮演小丑的角色，其实本来你出于理性的考虑，担心别人把你看作小丑而克制了这种表现，而如今你放弃了担心，在剧场上陷入无耻的境地，于是你可能不知不觉地在私生活中成了喜剧演员。诗歌在表现爱情和愤怒以及伴随我们每一行动的一切关于苦乐的欲望和感情时，也产生同样的效果。在我们应当使这种感情枯竭并对其加以控制的时候，诗歌都给它浇水使其滋长，虽然我们生活中的幸福安康有赖于控制。

他说：我不能不同意你的看法。

我说：格劳孔，如果你同意，那么当你遇到一个崇拜荷马的人对你说，荷马是希腊人的教导者，而且在有关人类行为和文化问题方面，荷马一直理应是我们的学习榜样，应该成为你人生的向导时，你最好友好地听取这些非常高明的人的看法。你可以承认荷马是第一个也是最伟大的悲剧诗人，但是你必须十分明确，我们只允许庆贺歌颂诸神和好人的诗歌进入我们的共和国。如果超过这个限度，引进甜蜜的抒情诗或史诗，那么快乐和痛苦就将篡夺我们一直公认为最好的法律权威和原则权威了。

他说：十分正确。

我说：到此，既然我们重新提出诗歌题材，那就让我们提出作为防御的依据：我们当初之所以不得不消除诗歌在我们共和国的影响是有理由的。但是，为了防止诗歌怪罪我们粗暴无礼，让我们进一步告诉她，诗歌与哲学之间的争吵是长期存在的。关于这种相互敌对的古代证据不计其数，比如，反映这种情况的诗句有"对主人狂叫的恶狗"，或者"痴人空谈中的重大人物"，或者"一群智力超群的圣人"，或者"破衣烂衫的敏锐思想家"。① 然而仍然要申明，如果为了娱乐而写作的悲剧诗歌能有充分的理由说明为什么它在一个管理有序的社会应当存在，我们就应当欢迎它回来，因为我们自己感到它有诱惑力。只有它背叛我们认为是真理的东西时，它才是有罪的。朋友，你一定也感到了这种诱惑力，首先是当诗歌是通过荷马的嘴说出的时候。

他说：我已经感到了。

我说：看来最好的办法是，在从流放地回来以前，诗歌应当以抒情诗或其他格律诗的形式提出申辩理由。我认为我们应当允许热爱诗歌但不是诗人的捍卫者以散文形式为诗歌辩护，说明诗歌不仅是快乐的源泉而且是对社会、对人类生活有益的。我们将善意地倾听他们的看法，因为如果他们能证实以上说的那一点，我们将清清楚楚地成为受益人。

他说：毫无疑问是这样。

我说：但是，如果他们不能证实，我们就必须从不惜一切代价放弃那种感情的爱好者身上吸取教训，因为他发现那种爱好对自己不利。我们深深羡慕的制度所产生的对这类诗歌的爱好使我们坚定相信诗歌的真正价值，但是由于诗歌在申辩中证实不了这一点，我们将像我们听到的那样，反复思索我们刚刚提出的理由，以此作为抵制魅力的力量，使自己免于陷入对大多数人来说不成熟的一种感情。我们将再次提出，那种诗歌没有真正

---

① 第一句和第三句可能是骂诗人的，第四句是讽刺哲学家的。出处不详。最早反对荷马和赫西奥德的哲学家是公元前5世纪初的色诺芬尼和赫拉克利特。——英译者

的权利被尊为是对真理的理解。聆听诗歌的人还应当小心谨慎,以防诗歌危害他灵魂中已建立的秩序,并且最好采纳我们提出的对诗歌的观点。

他说：我完全同意。

我说：对,格劳孔,这问题很重要,它超出了大多数人的想象：这是决定人类选择成为善人或恶人的关键;诗歌不亚于财富或权力或荣誉,不可大意,它将诱使我们轻率地对待公正与美德。

他说：你的论点对我有说服力,我想对别人也是这样。

第六部　灵魂不朽与对公正的回报

· *Part* VI ·

> 如果我们正视事实便会看到，狡猾的人与运动员不同，他在前半程跑得很快，但没有到达终点，落得惨败，沮丧不堪，失掉了桂冠。桂冠属于坚持到终点的杰出运动员。对于公正的人来说，通常不也是这样吗？在每个行动或与人交往或生命本身的最后阶段，他们赢得了好名声，并从后继者中获得奖赏。

第六部 灵魂不朽与对公正的回报

英译者导言

　　苏格拉底说到这里突然要求要在生前死后对公正有所回报,本来曾经商定,在对公正和非公正的性质以及它们对灵魂的内在影响进行界定之前不提这一要求。苏格拉底在第四部结束时曾表明,完美的公正意味着完美的幸福,而绝对的不公正意味着极端痛苦。苏格拉底因此遭到格劳孔和阿德曼图斯的反驳。他提出,公正纯粹是为了自己的利益,因此他现在有权提出外部回报的问题。他首先提出新的证据来支持灵魂不死性。接着他争辩说,从整体上说,公正在今生已有了回报。最后,它可能在不可见世界和人间其他生命中等待灵魂的回报和惩处,将在表达转世化身理论的神话中被加以描绘。

◀《命运三女神》,菲狄亚斯(Pheidias)主持作于公元前447—公元前438年,现收藏于伦敦大英博物馆。

第 38 章　灵魂不朽的证明

英译者导言

《斐多篇》(Phaedo)中关于灵魂不朽的论点在这里得到补充,其证据基于下列观念:一切事物都具有一些促使其毁灭的特殊邪恶或有害状态。这是被其功能(第4章和第35章)界定的特殊优点和善良的对立面,可认为因此构成了它的根本性质。灵魂的特殊邪恶是道德的邪恶或道德的败坏。如果有任何东西能毁掉灵魂,那便是对它的真实存在的否定。然而,事实上邪恶不能导致死亡。躯体的腐烂是由躯体的特殊邪恶造成的,并不会触及灵魂。

前边曾经把灵魂描绘成具有许多"部分",但是我们不要认为它是一种由一些部分组成的物质的东西,可以被打碎从而可以被毁掉。柏拉图和亚里士多德都认为理性是人的真正自身和不可破坏的实质。在此好像可以认为与躯体的结合导致了现世生活不可缺的欲望和功能的再生,但是灵魂的这些"形式"(forms)或"方面"(aspects)随着躯体的死亡而消失,如果灵魂已经被追求智慧的热忱而"纯洁化"了的话。

正　文

我说道:可是我们至今还没有描述对美德的主要回报或它可望赢得的最高奖赏。

格劳孔说:很难想象有任何东西比你说过的更伟大。

我说:在一段短暂的时间内能产生任何伟大的东西吗?从小到老的一生的时间与所有时间相比是相当短暂的。

他说:确实算不了什么。

我说:哦,一件不朽的东西与所有的时间的关系不应当比它与如此短暂的时间的关系更重要吗?

他说:毫无疑问,但是不朽的东西,你指的是什么?

我说:你不知道我们的灵魂是不朽的而且是永不灭的吗?

格劳孔惊讶地看着我。他回答说:我真的不知道。你准备这样主张吗?

我说:我应当这样主张。所以我想,你也应当这样。这没什么难的。

他说:对我来说,这很难,但是如果你认为这是很容易的事,我很乐意听你谈谈不难的道理。

我说：你听吧。当你谈到某件东西是"好的"而另一件东西是"坏的"的时候，你同意我下边的看法吗——"坏的"永远是腐败的和破坏性的东西，而"好的"永远是有益的和值得保持的东西？

他说：是的。

我说：你是说，每种事物都具有特有的善与特殊的恶吗？比如，眼睛发炎、全身有病、粮食霉烂、树木枯萎、钢铁生锈以及像我所说的，几乎所有事物都具有某种特殊的恶或病，它损坏并结束它所侵袭的事物，使它陷入崩溃然后全部毁灭。

他说：是这样，没有疑问。

我说：那么，每种事物都要被它自己的特殊恶或病腐化、毁灭；或者如果这些东西毁不了它，便再没有什么其他东西能毁掉它的，因为很显然，善的东西是永远毁不掉它的，而且既非善也非恶的东西也不会毁掉它。因此，如果我们发现一种东西的特殊恶确实能损害它但不能彻底使它解体，我们不能立即断定这种东西在本质上是不可摧毁的吗？

他说：似乎可以。

我说：那么，灵魂的情况又如何呢？没有破坏它的某种特殊恶吗？

他说：肯定有，那都是我们正在说的，比如非公正、无节制、懦弱胆小、愚昧无知。

我说：在这些恶行中有没有一种是具有彻底破坏性的呢？在这一点上，我们千万要小心，不要误认为，当一个愚昧无知的坏人被发现时，他已经被他的恶行毁掉了，因为那种恶行是他灵魂败坏的条件。而要这样来思考：躯体的情况是这样的，不是吗？生理上的邪恶，即疾病，消耗并损害躯体，使它根本不再是躯体，我们列举的所有其他事物都被特别困扰它们的邪恶的彻底腐化所毁掉。灵魂的情况也是这样吗？就是说非公正和其他邪恶的形式困扰并侵蚀灵魂，使其在腐化中耗尽，直到让其与躯体分离，并死亡。

他说：不会，肯定不会的。

我说：另一方面，这是一种不合理的想法，即认为一种事物如果不能被自身的邪恶所毁掉，就会被其他某种事物的邪恶状况所毁掉。要注意，不要以为以下看法是正确的：躯体只是因食品不好（可能是腐烂或发霉）而被毁掉；只有当食物造成躯体本身失调时，我们才能说躯体被坏事物造成的自身疾病所毁坏。躯体是一种东西，食品是另一种东西，我们不同意属于另一种东西的邪恶能毁掉躯体，除非它诱发躯体自身特有的邪恶。同样的道理，如果躯体的邪恶不在灵魂中诱发灵魂特有的邪恶，那么我们绝不能同意，灵魂只被另一种东西所特有的邪恶所毁掉。

他说：这话有理。

我说：因此我们必须证明，这种论点是不健全的，或者说只要它不被人驳斥，我们就必须否认，热病或其他什么病甚至屠戮躯体，碎尸万段，能够促使任何事物去毁坏灵魂，直到有人能证明，灵魂本身由于躯体变坏而更恶劣，更不纯。我们不同意任何人说：灵魂或任何其他东西只是由于另一事物的特有邪恶在另一事物中发生而灭亡。

他说：是的，从来没有人证明，死亡将使临死者的灵魂更坏。

我说：不会的，如果任何人敢于挑战我们的论点并认为一个临死者确实会变得更坏，从而试图否定灵魂不朽，我们将坚持认为，如果他说得对，邪恶必定是一种致命的病症，它能杀死患上这种病的人,根据病情轻重,有的人早死,有的人晚死。事实上,这不是绝对的死因,而是别人给他的罪恶加上的惩罚。

他说:是的,如果是这样,那就可以肯定,邪恶没有什么可怕的,因为致命的打击是一切麻烦的终结。但我认为,我们将发现,相反地,它会充分利用它的力量控制别人的生死,而且绝不会是致坏人本身于死地,它反而会使他活力无穷,使他充满充沛的精力。

我说:你说得对。因为如果灵魂本身的邪恶和堕落不能杀死它,就不大可能出现以下这种情况:图谋毁掉另一种不同的事物的邪恶没有毁掉自己的正当目标,反而毁掉了灵魂或任何别的事物。所以,既然灵魂不是被任何邪恶(它自己的或其他的)所毁掉,很明显,它必然是一种永远存在的东西,因而是不朽的。

他同意道:灵魂必然是不朽的。

我说:那么,我们认为这一点是确定无疑的。如果是这样,存在的灵魂必然永远是同一数量的。因为如果没有消亡,其数量不会减少;也不会增加,因为不朽事物的增加必然来自有生事物;所以一切事物都会以不朽而告终。

他说:说得对。

我说:那么,理性不会允许我们想象那种结论。此外,我们绝不能认为,灵魂就其最真实的性质来说,充满与她本身不同的多样性、不一样性和永恒性。

他问:你是指什么?

我说:我们前不久①考虑过,灵魂包括很多部分,它们尚未以最令人满意的方式聚拢在一起,而且那种混合物不大能够持续下去。

他说:大概不能。

我说:那么,毫无疑问,我们最近的论据②和其他证据都已经确定,灵魂是不朽的。但是要了解灵魂的真正性质,还不能像现在这样把它与躯体和其他邪恶联系起来,而是要在她恢复了理性之眼能够辨别的纯粹状态的时候加以观察。那时你将发现她是一个更加可爱的东西,而且将更清楚地分辨公正与非公正,以及我们讨论过的一切属性。我们对灵魂的描述是符合她的目前形象的,但是我们已经看到她受到无数邪恶的伤害,如同海神格劳科斯(Glaucus),他的原形人们几乎看不到,因为他的躯体的各部分都已被海浪和四处丛生的杂草和岩石、贝壳所毁坏,使他活像个怪物而不像他的本来面目。但是格劳孔,我们还必须看到灵魂对智慧的热爱,看到她如何寻求了解神明并与之谈论与她有关的不朽的和永恒的世界。如果她的感情完全顺从那股把她从现在沉入的大海中举出来并使她摆脱所有的岩石和贝壳(这些土质的东西已经把她包了起来)的动力,因为她所寻求的是人类把土地变为食物这一过程的幸福,这时她又该如何?之后我们可能看到她的真实本性,不管她是多元的还是单一的。目前,我们已经描述了(我想是充分描述了)灵魂在人类生活经验中表现出的各个方面。

他回答说:是这么回事。

---

① 第36章以及第14章谈到的非公正,第34章谈论的非公正的人。——英译者
② 可能指的是《斐多篇》。——英译者

第39章　今世对公正的回报

英译者导言

苏格拉底在考虑人死后灵魂的命运之前，表示相信世界应由道德治理，这说明正直的人的痛苦是前世犯的罪造成的。犯罪并不是诸神的过错（参见第9章第1节）。他还用人生的经验来说明，从整体而言，诚实是上策。色拉西马霍斯所坚持的（第3章）并不真实，即非公正行为永远最上算。

正　文

我继续说道：我们已经实现了辩论所需的各个条件；特别是我们没有引入，像你们二人抱怨的①，荷马和赫西奥德提出的因公正而出名的人所应有的那些回报。我们发现除了所有这些后果以外，公正对灵魂来说是最珍贵的，因为公正意味着做正确的事，不管它有没有盖吉兹的戒指和隐身帽。因此，目前不会有人反对我们普遍赋予公正和美德以一切应有的充分回报，而这些回报是他们生前和死后为灵魂从诸神和人类手里得到的。

格劳孔说：我十分同意这种说法。

我说：那么，你必须让我收回你当初要求我为了辩论所做的让步，即公正的人应当具有非公正的名声，而非公正的人具有公正的名声。你说过，上天和人类不可能这样受骗，但是你希望公正与非公正本身都面对判断。如今已经有了判断，我必须反过来要求你，让正义享有实际上诸神与人类已经作出的评定。我们已经看到，公正从不欺骗行为真正公正的人。让我们给那些显然对一切人都公正的人赠送奖励吧！

他说：这是一种合理的要求。

我说：那么你首先让步，承认两种品德都不避讳诸神的视觉，因此，如同开始时我们同意的②，诸神喜爱公正的人，憎恨不公正的人。上天所青睐的人可充分盼望上天能赋予的所有祝福，也许因前世犯罪要受的某些苦难除外。所以我们必须看到，即使正义的人遭受贫穷或疾病或其他任何不幸，但最后这些对他今世或死后都有好处。因为诸神肯定

---

① 参见第5章阿德曼图斯的开场白。——英译者
② 参见第4章与色拉西马霍斯的辩论。——英译者

永远不会忽视一心一意追求公正并像神一样尽量实践美德的人。

他说：不会，当然不会忽视一个像诸神一样的人。

我说：对于不公正的人，我们不应当有相反的想法吗？

他说：绝对应当。

我说：看来，这就是公正的人从诸神那里赢得的奖赏。他对人类有什么期待呢？如果我们正视事实便会看到，狡猾的人与运动员不同，他在前半程跑得很快，但没有到达终点，落得惨败，沮丧不堪，失掉了桂冠。桂冠属于坚持到终点的杰出运动员。对于公正的人来说，通常不也是这样吗？在每个行动或与人交往或生命本身的最后阶段，他们赢得了好名声，并从后继者中获得奖赏。

他说：是的，说得对。

我说：那么，你能允许我现在就你过去对不公正的人所说的一切说说公正的人吗？就是说当他们年岁大了，他们将在自己的国家取得权位，如果他们愿意，就与他们所选择的任何家庭联姻，等等。另一方面，关于不公正的人，我认为：虽然他们大多数人年轻时没有被人看穿，但在人生的最后时刻，他会生活困窘并遭到唾弃；到了老年，他们因受到公民和外来人的侮辱而痛苦；他们遭到毒打，遭受你所说的不可言状的种种处罚。这些我不需要重复了。我可以说说其他一些事吗？

他说：可以，你的话是公正的。

第六部　灵魂不朽与对公正的回报

第40章　死后对公正的回报　爱神厄洛斯的神话

英译者导言

　　另外几篇对话（高尔吉亚、斐多、费德鲁斯[Phaedrus]）以神话的诗歌想象力描写了生前和死后灵魂的命运，都没有取得一定的共识，但柏拉图坚信，不可摧毁的灵魂必能收获它的行为（不管好坏）所导致的结果。不像但丁（Dante），他把另一个世界的景观和地貌看成是流动的和模糊的。也许有些细节来自戏剧表现或俄尔甫斯和其他秘密宗教仪式向新来者所表现的活人造型。柏拉图的神话、恩培多克勒的宗教诗、品达的挽歌、墓葬中发现的俄尔甫斯的护身符和维吉尔（Virgil）①的《埃涅阿斯纪》（Aeneid）第六篇等等的共同特点，都指向同一个来源；这可能是一个俄尔甫斯启示，即俄尔甫斯对地狱的演绎。这些特点包括：灵魂的神圣来源；灵魂化身为重生的循环，作为对前生罪恶的惩罚；卫士的智慧；死后的判决；化身的千年间隔中非公正的人的苦痛和公正的人的幸福；纯洁的最后解脱的希望；某些地貌特点：草地（可能从荷马的常年花草地[Meadow of Asphodel]借来）、通向左右的两条路、忘河的水（或不留心的水）和记忆的水。

　　被柏拉图解释的一个新特点是对宇宙结构的幻想，其中"天国建立的模型"（第34章）是在灵魂选择一种新生活之前对灵魂所显现的。柏拉图的宇宙是球型天体。在圆周上恒星从东向西转动24小时，其运转带动世界上的一切东西。星球内有：（1）七大行星，包括太阳和月亮，它们都沿着轨道从西向东进行相反的运动，速度各异。月亮每月完成行程；太阳、金星和水星每年运转一次；而火星、木星和土星又多转一次（"逆转"），这就使它们的速度变慢，火星近两年，木星约12年，土星约30年。（2）地球在中心每天沿轴心（这个轴心也是宇宙的轴心）转动，以准确地抵消整个宇宙的相反意义上的日转，其结果是地球在绝对空间休息，而天体在它周围转动。（F. M. 康福德[F. M. Cornford]在《柏拉图的天文学》[Plato's Cosmology][1937]中对柏拉图的这一天文学解释进行了说明和肯定。）

　　灵魂在幻觉中看到的实际上并不是宇宙本身，而是一种模型，一种原始的太阳系仪，其形式大致像纺锤，其下边一端的圆轴紧紧连在半球形的实体绽盘上。在太阳系仪中，圆轴代表宇宙的轴心，而绽盘包括八个空心同中心轴的半球，彼此咬合，"像碗形的巢"，可以分别移动。八个同中心球体上边的一半好像已经切开，可以看到内部的"东西"（works）。碗边好像形成了一个连续不断的平面；这些碗边代表恒星球体的赤道，其中是七个行星的轨道。灵魂看到纺锤停留在必然的膝盖上。整个机构由下列因素推动：命运

---

① 维吉尔（公元前70—公元前19年），古罗马诗人。——中译者

三女神,即克洛索(Clotho,司纺织生命线)、拉基西斯(Lachesis,司维护生命线)、阿特洛波斯(Atropos,司切断生命线);海上女妖塞壬(Sirens),吟唱八支音程和谐的歌曲,形成一个音阶(和声)的结构,代表了毕达哥拉斯的"天体音乐"。

当然,所有的想象都是神话性和象征性的。其基本教义是,在人类生活中有一种必然的和偶然的因素,但也是一种自由选择的因素,使我们而不是使上天对我们生活中的善恶负责。

正　文

我继续说:于是,这就是公正的人活着时可以期待诸神和人类所给的奖赏、回报和礼物。此外,还有只是由于公正而得到的其他祝福。

格劳孔说:是的,这些回报都是丰厚的和确切的。

我说:然而,比较了公正的人与非公正的人死后得到的报应,这些回报在数量与程度上就都不足道了。这一点现在必须讲清,以便使每个人都可以充分得到我们认为应属于他的回报。

他说:说下去,我想我能听到的事情不多了。

我说:我的故事不像奥德修斯对国王阿尔喀诺俄斯(Alcinous)讲的故事,但故事的主人公是一个勇敢的人,厄洛斯,阿尔美尼亚斯(Armenius)的儿子,潘菲利亚(Pamphylia,古罗马一省)人,在战争中阵亡。十天后埋葬尸体时,人们发现只有他的尸体没有腐烂。于是,人们把他抬回家,准备在两天以后埋葬,但当他被放到火葬柴堆上时,他复活了。于是,他讲述了他在另一个世界看到的种种情况。

厄洛斯说,当灵魂离开躯体时,他开始与其他许多人一同踏上了旅途,后来他们到了一个奇异的地方。在那里,地上有两个并排的洞口,对着它们的天空上另有两个洞口。在洞口之间坐着几个法官,每次宣判以后,他们都指示公正的人向右走向天空,并在他们胸前别上对他们的判决标记。非公正的人被命令走左边下行的路,背后紧紧别着他们的全部所作所为。当厄洛斯本人走近时,法官们告诉他,他要把另外一个世界的消息传递给全人类,现在他必须倾听和注意那个地方发生的一切。因此,他看到被判决的灵魂在一边分别上天、入地;而在另外两个洞口,从地下走出来的灵魂,一路风尘仆仆,浑身是土,从天空下来的灵魂,衣着整洁,满面红光。每一组都好像经过长途跋涉,个个高兴地来到草地上,好像朝圣者那样搭起帐篷,如同过节。遇到熟人,会互致问候,相互询问遭遇。有的灵魂伤心地叙述在地下千年旅途中看到的种种情况和遭受的种种痛苦,一边说一边哭;而从天上下来的灵魂则大谈其在天上的幸福生活和无法想象的良辰美景。所有这些多得说也说不完,太费时间,主要情况就这么多。对别人做过的每件坏事都要在一定时候受到十倍的惩罚,就是说,每百年受罚一次,百年是人一生的跨度,由此所有犯罪的人都要受到十倍的惩罚;害死许多人的人、叛国投敌或背叛战友使其沦为奴隶的人,以及参与其他罪恶活动的人都要受到十倍惩罚。而为人善良、处世仁义的人以及公正无罪

第六部　灵魂不朽与对公正的回报

的人则会受到十倍的回报。关于一出生即夭折和只活了很短时间的婴儿，厄洛斯还谈了不少，不值得再说了。

崇敬诸神和孝敬父母的回报更大，亵渎诸神和谋害人命的报应也更大。他站在旁边时，有一个神灵问另一个："阿尔迪阿依俄斯（Ardiaeus）大王在哪里？"这个阿尔迪阿依俄斯恰好是一千年前潘菲利亚某城邦的暴君，作恶多端，据说他杀死了他的老父亲和哥哥。回答的人说："他没有回到这儿，而且再也不会来了。这是我们看到的最令人恐惧的一个景象。经历过所有苦难以后，我们来到洞口，准备向上走，这时突然看到阿尔迪阿依俄斯和其他几个人一伙。其中大多数人是暴君，有几个是罪大恶极的。他们认为自己最后会向上走的，但是洞口不允许。每当作恶多端、没有被赦免的或者还没有受够惩罚的人企图向上走时，洞口便大吼起来。接着，站在旁边、明白那声音的意思的一帮凶相毕露和面貌凶残的人，就抓住几个，把他们带走。他们捆住阿尔迪阿依俄斯和其他几个人的手、脚和脖子，把他们扔到地上，沿路边拖着他们走，像刷羊毛一样用荆棘抽打他们。路旁的行人还被告知，为什么这样对待他们，为什么要把他们投入塔尔塔罗斯地狱。我们经历了各种各样的恐怖场面，但没有一个能超过眼前的场景。每个人都害怕那声音会跟着自己往上走。一旦听不到那吼声，就优哉游哉了。"这就是对他们的判决和惩罚，而得到祝福的情况也是同样盛大的。

每批灵魂在草地上待七天，到第八天必须起身，继续上路。四天以后，他们来到一个地方，看到一个直筒光柱状的东西，像根柱子，从天到地，更像一道彩虹，但比彩虹更亮更纯。经过一天的跋涉，他们来到这彩虹跟前，在光柱中部，他们看到从天上直接垂下的一道链条的末端，因为这光柱联结着天体，把所有运转的苍穹聚在一起，如同战舰上的龙骨。

推动所有圆形天体运转的那个"必然的纺锤"从末端延伸出来。纺锤的轴和挂钩都是钢铁做的。绽盘的一部分是钢铁的，另一部分是其他物质。绽盘的形状是这样的：外形像一般的绽盘，但从厄洛斯的叙述来看，我们必然把它想象成一个大绽盘，里边完全是空的，内部有一个较小的绽盘，此外还有第三个、第四个，最后还有四个，形成碗巢的样子。一共有八个绽盘，外边的套里边的，上边的边缘形成圆形，一个绽盘的连续表面围绕着轴，这轴穿过第八个绽盘的中心。形成第一个和最外边的绽盘（恒星）的边缘的圆圈是最宽的，次宽的是第六个（金星），再其次是第四个（火星）、第八个（月亮）、第七个（太阳），接着是第五个（水星），然后是第三个（木星），第二个（土星）是所有星球中最窄的。最大绽盘（恒星）的边缘闪闪发光，第七个（太阳）最亮；第八个（月亮）靠第七个反射光亮呈现颜色；第二个和第五个（土星、水星）颜色相同，稍黄；第三个（木星）白；第四个（火星）有些发红；第六个（金星）次白。整个旋转的纺锤是一个动作，但是，在旋转时，整体内部的七个内环旋转缓慢，方向相反；其中第八个（月亮）转动最快；速度次快、一起转动的是第七、第六和第五个（太阳、金星、水星）；转动速度居次的是第四个（火星），对其他星体来说，好像是反方向运动；速度再次的是第三个（木星）；最慢的是第二个（土星）。

纺锤在"必然"的膝上转动。在每一圈上都站着一个女妖，她随着每圈的转动而动，各发出一个音调，八个音从而共同形成一个和谐音。周围以同等距离坐着"必然"的三个女儿，即命运三女神。她们身穿白袍，头戴花环，与海妖们合唱。她们是：拉基西斯，唱过去的事；克洛索，唱现在的事；阿特洛波斯，唱未来的事。克洛索不断地把右手放在纺锤的外缘，帮助转动；阿特洛波斯不时地用左手转动内圈；拉基西斯则不时地用双手交替抓住内外圈。

各个灵魂一来到这里，就要走到拉基西斯面前。传令官命令他们排队，然后从拉基西斯膝上拿下许多命签和生命样品。传令官站在一个高台上说道：

听"必然"的女儿拉基西斯说话。活一天就要死的灵魂们，将在这里开始新一轮的人间生命，直到死亡为止。没有守护神来为你们抽签，而是由你们自己选择命运。得到第一支签的人将首先选择他必然命定的生活。但美德是没有主人的，任由自己选择。由于有人珍视美德，有人不珍视美德，所以他们将拥有较多的美德或较少的美德。有无过错全由自己选择，上天是没有过错的。

传令官说完以后，便把签分给在场的所有人。每个人拾起他脚前的签，出示他所抽的号码；只有厄洛斯没得到签。接着，传令官把模式生活放到他们面前的地上，其数目比在场的人数多得多。模式五花八门，各不相同：有各种人的生活，也有各种动物的生活。其中有暴君的生活，有些人一直掌权到死，另一些人中途下台，陷入贫穷、流放或乞讨。有些人由于漂亮、体健和英勇或出身高贵和祖上显赫而享有名声，还有些人默默无闻，无人知晓。妇女也同样如此。所有这些品德都不同程度地互相关联，都和贫穷与富有、健康与多病或居间状态有关。但是，所有这些生活都与决定灵魂的状况无关，因为灵魂的品德必须根据它选择的生活而改变。

我说：亲爱的格劳孔，人的整个命运好像至此处在危机阶段。因此，我们每个人都应当把其他一切学问放到一边，专心研究如何找到一个人，这个人能给他知识、教导他分辨善良生活与邪恶生活，让他时时处处尽可能选择力所能及的最好的东西，考虑接受我们说过的这一切品性，以及这些品性如何个别地或共同地培养生活中的善。这样，他将设法了解以下各种情况对善与恶的影响：美与贫富、美与灵魂的这种或那种状态，或者出身贵贱、社会地位或家庭地位、健康或虚弱、思维敏捷或迟钝以及任何其他先天或后天的思维品质。考虑过所有这些因素以后，他就能结合灵魂的本性在较坏生活与较好生活当中进行选择，根据使灵魂变得更不公正或更公正的情况，把它叫做较坏或较好的生活。其他一切，他就不必管了，因为我们已经知道，这是人在世和死后最重要的选择。因此，人死后也应当坚定地保持这种信念，以便在阴间不受财富和这类邪恶所迷惑，也不会使自己开始暴君生活或其他罪人的生活，做无法挽回的伤天害理的事和亲身经历更坏的遭遇，而是可以知道如何不仅在今生而且在来世永远选择中庸之道以免走上两种极端，因为人生的最大幸福皆系于此。

现在回到信使从另一个世界所做的报告。传令官接着说道："即使他是最后来的人，如果他慎重选择并执着生活，仍然会过得满意而幸福。愿第一个选择的人不要轻率，愿最后一个选择的人不要灰心。"

传令官说完以后，抽第一支签的人立即挑了他能发现的最专权的专制政治。他出于不假思索的贪婪，没有细心全面地考察他选择的生活，没有看到其中包含的各种罪恶，他注定要吃掉自己的子孙。当他抽空仔细考量以后，他开始捶胸顿足，为自己的选择痛哭流涕。他忘掉了传令官的警告，因为他怪罪起命运来，他怪罪起诸神的指令，就是不怪罪

第六部 灵魂不朽与对公正的回报

自己。他是从天国下来的人之一,前世他生活在一个秩序井然的共和国,道德修养是由习惯养成的,没有追求过智慧。确实可以这样说,凡是这样过来的人,大多数是从天国来的,因为他们没有受过艰苦的锻炼,没有吃过苦。而从地下来的大多数吃过苦,看到过其他人吃苦受罪,所以他们选择时不慌不忙,不草率从事。由于这个原因,加上抽签时有偶然因素,大多数灵魂从善良的生活进入邪恶的生活,或者从邪恶的生活进入善良的生活。然而他如果转世又回到人间,全神贯注地寻求智慧,如果他抽到的签不是最后一支,那么这个报告就提供了良好的希望,使他不仅在这里幸福快乐,而且可以到另外一个世界旅游又回到原地,所走的路不是地下的崎岖路,而是一条天国的康庄大道。

厄洛斯说,这的确是值得看一看的景象,看看这些灵魂如何选择他们的生活——这是一个令人同情、发笑和惊讶的景象,因为他们的选择主要是受生前的生活习惯左右的。他看到一个灵魂选了一只天鹅的生活,这只天鹅曾是俄尔甫斯的灵魂,他对妇女恨之入骨,因为他死在她们手里,所以他憎恨为女人所生。① 他还看到塔米里斯(Thamyras)②的灵魂挑选了一只夜莺的生命,看到一只天鹅选择要变成一个男人,其他音乐动物也同样如此。抽取第 20 支签的灵魂选取了狮子的生命;塔拉蒙(Telamon)的儿子埃阿斯不愿再生为人,他记得关于阿喀琉斯的武器的判决③;在他之后是阿伽门农,他也因所受苦难而痛恨人类,遂选择鹰的生活;阿塔兰忒(Atalanta)④的灵魂在整个过程进行到一半时抽了签,她选择了运动员的生活,当她看到运动员将得到的崇高荣誉时,便觉得不能放弃这一机会;在她之后,他看到潘诺佩斯(Panopeus)的儿子厄佩俄斯(Epeius)⑤,投生为一个女性能工巧匠;远处,最后是小丑赛蒂兹(Thersites)的灵魂,他给自己套上一个猿猴的躯体。碰巧最后一个选择的人是奥德修斯的灵魂,他想起了前生长时间奔波劳累,如今想过一种安静休闲、遁世无闻的生活,渐渐失去了雄心壮志。他最后发现了这个所有其他人都不关注的地方,便欣然选择了这个地方。他说,如果这支签是头一个出现,他也会选择它。其他灵魂都以同样的方式从动物变成了人,或变成了另一种动物,不公正的人变成野性动物,公正的人以各种不同的混合方式变成温驯的动物。

当所有灵魂选好了生活时,他们按着签号次序前往命运女神之一拉基西斯处,她把每个人交给他选的一个监护神,监护神引导每个人度过一生并实现他所选择的目标。监护神先把每个人带到命运女神之一克洛索跟前,她的手转动旋转的纺锤,从而批准他抽签时选择的命运。在这之后,监护神领他到三女神之一阿特洛波斯的纺锤前,从而把命运之线固定下来。从此,他不回头向后看,从"必然"的宝座下走过。当他和所有其他人都经过"必然"宝座后,他们一起上路,走向忘河平原,要经历可怕的闷热,因为平原没有人间生长的树木和植物。夜晚来临,他们露营在"疏忽的河畔",这里的水没有瓶子能盛

---

① 俄尔甫斯被狄奥尼索斯(Dionysus,酒神)的崇拜者迈纳德斯(Maenads,酒神的女祭司,狂暴的女人)撕得粉碎。——英译者

② 塔米里斯,一个歌手,由于挑战与缪斯女神比赛而被剥夺了视力和唱歌天才。——英译者

③ 阿喀琉斯死后,盔甲判给了奥德修斯,而没有判给埃阿斯。这时,他自杀身亡。奥德修斯是荷马史诗《奥德塞》中的主人公,特洛伊战争中的领袖之一,曾献木马计,使希腊军获胜。——中译者

④ 阿塔兰忒,捷足善走的美丽猎女,答应与追上她的人结婚,但以死亡作为对失败者的惩罚。对手掷下三个金苹果,她停下来拾遂败。——英译者

⑤ 厄佩俄斯,特洛伊战争中制造木马的人,帮希腊人进入特洛伊。——英译者

下。大家都要喝定量的水，有人欠缺智慧，喝得很多。喝了水的每个人忘掉了一切。他们入睡以后，半夜雷声滚滚，地动天摇，刹那间他们被抛起，像流星一般又获得了新生。厄洛斯本人没有被允许喝这里的水。他不知道，他是如何回到他的躯体的，但是突然他睁开了双眼，这时天已大亮，他发现自己躺在火葬柴堆上。

　　我说：格劳孔，就这样，故事流传了下来，没有失传。如果我们听从它，它就可以拯救我们，在过忘河时便可诸事顺利大吉大利。此外，我们还可以不玷污我们的灵魂。如果你相信我的话，相信灵魂不死，而且能忍受一切善与恶，那么我们将永远上进并在一切事情上都可以靠智慧去追求公正。那时，我们将与上天、与我们自己和睦相处，今生今世，都像比赛胜利者接受友人奖品那样，接受公正的奖品。所以说，不仅在这里，而且在刚才我对你说的一千年的旅途中，我们都将万事如意，平安幸福。

译名(人名和地名)对照表[①]

A

Abdera 阿夫季拉
Achilles 阿喀琉斯
Acton 阿克顿
Adam 亚当
Adeimantus 阿德曼图斯
Aeschylus 埃斯库罗斯
Agamenon 阿伽门农
Aglaion 阿格拉伊昂
Agathyrsi 阿卡赛尔西
Ajax 埃阿斯
Alcibiades 亚西比德
Alcinous 阿尔喀诺俄斯
Amphiaraos 安菲拉斯
Amphinomus 埃姆诺玛斯
Amphipolis 安菲波利斯
Anacharsis 阿纳卡西斯
Aphrodite 阿佛洛狄特
Apollo 阿波罗
Acadia 阿卡迪亚
Archilochus 阿尔基洛科斯
Archytas 阿契塔
Ardiaeus 阿尔迪阿伊俄斯
Argos 阿尔戈斯
Arion 阿里昂
Aristides 阿里斯提得斯
Ariston 阿里斯顿
Aristonymus 阿里斯托尼姆斯
Aristophanes 阿里斯托芬

Aristotle 亚里士多德
Armenius 阿尔美尼亚斯
Asclepius 阿斯克勒庇俄斯
Atalanta 阿塔兰忒
Athena 雅典娜
Athens 雅典
Atropos 阿特洛波斯
Autolycus 奥托吕科斯

B

Bacchus 巴克斯
Bendice 本狄斯
Bias 拜阿斯
Brasidas 布拉西达斯

C

Callicratidas 卡利克拉提代斯
Carthage 迦太基
Ceos 开奥斯
Cephalus 刻法洛斯
Cerberus 克尔贝洛斯
Chalcedon 卡尔西登(今卡第伊，Kadikai)
Charmides 查密迪斯
Chaemantides 查尔曼泰迪斯
Charondas 查伦达斯
Chimaers 克迈拉
Chios 希俄斯
Chiron 喀戎
Chryses 克里赛斯
Cleitophon 克莱托丰

[①] 此表包括"英译者导言"中提到的人名。

Clotho 克洛索
Corinth 科林斯
Corcyla 科基拉岛
Creophylus 克里昂夫洛斯
Crete 克里特
Croesus 克罗伊斯
Cronus 克洛诺斯

D

Daedalus 代达罗斯
Damon 达蒙
Dante 但丁
Dione 狄俄涅
Dionysius I 狄奥尼西奥斯（大）
Dionysus 狄奥尼索斯
Diotima 戴奥提玛
Doria 多里亚

E

Empedocles 恩培多克勒
Epeius 厄佩俄斯
Eriphyle 厄丽芙勒
Eros 厄洛斯
Euclid 欧几里得
Eudoxus 欧多克索斯
Eumolpus 尤摩尔浦斯
Euripides 欧里庇得斯
Eurypylus 欧律皮吕斯
Euthydemus 欧西德莫斯

G

Gaea 该亚
Garrick 加里克
Glaucon 格劳孔
Glaucus 格劳科斯
Gorgias 高尔吉亚
Gyges 盖吉兹

H

Heath 希斯
Hector 赫克托耳
Hegel 黑格尔
Hellespont 赫勒斯旁特
Hephaestus 赫菲斯托斯
Helen 海伦
Hera 赫拉
Heracleitus 赫拉克利特
Hercules 赫拉克勒斯（一译赫丘利）
Hermus 赫尔木斯
Herodicus 希罗迪库斯
Herodotus 希罗多德
Hesiod 赫西奥德
Hiero 海罗
Hippodamia 希波达米亚
Homer 荷马

I

Inachus 英纳霍斯
Ion 埃昂
Ionia 爱奥尼亚
Ismenias 伊斯麦尼阿斯
Isocrates 伊索克拉底

J

Jebb 杰布
Julius II 尤利乌斯二世

K

Kadikoi 卡第刻伊

L

La bruyére 拉布吕耶尔
Lachesis 拉基西斯
Leontius 莱昂提乌斯
Lycia 吕基亚

Lycurgus 利库尔戈斯
Lydia 吕底亚
Lysanias 利萨尼阿斯
Lysias 吕西阿斯

M

Maenads 迈纳德斯
Marsyas 玛息阿
Megara 迈加拉
Menaechmus 梅纳克马斯
Menelaus 曼涅拉俄斯
Meno 米诺
Metis 麦提斯
Midas 迈达斯
Miletus 米利都
Momus 莫摩斯
Musaeus 缪塞乌斯

N

Nettleship 奈特尔希普
Niceratus 尼希拉图斯
Nicias 尼西亚斯
Niobe 尼俄柏

O

Odysseus 奥德修斯
Orpheus 俄尔甫斯（一译奥菲士）

P

Paenia 佩尼亚
Palamedes 帕拉墨得斯
Pamphylia 潘菲利亚
Pandarus 潘达洛斯
Panopeus 潘诺佩斯
Paris 帕里斯
Patroclus 帕特罗克拉斯
Peisistratus 庇西特拉图
Peleus 珀琉斯

Pelops 珀罗普斯
Periander 佩里安德
Pericles 伯里克利
Peridiccas 佩里迪卡斯
Phaedo 斐多
Phaedrus 费德鲁斯
Phocylides 福塞里迪斯
Phoenicia 腓尼基
Phrygia 弗里吉亚
Pindar 品达
Piraeus 比雷埃夫斯
Pittacus 皮塔科斯
Plataea 普拉蒂亚
Plutarch 普卢塔克
Pluto 普路托
Plutus 普路托斯
Polemarchus 波勒马霍斯
Polus 波鲁斯
Polydamas 波立达马斯
Polynices 波琉尼克斯
Priam 普里阿摩斯
Proclus 普罗克洛斯
Prodicus 普罗蒂卡斯
Promethus 普罗米修斯
Prolagoras 普罗塔哥拉
Proteus 普罗透斯
Pythagoras 毕达哥拉斯

R

Raphael 拉斐尔
Rhea 瑞亚

S

Sarpedon 萨耳珀冬
Sauromatae 苏罗马代
Scylla 斯库拉
Scythia 西徐亚
Seriphus 塞里发斯

Simonides 西摩尼得斯
Sicily 西西里
Sisyphus 西绪福斯
Socrates 苏格拉底
Sophocles 索福克勒斯
Solon 梭伦
Sparta 斯巴达
Speusippus 斯柏西波斯
Stesichorus 斯特西科罗斯
Syracuse 锡拉丘兹

T

Tartarus 塔尔塔罗斯
Telamon 塔拉蒙
Teiresias 特里赛阿斯
Thales 泰勒斯
Thamyras 塔米里斯
Theaetetus 特埃特图斯
Theages 塞亚格斯
Thebes 底比斯
Themis 忒弥斯
Themistoscles 地米斯托克利
Thersites 赛蒂兹
Thetis 忒蒂斯
Thrace 色雷斯
Thrasymachus 色拉西马霍斯
Thucydides 修昔底德
Timaeus 提麦奥斯
Tolstoy 托尔斯泰

U

Uranus 乌拉诺斯

V

Virgil 维吉尔

W

Webster 韦伯斯特

X

Xenophanes 色诺芬尼
Xenophon 色诺芬
Xerxes 薛西斯

Z

Zeus 宙斯
Zeuxis 宙克西斯

关键词对照表

A

Abolition of family for the guardians 废除卫士家庭
Agathos 美好的
Ambitious 争强好胜的
Appearance 现象
Archetype 范型
Aristocracy 贵族政治
Aristocrat 贵族
Arithmetic 算术
Art of calculation 计算技术
Art of government 治国之道（执政艺术）
Art of living 人生艺术
Art of war 战争艺术
Astronomy 天文学
Authority 权势、权威

B

Beauty 美
Belief 信念
Blessing 幸福

C

Character 性格
Civil strife 内乱
Compact 契约
Constitution 体制（政体）
Convention 习俗（惯例）
Copying 仿造
Country 乡下（农村）
Courage 勇敢
Criminal class 犯罪阶级

D

Democracy 民主政治
Desire 欲望
Despot 专制者
Despotism 专制政治
Dialectic 辩证法
Diversity 多样性
Divine Enactments 神授法
Division of labour 劳动分工
Dramatic Poetry 戏剧诗

E

Economic structure 经济结构
Education 教育
Elenchus 逻辑反驳
Emotion 感情
Evil 邪恶、恶

F

Faculty 感官
Form (Idea) 形式（理念）
Forms of Government 政体形式
Frugality 节约之风
Function 功能

G

Geometry 几何学
Goodness (good) 善、善良
Guardian 卫士

H

Happiness 幸福
Harmony 和声学
Heliaea 海里雅（司法机构）

I

Ideal 理想
Ignorance 无知
Image 影像
Imaging (Conjecture) 想象
Imitation 模仿
Immortality 灵魂不朽
Impulse 冲动
Injustice 不公正
Instrumentalist 工具主义的
Intelligence 智力
Interest 利息

J

Just man 公正的人
Justice 公正

K

Knowledge 知识

L

Lamentation 痛苦
Laws of Nature 自然法
Likeness (eikon) 肖像
Lovers of gain 爱财贪利者
Lyric verse 抒情诗

M

Man in power 掌权者
Mathematics 数学
Measure 节拍、音量
Mimesis 模拟

Misfortune 不幸
Moderation 节制
Monarchy 君主政治
Moral education 道德教育
Moral virtue of man 人的道德美德
Movement 律动
Myth of Eros 厄洛斯的神话

N

Nature 性情（天性）
Necessity 必然

O

Oligarchy 寡头政治

P

Paradox 反论
Passion 情欲
Perception 感觉
Pettiness 气量狭小
Philodoxical 爱好信念的
Philosopher 哲学家
Philosophic 追求哲理的
Philosophy 哲学
Physical training 体育
Pitch 音高标准
Plutocracy 富豪政治
Power of thought 思维能力
Prudence in counsel 深思熟虑

Q

Quality 属性、品格
Quibbler 诡辩家

R

Reality 实在
Reason 理性
Reflection 映象

Reincarnation 转世化身
Representation 表现
Rewards 回报
Right 公正
Ruling class 统治阶级

S

Science of number 数字科学
Sensation 感官
Sensible 可感知的
Sensible man 明智的人
Sight 视觉
Single essential 单一性质
Social convention 社会风俗
Social organization 社会结构（组织）
Solid geometry 立体几何
Soul 灵魂
Spirited element 精神成分
State of mind 智力状况
Stoic 斯多葛派
Stronger 强者
Subject 臣民、百姓
Superior 优秀者

T

Temperance 节制

Thinking (Dianoia) 思维
Timocracy 荣誉政治
Truth 真理
Tyranny 暴政

U

Ultimate end (Perfection) 终极
Unity (unit) 单一
Unknowable 不可知的
Unlikeness 不一样性
Unreality 不真实

V

Virtue 美德

W

War 战争
Warrior 战士
Weaker 弱者
Wealth 财主、财富
Well-being 安康、幸福
Will 意志
Wisdom 智慧
World of appearance 现象世界
World of essential form 本质形式的世界